「보편적 학습설계」

설계에서 수업까지

Loui Lord Nelson 저

김남진 · 이학준 · 김용성 공역 | **김용욱** 감수

학지사

Design and Deliver:
Planning and Teaching Using Universal Design for Learning
by Loui Lord Nelson, Ph.D.

이 저서는 2016년 대한민국 교육부와 한국연구재단의 지원을 받아 수행된 연구임.
(NRF-2016S1A5B8913807)

역자 서문

우리나라는 이전에는 경험하지 못한 다양한 가치가 공존하는 사회가 되었다. 이는 외국 이주노동자, 국제결혼, 탈북이주민 등의 증가에 따른 결과라고 할 수 있다. 이제 교육은 이와 같은 다양성을 위한 접근이 요구되고 있다. 다양성 교육과 통합교육은 우리 사회가 해결해야 할 당면과제가 무엇인지를 잘 보여 준다. 장애 학생과 비장애 학생의 통합교육은 형식적이나마 현실에서 실행되고 있다. 그 성공 여부를 판단하기는 사실상 어렵지만, 다양성을 위한 교육적 접근으로 우리가 관심을 두고 있는 것이 바로 UDL(Universal Design for Learning: UDL)이다.

2000년대 초반부터 국내에서 UDL에 관한 연구가 시작되었다. 그 이후 UDL 기반 수업의 교육적 효과를 검증하기 위한 많은 실증적 연구가 수행되었다. UDL에 관련된 번역 서적 또한 몇 권이 출간되어 성공적인 통합교육을 위한 접근법으로 학자뿐만 아니라 현장의 교사들 역시 관심을 갖게 되었고, 이제는 낯설지 않은 이론이 되었다. 하지만 UDL에 대한 편견과 오해는 여전히 남아 있으며, 현장의 지적요구를 충족시킬 수 있는, 쉽게 설명되고 정확하게 해석된 책이 부족하다는 현실은 외면할 수 없었다. 이 때문에 우리는 UDL을 현장 교사들에게 적합한 동시에 다양한 정보를 쉽게 소개하고 있는 이 책을 엄선하여 번역하게 되었다.

이 책의 저자 Loui는 현장 교사경험과 학자로서 탁월한 이론적 지식을 바탕으로 UDL의 이론과 실행에 대하여 쉽게 이해할 수 있도록 '다중 표상'을 제공하고 있다. 누구보다도 쉽고 정확하게 UDL을 설명하고 있다는 점에서 저자를 신뢰하게 된다. 그녀는 UDL의 이론과 실행에 대해 깊이 알고 있을 뿐만 아니라 UDL을 표현하는 방법을 알고 있다. 또한, 예비 독자들 사이에 존재할 수 있는 개인차를 인식하고 예상하는 모든 곳에 다양한 표상을 제공하고 있다. 이 외에도 그녀는 UDL을 언어뿐만 아니라 텍스트, 그림, 도표, 모델을 통해 개념과 관련된 다양한 표상을 제공하고 있다. 게다가 설명에 유용한 도움이 되는 많은 예시를 사용하고 있다. 전체적으로 이 책은 UDL에 기반을 두어 작성되었다고 할 수 있다.

이 책은 전체 세 개의 부로 구성되어 있다. 제1부에서는 CAST의 제작자와 프레임워크의 배열 등을 소개하였다. UDL과 관련된 용어를 배우게 될 것이며 잘못된 편견과 오해를 알려 주고 있다. 제2부에서는 UDL의 세 가지 원리를 소개하고 있다. 참여, 표상, 행동과 표현의 원리에 따라서 구성되어 있다. 제3부에서는 UDL의 프레임워크에 맞게 사용 가능한 자원, 학습 환경 설계, 목표 개발 및 학습 계획 설계에 초점을 맞추고 있다. 특히 UDL의 프레임워크를 사용할 때 수업에 대한 설계를 조사하는 방법에 대한 제안으로 끝맺고 있다.

끝으로, 이 번역본이 출판될 수 있도록 기회와 도움을 주신 학지사 김진환 사장님께 감사드린다. 그리고 편집과정에서 역자들이 발견하지 못한 부분과 오역을 바로 잡아 준 박수민 선생님에게 고마움을 전한다. 무엇보다 이 번역서가 현장에서 UDL에 관한 관심과 수요를 충족시킬 수 있는 책으로, 이 땅에서 '성공적인 통합교육'에 이바지할 수 있었으면 좋겠다는 바람을 가져 본다.

2019년 6월

역자 일동

서문

졸려 하는 700명의 학부생과 함께 큰 강의실에 앉아 왜 우리가 〈Beowulf〉에 대해 신경을 써야 하는지 이해하려고 노력했던 대학교 1학년의 시작이 기억난다. 그 강사는 학구적이고 인상적이었다. 〈Beowulf〉—원래는 고대 앵글로·색슨어로 쓰였으나 이후 영국식 영어로 변형된 서사시—는 모든 면에서 영국 문학의 발전에 있어 아주 중요한 이정표가 되었다. 우리가 읽었던 번역본은 의심할 여지없이 권위적이고 학식 있는 것이었다. 하지만 나에게 그것은 받아들일 수 없을 만큼 딱딱했으며 지루하였다. 마침내 나는 포기하고 유명 고전들을 요약한 CliffsNotes 버전을 읽었다.

수십 년 후(실제로는 2001년), Seamus Heaney는 동등한 권위를 가지면서도 강렬하고 매혹적인 〈Beowulf〉의 새로운 번역본을 발표하였다. 그것은 아주 기쁜 일이었다. 아일랜드 시인이면서 노벨상 수상자이기도 한 Heaney는 역사적인 'chestnut'에 새로운 생명을 불어넣은 적임자였다. 이전의 번역본이 단어와 이야기를 정확하게 연결했던 곳에서 Heaney 또한 그 시를 제대로 이해하였다. 그의 번역은 성공적이었다. 왜냐하면 Heaney는 〈Beowulf〉가 태어난 문화와 언어의 역사에 깊이 뿌리를 두고 있기도 하였지만, 〈Beowulf〉의 작가와 마찬가지로 시인이기도 했기 때문이다. 그의 번역은 단지 신중한 필사본이 아니라, 21세기의 관객을 위한 고대 시의 의미와 감정을 열어 준 예술 작품이었다.

나는 훌륭한 번역의 힘과 예술을 강조하고 싶기 때문에 Heaney의 번역 이야기로 시작하고 싶었다. Loui Lord Nelson이 집필한 이 책은 대부분의 현대 관객, 즉 우리 선생님들을 위한 보편적 학습설계(Universal Design for Learning: UDL)의 원리와 실행을 훌륭하게 번역한 책이다. 더구나 Heaney의 절묘한 번역과 같이, 이 책은 UDL의 원리나 언어의 단순한 번역 그 이상이다. 이것은 UDL의 이론과 실행에 새로운 의미와 독자를 가져올 완전히 독창적인 작품이다. 그녀의 작품은 Heaney의 작품과 같이 실제적인 동시에 예술적인 번역본으로서 UDL의 과학과 예술 두 가지 모두를 캡처한 것이라 하겠다.

이 책에는 눈에 띄는 세 가지가 있는데, 각각 UDL의 핵심 원리 중 하나를 반영하고 있다. 이 원리들이 그녀의 책의 토대로서 두드러진 것은 우연이 아니다. 그녀는 가장 중요한 것들을 올바르게 해낸다.

우선, Loui는 UDL을 '알고' 있다. 〈Beowulf〉를 번역하기 전에 앵글로·색슨 잉글랜드의 문화와 언어에 대해 깊은 지식을 갖고 있었던 Seamus Heaney처럼, Loui는 UDL의 이론과 실행에 대해 깊이 알고 있다. 가장 중요한 것은 그녀의 지식이 책과 학술논문뿐 아니라 실제 교실, 교사들과 함께 한 실질적 경험에서 비롯된 것이라는 점이다. Loui는 책 전반에 걸쳐 경험담을 늘어놓는다. 결과적으로 Loui의 번역은 분명하고 진정한 목소리로 말한다. 또한 교사에 의해, 다른 교사들과 함께 그리고 다른 교사들을 위해 쓰였다.

둘째, Loui는 UDL을 '표현'하는 방법을 알고 있다. UDL에 대한 글을 쓰는 사람은 많지만 UDL이 적용된 글을 쓰는 사람은 그리 많지 않다. Loui의 책은 UDL에 대한 훌륭한 해설일 뿐만 아니라 UDL을 멋지게 '표현'하고 있다. 예상되는 독자들 사이의 엄청난 개인차를 인식하고 예상하는 모든 곳에 '다중 표상(multiple representations)'을 제공한다. 즉, 그녀는 책을 탐색하고 책을 통해 여행을 구성하는 방법에 대한 선택권을 제공함으로써 책을 시작한다. 그녀는 언어뿐만 아니라 텍스트, 그림, 차트, 모델을 통해 UDL의 개념에 대한 다양한 표상을 제공한다. 그녀는 생생한 묘사를 제공할 뿐만 아니라 설명에 도움이 되는 많은 예시(그리고 비예시)를 능숙하게 사용한다. 그녀는 다양한 방식으로 중요한 특징을 강조하고, 초보자와 전문가 모두에게 다양한 출발점을 제공하며, 많은 스캐폴딩으로 시작하여 점차적으로 지원을 제거한다. 또한 그녀는 독자를 준비시키고, 안내하며, 반성할 기회를 제공한다. 이 책은 겉보기에는 평범한 책 같지만, 책에 내재해 있는 DNA는 보편적 학습설계이다.

마지막으로, Loui는 독자를 '사로잡는' 방법을 안다. 그것은 부분적으로 그녀가 사용하고 있는 목소리에 있다. 그것은 냉담하고 교훈적이며 고압적이기보다는 개인적인 것이다. 부분적으로는 부드럽고 점진적인 멘토링을 제공한다. 그녀는 새로운 독자들을 있는 그대로 맞이하며, 가르치는 데 필요한 현재의 요구 사항들을 인식하고, 독자들이 이미 가지고 있고 아는 것을 사용하여 '작은 걸음(small steps)'을 내딛기를 장려한다. 또한 부분적으로 사례의 진실성을 이야기한다. 그것들은 완벽하지는 않지만 항상 다가가기 쉽고 용기를 북돋아 준다. 가장 중요한 것은 Loui가 교사들에게 존경을 표한다는 것이다. 교사의 중요한 역할을 침해할 수 있는 의미 없는 절차와 체크리스트를 반드시 따르도록 하는 '스크립트(scripts)'를 제안하지 않는다. 그녀는 교사가 사고할 때 최고라고 인식한다. 마지막으로, 그녀는 어떤 종류의 가르침과 학습에서도 정서와 감정의 중심적인 역할을 인식한다. 그녀는 UDL의 의미뿐만 아니라 UDL의 예술과 정서를 기술하고 설명한다. 그녀의 글은 매력적이고, 개인적이며, 사색적이고, 희망적이다. 그녀가 쓰는 글에는 흥미로운 사람의 목소리가 있다.

요컨대, Loui의 책을 효과적으로 만드는 것은 그것이 UDL을 강의나 공식, 대본이 아닌 사고방식으로 드러내는 '교사다운(teacherly)' 용어이다. UDL에 관한 그녀의 '번역(translation)'은 표현이 실제적이고 지식이 풍부하며 명확하다는 점에서 Seamus Heaney의 〈Beowulf〉 번역과 많은 점을 공유한다. 하지만 가장 중요한 것은 교사가 해야 할 것에 대한 본질을 잃지 않고 그 모든 것을 성취한다는 것이다.

CAST 창립자 겸 최고 교육책임자

David H. Rose, Ed.D.

들어가며

이 책 역시 다른 좋은 수업들과 마찬가지로 목표하는 바가 있다. 그것은 독자가 효과적인 수업을 개발할 수 있도록 보편적 학습설계(Universal Design for Learning: UDL)에 대한 확고한 이해를 제공하는 것이다. 하지만 이를 위해 설계자(designer)는 프레임워크, 학습 환경 및 학습 목표를 고려해야 한다. 이는 여행하기에 꽤 괜찮은 과정이다.

목표 도달을 위해 이 책은 인용구, 삽화, 시나리오, 이야기를 예시로 사용한다. 또한 1인칭으로 쓰여 있다. 접근하기에 수월한 주제를 원했으며, 책이 강의라기보다는 대화처럼 읽히기를 바랐다. 이 책의 구조는 선택을 장려하기 위해 고안된 것이기도 하다.

이 책은 총 3부로 되어 있다. 제1부에서는 CAST의 제작자와 프레임워크의 레이아웃 등을 소개한다. 그런 다음에 UDL과 관련된 단어를 배우게 될 것이며 이 과정에서 몇 가지 일반적인 신화는 사라지게 될 것이다.

제2부에서는 세 가지 원리에 대한 완전한 분석이 이루어진다. 참여, 표현, 행동과 표현의 원리에 따라 구성되어 있으며, 제1장([그림 1-2] 참조)의 그래픽 조직자를 기준점으로 사용하거나 각 장을 따라 간단히 이동할 수 있다.

제3부에서는 UDL 프레임워크에 맞게 사용 가능한 자원, 학습 환경 설계, 목표 개발 및 학습 계획 설계에 초점을 맞춘다. 자원, 수업 및 컬렉션을 설계, 공유 및 저장할 수 있는 UDL Exchange라는 CAST에서 설계한 도구에 대한 설명이 있다. 제3부에서는 UDL 프레임워크를 사용할 때 여러분의 수업에 대한 설계를 조사하는 방법을 제안하는 것으로 끝을 맺는다.

여러분의 필요에 따라 각 부에서 부로, 각 장에서 장으로 이동할 것을 권장한다. 만약 UDL을 처음 접한다면 이 책을 처음부터 끝까지 읽고 싶을 것이다. 하지만 원리, 지침 및 체크포인트에 대해 잘 알고 있다면 UDL의 목적(제1장)에 대한 기억을 새롭게 한 다음 바로 제3부로 가서 프레임워크에 대한 지식을 활용하는 데 집중해야 한다. 제2부는 수업이나 단원을 개발하는 동안 참조용으로 따로 읽을 수 있다.

마지막으로, 여러분이 UDL에 대해 더 잘 이해하고 그것을 여러분의 수업과 학습 환경을 위한 프레임워크로 사용하기 바란다. 향후에 알게 되겠지만, UDL을 도입한 교사는 학생들이 개인으로, 그리고 학습자로 꽃피우는 것을 지켜보게 된다. 이 여정을 시작할 때 인내심을 가져야 함을 기억하라. 여러분의 학습 목표에만 집중해야 한다. 작게 시작할지라도 시작하라.

차례

Sean에게.

나는 몇 년간 너를 가르쳤던 선생님이란다.

너는 여전히 나를 가르친단다.

제 1 부

보편적 학습설계 소개하기

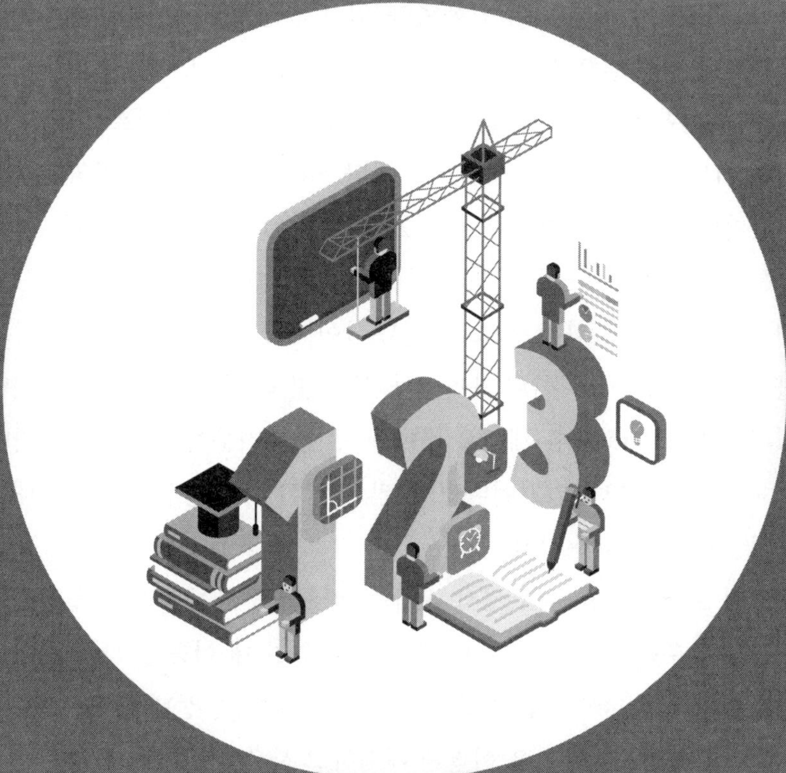

UDL은 나를 위한 것이 아닙니다. 그것은 학생들을 위한 것입니다.

–Laurie Martin, 중학교 사회 교사

학생들이 학교로 돌아오는 데는 며칠이 걸릴 것이다. 여러분은 교실을 배치하고 있으며, 몇 가지 결정을 내려야 한다. 만약 여러분이 경험 있는 교사라면, 이전 학생들이 교실에서 어떠했는지를 기억할 것이다. 교실 컴퓨터, 듣기 코너 또는 읽기 코너가 있을 수도 있고 없을 수도 있지만, 각각의 코너는 물리적 공간을 필요로 하기 때문에 교실 배치를 중심으로 결정을 내려야 한다. 여러분은 학생들이 앉을 곳을 염두에 두고 칠판, 화이트보드, 또는 대화식 화이트보드의 배치를 생각해야 한다. 아마도 모둠지도 영역을 지정하는 양탄자나, 학생들의 발표를 위한 조그마한 무대가 있을 수 있다. 벽에 포스터를 걸어 놓을 수도 있다. 어떤 이들은 인용문과 프롬프트로 영감을 주는 반면, 다른 이들은 알파벳, 숫자, 정의된 단어, 또는 기타 학년 또는 과목에 적합한 정보로 가르친다. 이런 자원 중 일부는 몇 년 간 가지고 있었던 것일 수도 있지만, 다른 자원들은 새로운 것이다. 만일 여러분이 초임 교사이거나 새로운 과목이나 학년을 가르친다면, 훨씬 더 많은 의사 결정을 이끌어 내는 새로운 공간에 있는 것과 같다.

얼핏 보면 이 시나리오에서 내리는 의사 결정의 대부분이 물리적 배치에 초점을 맞추는 것으로 보인다. 예를 들어, 공간 내 이동 및 책상 배열은 일반적으로 교실 관리와 관련된 결정 사항이지만 이러한 선택은 수업에도 영향을 미친다. 그렇다면 자원을 어떻게 배치하고 사용하는 것이 학생들의 학습을 뒷받침하는지 확신할 수 있는 방법은 무엇인가? UDL 프레임워크의 사용을 제안한다.

보편적 학습설계란 무엇인가

어떤 사람들에게는 물리적 접근성의 예를 통해 보편적 학습설계(Universal Design for Learning: UDL)에 접근하는 것이 가장 쉽다. 환경이 보편적으로 설계되면 가능한 한 많은 사람이 접근할 수 있다. 여행 가방을 끌고 다녀 본 경험이 있는가? 유모차를 밀고 다녀 본 경험이 있는가? 길가의 낮은 연석 부분이나 건물의 경사로를 사용했을 가능성이 크다. 여러분은 보편적으로 설계된 환경으로부터 혜택을 받은 것이다. 많은 건물에서 자동문 개방기를 작동시키는 정사각형 패널을 눌러본 적이 있는가? 이 또한 보편적으로 설계된 환경의 혜택을 받은 것이다. 벽에 있는 난간을 사용해 스스로를 안정시켜 본 적이 있는가? 이것 역시 보편적으로 설계된 환경으로부터 혜택을 받은 것이다. 처음 두 사례에서는 지지대를 추가함으로써 접근을 막는 장벽(예: 경계석, 두 손을 다 사용 중이어서 당길 수 없는 문)이 제거되었다. 다른 경우에는, 균형을 잡기 위해 필요할 잠재적인 지원(예: 병원에 있는 벽면 난간, 계단에 있는 난간)이 공간에 설계되어 있다. 이와 같은 예들에서 장벽은 보편적 설계를 통해 제거되거나 최소화되었다. UDL은 보편적 설계의 물리적 접근성을 활용하여 학습에 접근할 수 있도록 확장한다. 학습을 보다 쉽게 하기 위해서는 장벽을 제거하여야 한다.

UDL은 잠재적 장벽을 갖고 있는 학습 환경과 수업에서 장벽이 없고, 모든 학생이 접근할 수 있는 풍부한 학습 환경 및 수업을 설계하는 방향을 안내하는 프레임워크이다. 풍부한 학습 환경(즉, 학습이 이루어지는 위치)은 단순히 확인된 필요성을 가진 학생, 예를 들어 장애학생, 영어 학습자(English language learners), 영재학생뿐만 아니라 모든 학생의 필요를 중심으로 설계된다. 학생들이 UDL 프레임워크를 사용하여 고안된 학습 환경과 수업을 경험할 때, 그들은 더 독립적이고 더 많은 자원을 활용하는 풍부한 학습자가 된다(Meyer, Rose, & Gordon, 2013). UDL은 교실을 학생, 자원, 교사 및 환경의 기대 사이에 끊임없는 상호작용이 이루어지는 생태계로 간주하도록 만든다.

프레임워크는 이와 같은 모든 요구사항을 염두에 두고 설계되었다.

수업에 초점을 맞춘 결정을 내릴 때 학생들의 결과에 집중한다. 달리 표현하자면, 당신이 UDL을 사용하여 수업과 학습 환경을 설계할 때 교육목적은 모든 결정의 기초가 된다. 〈표 1〉은 장벽을 만들 수 있는 결정과 장벽을 제거하는 데 초점을 맞춘 결정을 비교한 것이다.

〈표 1〉 장벽을 가진 결정과 장벽 제거

가능한 장벽을 만드는 것: 알파벳 포스터는 시각적으로 가장 잘 보이기 때문에 가장 좁은 벽에 매달려 있다.
장벽 제거: 알파벳 포스터는 학습자가 쉽게 볼 수 있는 장소에 매달려 있으며 지속적으로 교수도구로 사용된다.

가능한 장벽을 만드는 것: 학생신문은 교실 문 옆에 보관되어 있다. 교실까지의 이동과 설명이 수월하기 때문이다. 학생들은 오는 길에 신문을 집어 들고 나가는 길에 깔끔하게 쌓아야 한다.
장벽 제거: 학생 신문은 교실 전체에 배포되므로 학습자는 쉽게 접근할 수 있다. 학생 도우미는 주말에 배포하고, 세고, 재활용을 위해 수집하는 책임을 맡고 있다.

가능한 장벽을 만드는 것: 학생들의 책상은 일년 내내 줄과 열이 맞춰져 있다. 이렇게 하면 여러분은 수업을 하거나, 화면에 정보를 띄우는 동안 혹은 책상에서 그와 같은 일들을 할 때, 학생들은 여러분을 마주하게 될 것이고 여러분은 학생들이 무엇을 하는지 관찰할 수 있다.
장벽 제거: 학생 책상은 수업의 구조(예: 협업 작업, 개별 작업, 파트너 작업, 프레젠테이션) 및 원하는 학습에 따라 이동한다.

가능한 장벽을 만드는 것: 학생들은 매일 한 단원을 읽고, 그 정보에 대해 메모하고, 새로운 과제를 받고, 그날 밤 숙제를 시작해야 한다는 것을 알고 있다. 이러한 일관성은 교실의 혼란을 최소화한다.
장벽 제거: 학생들은 이해를 위한 지원(예: 보충 오디오, 텍스트, 디지털 정보)과 함께 다양한 형식(예: 오디오, 텍스트, 디지털)의 독서 자료에 접근할 수 있다. 그들은 수업 전에 정보를 이해할 것이며, 여러분이 제공하는 프롬프트를 사용하여 서로 토론할 준비가 되어 있을 것이다.

시작

30년 전, CAST는 중요한 학습 요구가 있는 학생들을 직접 연구하기 시작한 임상 환경에서 개인에 의해 설립되었다. 2002년까지 이 조직은 응용특수공학센터(Center for Applied Special Technology: CAST)로 알려져 있었다. 이제는 단순히 CAST, Inc. 또는 CAST로 알려져 있다. 이 조직의 신경심리학자들, 대학 교수들, 전직 K−12 교육자들, 트레이너들은 이런 임상 환경에서 학생들이 상당한 이득을 볼 수 있지만, 전통적인 환경에서는 이 학생들이 이런 기회를 갖지 못할 것임을 알고 있었다. 학생들이 직면한 과제는 그들의 능력과는 별 상관이 없었다. 학생들은 자신의 요구를 충족시키는 도구, 자원, 전략이 제공되었을 때 성공할 수 있는 능력을 보여 주었기 때문이다.

지금까지, 교육자와 연구자들은 학습상의 도전은 학생들에게서 비롯된 것이라고 믿었다. 심각한 인지장애에서부터 종이 위의 단어를 식별할 수 없는 문제에 이르기까지 학습상의 장벽은 학습자의 문제로 간주되었던 것이다. 심사숙고 끝에 CAST는 다음과 같은 사항에 대해 질문하였다.

- 교육자들이 학습 환경, 교육과정, 수업을 설계할 때 처음부터 장벽을 제거하면 어떨까?
- 뇌 연구에 관한 최신 정보를 교사가 교실에서 적용할 수 있는 방식으로 제공하면 어떨까?

그 시점에 CAST의 창립자들은 모든 학습 환경에서 모든 학생의 학습을 지원할 수 있는 보편적 구조를 확인하는 작업을 시작하였다.

앞서 말했듯이, UDL은 하나의 프레임워크이다. 교육과정도, 체크리스트도 아니다. 만약 UDL이 그런 것들 중 하나라면, 그것은 가르치는 행위와 전문성을 지나치게 단순화시킬 것이다. 교육자로서 여러분은 교육학, 학급 경영 그리고 이론에 대한 강좌를 수강하였다. 최근 또는 수년에 걸쳐 배운 도구, 자원 및 전략 모음을 갖고 있다. UDL 구조는 여러분이 활동적이고, 주의 깊게 그리고 의도적으로 그와 같은 해당 모음으로부터 벗어나도록 안내한다. 또한 다르게 생각할 것을 요구한다.

차이

UDL은 교사가 학습 환경과 수업을 설계할 때 완전한 통제를 부여하는 교육과정과는 대조되는 프레임워크이다. UDL은 교사가 벽에 포스터를 붙이는 것에서부터 수업을 진행하는 데 사용할 전략, 자원 및 도구에 이르기까지 모든 것에 대한 현명한 선택을 할 수 있도록 도와준다. 이것은 특정 작업 목록을 수행하거나 좁은 범위의 수업을 설계하라고 요청하는 구조와는 매우 다르다.

그렇다면 UDL은 교사가 해야 할 일 중 하나인가? 어떤 면에서는 그렇다. 여러분이 만들어 내고 있는 학습 환경과 설계하고 있는 수업을 조사하기 위해 프레임워크를 사용할 것이다. 그것은 시간이 걸릴 것이다. 그리고 여러분은 자신의 학습 환경이나 스스로 구안한 수업에 변화를 줄 필요가 있다는 것을 발견할 수도 있다. 그 또한 시간이 걸릴 것이다. 하지만 이 프레임워크를 사용한다면, 여러분은 모든 학생에게 영향을 미치는 도구, 자원, 전략을 선택할 수 있도록 촉진될 것이다.

> 처음에는 압도적이었고 더 많은 것처럼 보였지만, 실제로는 정말 얼마되지 않았습니다. UDL을 더 많이 사용할수록 도전은 덜하고 더 자유롭게 됩니다. 그 모든 것이 함께라면, 저는 그것들로 인해 이전에는 경험해보지 못했던 흥미로운 일들을 경험했습니다.
>
> —Kathy Denniston, 초등학교 5학년 교사

일단 프레임워크에 대해 더 잘 알게 되고 그 프레임워크가 제시하는 선택사항을 적용하는 법을 배우면, 학생들은 학습 환경에서 더욱 독립적이게 되고 계획은 더욱 간소화된다. 여러분은 이미 UDL 프레임워크에서 제안된 옵션 중 몇 가지, 일부 또는 여러 가지를 이미 제공하고 있다는 것을 알게 될 것이다. 문제는 ① '왜' 그런 옵션을 선택해야 하는지, 그리고 ② 더 많은 학생이 학습 환경에 완전히 참여할 수 있도록 여러분이 현재 수행 중인 작업에 있는 다른 옵션을 파악하는 것이다.

각 부 소개

제1부는 두 개의 장으로 이루어져 있다. 첫 번째 장은 프레임워크를 어떻게 사용할 것인가에 대한 제안으로 시작한다. 이것은 UDL 프레임워크에 대한 소개와 함께 이어진다. 두 번째 장에서는 UDL과 연관된 용어를 식별하고 명확히 한다. 교육은 전문 용어로 가득 차 있지만 UDL의 어휘는 대부분 알려진 용어와 관련된다. 제1부에서는 UDL의 기초를 간략하게 제공한다. 이 정보에 익숙하다면, 원리, 지침, 체크포인트를 좀 더 자세히 설명하는 제2부로 건너뛸 것을 권한다. 제1부의 도입부에 있는 학습 환경에 대한 설명을 읽음으로써 학습 환경 설계에 대해 자세히 알고 싶다면 제3부로 건너뛰면 된다.

> 나는 그것이 우리 아이들의 행복한 등하교에 효과가 있다는 것을 알고 있습니다. 우리는 아이들을 학교에 오게 하는 것, 그리고 그들이 배우는 것을 흥미롭게 만드는 것에 대해 이야기합니다. UDL을 사용하여 가르치는 것은 바로 그것을 할 수 있게 합니다. UDL이 처음인 교사는 종이와 연필로 시작하는 것이 좋을 거예요. 하지만 곧 여러분은 그 틀에서 벗어나 자연스러워집니다. 여러분은 점수가 올라가는 것을 볼 수 있습니다. 아이들은 배우는 것을 좋아합니다.
>
> —Krea Hill, 초등학교 1학년 교사

제1장

보편적 학습설계 소개

왜 UDL을 이용해야 하는 것일까요? 교수법은 모든 다양성에 관한 것이며 다양한 접근 방법에 관한 것입니다. 다양성은 모든 학교에서 나타납니다. 다양한 학생들이 있으며, 그들 사이에 중복됨이란 없습니다. 성공하려면 우리가 하고 있는 일에서 더 다양한 방식으로 접근하는 것 외에는 다른 방법이 없을 것입니다. 나는 모두가 참여하고 학습하도록 하는 유일한 희망은 여러 가지 옵션과 접근법을 제공하는 것이라고 생각합니다.

–Robin Whited, 고등학교 영문학 교사

우리의 교실은 여러 면에서 다양하다. 모든 학생이 동일한 소규모 공동체 출신이면서 인종, 사회경제적 배경이 동일하더라도 각자는 고유하고, 특별한 학습적 요구가 다르다는 것을 알고 있다(Rose & Meyer, 2002). 그렇다면 이러한 차이를 지원할 수 있는 수업과 학습 환경을 설계하고 있는가? Robin이 이 장의 인용에서 제안했듯이, 가장 좋은 방법은 UDL 프레임워크를 사용하는 것이다. 프레임워크가 어떻게 구성되어 있는지를 이해하고 용어에 익숙해지면, 프레임워크를 사용하는 방법에 대한 과정을 통해 UDL을 자동적으로 사용할 수 있다.

> 나는 오랫동안 보편적 학습설계의 원리를 사용해 왔습니다. 그것은 자동적으로 적용되는 것이지요. 내가 계획을 세우면, 다시 돌아가서 점검해 보겠지만, 나는 언제나 이런 것들을 포함시킵니다. 왜냐하면 그것은 나에게 제2의 천성(nature)이 되었기 때문입니다.
>
> —Dana Calfee, 중학교 과학 교사

교사가 지역, 주 및 연방 교육 지침에 따라 수업을 진행함에 있어 모든 학생을 가르치는 데 도움이 되는 아이디어와 전략을 모색하고 있음을 부인할 수 없다. 교사는 내용을 전달하고 학생들이 특정 표준(대다수의 경우 공통 핵심 국가표준)을 성공적으로 충족시키는지 여부를 평가할 수 있는 일정 시간을 갖고 있다. 학생들의 결과가 선택된 교육과정의 기준에 부합하지 않을 경우, 교사는 추가적 지원, 자원 및 전략에 대해, 언제 그리고 어떻게 그것들을 시행할 것인지, 그리고 그것들이 학생을 돕고 있는지 여부를 결정해야 한다. 이 모든 것을 효과적으로 수행하기 위해 교사는 수업 장소, 그리고 수업에 대한 설계에서부터 시작해야 한다. 그리고 장소에 관한 설계든 수업에 대한 설계든, 설계는 잠재적 전략과 근거 기반 접근 방식에 의해 뒷받침되어야 한다. 이것이 바로 UDL 프레임워크가 지원하는 것이다.

이 장은 UDL에 대한 소개가 이루어지는 장으로 UDL 프레임워크, UDL 과정에 대한 개요를 제공한다. 이와 같은 것들의 세부적인 측면을 바로 살펴보는 것도 좋지만, 필자가 생각하기에는 천천히 UDL에 대해 접근하는 것이 좋을 듯하다.

네 가지 큰 생각

> 원하는 최종 결과가 무엇인지 생각해 보세요. 진심으로 학생들이 배웠으면 하는 것이 무엇인가요? 어떻게 그것을 다른 방식으로 표현할 것인가요? 당신이 제안할 수 있는 선택권은 무엇인가요? 그리고 이것을 새롭게 시작하는 교사라면, 나는 이 모든 것을 한꺼번에 고려하지 말라고 할 것입니다. 작은 걸음으로 가야 합니다. 이것은 매우 서서히 통합되고 있는 문제인 만큼 너무 무리하지 마세요.
>
> –Patrice Goble, 초등학교 5학년 교사

천천히 시작하기

교사로서 우리는 여러 가지 과제, 도전적인 것, 계획 및 프로그램을 수행하는 데 익숙하다. 때로는 마치 우리가 회전문에 갇혀 있는 것처럼 느낄 수도 있다. 따라서 UDL만큼이나 크고 유연한 것을 고려하는 것은 압도적일 수 있다. 이 책을 통해 프레임워크에 대해 더 많이 알게 되면 '하나만 더(one more thing)' 하면 된다는 느낌을 갖게 될 것이며, 끝없이 제시된 옵션들에 쉽게 사로잡힐 수 있다. 그러나 이러한 제안에 압도당하기보다는 이러한 옵션 중 이미 다루어지고 있는 옵션을 파악하는 것이 좋다. 교수 공간과 수업을 향상시킬 수 있는 방법에 열광하라. 자신에게 맞는 UDL 부분을 확인하고 그것을 분리하라. 또한 프레임워크를 따로 분리하여 학생들의 학습 능력을 향상시킬 수 있는 제안을 찾아보라. 만약 시간이 많이 걸리고 벅차 보인다면 UDL과의 새로운 관계에 접근할 수 있는 다른 방법을 고려하라.

- 지침 중 하나에 중점을 두고 그 지침에 따라 도구, 자원 또는 전략을 선택하라(제3, 4, 5장 참조).
- 수업과 교실/환경에 대한 전반적인 점검을 시작하기 위한 원리 중 하나에 초점을 맞추어라(제3, 4, 5장 참조).
- "이 활동이 나의 수업 목표와 어떻게 연결되어 있는가?"라는 질문을 시작으로 수업을 전개하라(제7장 참조).
- 원리에 대해 배운 정보를 사용하여 지난 수업을 검토하라(제3, 4, 5장 참조).
- 이미 사용하고 있는 도구와 자원을 나열하라. 사물과 사람에 대해 생각하는 것을 잊지 마라. 이제 이러한 도구와 자원이 하나 이상의 원리를 실행하는 데 어떻게 도움이 되는지 고려하라(제6장 참조).
- 동료 교사들과 원리 및 지침 그리고 UDL 접근 방식에 대해 대화하라.
- 동일한 활동을 수행하되, 하나 이상의 지침을 고려한 동일한 목록의 도구 및 자원을 사용하라.

우리는 학생들 만큼이나 학습 요구가 다양하다. 이 장에서는 우리의 뇌 네트워크와 이것이 학습에 어떻게 영향을 미치는지에 대해 배울 것이다. 그 뇌 네트워크는 아동과 성인 모두에게 존재한다. 필자는 여러분이 학습자로서 프레임워크에 어떻게 들어맞는지를 이해할 것을 권한다. 자신의 학습 선호도, 요구와 일치하는 옵션을 찾아라. 이러한 선호도와 요구 사항이 초기 수업 개발 실제를 유도하였을 수 있다. 어쩌면 아직도 그럴지도 모른다.

이 책이 전개됨에 따라, 여러분은 학습자들을 수업에 참여시킬 수 있는 다양한 방법과 그들의 주의력을 어떻게 유지시키고, 그들을 자신감 있는 방향으로 어떻게 이끌 수 있는지에 대해 생각할 것이다. 또한 우리의 뇌가 정보를 받아들이고, 정리하며, 이해하는 방법을 검토하게 될 것이다. 여러분은 학생들이 그러한 정보를 받아들이고 그들이 그것에 대해 무엇을 알고 있는지 보여 주는 방법을 다시 한 번 생각할 것이다. 하지만 그보다 중요한 것은, 여러분이 학생들을 자신의 학습 요구를 검사할 수 있는 능력을 키울 수 있는, 전략적으로 생각하고 목표를 설정하는 사람으로 생각할 것이라는 점이다. 대부분 그렇지 않은가? 이와 같은 이유로 UDL에 참여할 때 자신의 출발점을 선택하고 작게 시작해야 한다.

지속적인 과정

UDL은 과정이다. 과정은 특정 결과를 이끌어내는 일련의 행동이다. UDL의 경우, 일련의 행동에는 여러분의 수업 공간에 대한 설계가 포함된다. 여러분이 찾고 있는 특별한 결과는 학생의 성과를 향상시키는 것이다. 학생의 성과가 특별하기 때문에, 이것은 지속적인 과정이 된다.

예를 들어, 전문적인 음악가의 경우를 살펴보자. 재능 있는 사람들은 공연 과정에 참여한다. 그들은 특정 날짜에 특정 관객을 위해 작품을 연주할 것이라는 것을 알고 몇 주 또는 몇 달 동안 특정 곡을 연습한다. 그러나 그들이 추구하는 결과는 청중을 위해 공연하는 것이 아니다. 그들이 추구하는 결과는 그들의 기준과 요구에 부합하는 공연이다. 비평가는 청중석에 앉아 공연의 성공 여부를 가늠할 것이지만, 음악가는 과정이 공연 결과보다 더 중요하다는 것을 알고 있다. 과정은 수행 결과를 향상시키고자 하는 그들의 끊임없는 요구인 것이다.

UDL에 대해 더 많이 알게 되면, 정의된 결승점이나 완료 지점이 없음을 알게 될 것이다. 화살표는 계속해서

날고 있다. UDL은 수업이 행해지는 수업 공간과 수업에서 융통성을 발휘할 수 있도록 여러분을 안내하기 위해 설계되었다. 일반적인 질문은 "언제 내가 UDL을 하고 있는지 알 수 있을 것인가?"이다. 필자는 그 질문을 바꾸는 것이 좋다고 생각한다. UDL은 반드시 해야 하는 것이 아니다. UDL은 여러분이 설계하는 데 사용하는 것이다. 문제는 "언제 UDL을 최대한 활용했는지 알 수 있을까?"이다. 이에 대한 정답은 도구나 자원, 그리고 프레임워크 내에서 제시된 선택 사항에 부합하는 전략을 사용하여 강의 공간과 수업을 설계하기로 결정했을 때이다. 여러분의 수업 목표를 명확하게 인식하고, 그 목표와 후속 활동을 연결할 때 UDL 프레임워크에서 제공되는 옵션을 사용하면 수업설계에서는 배제되었던 학생들까지도 고려하게 되는 것이다. 여러분이 그 문을 열어 주었기 때문에, 여러분은 진실로 모든 학생에게 다가가고 있는 것이다 (CAST, 2012b).

모든 학생

이 책은 특정 학생 집단을 묘사하지 않는다. UDL은 뇌 과학과 우리가 배우는 방법이 눈송이만큼이나 개별화되어 있다는 지식에 기초한다. CAST의 최고 교육책임자이면서 공동 설립자인 David Rose는 "평균 학습자(average learner)"(CAST, 2012c; Hall, Meyer, & Rose, 2012) 같은 것은 없다고 주장한다. 대신, 학생들은 서로 특별할 뿐만 아니라 환경과 활동에 대한 학생 자신의 반응에 따라 독창적으로 학습에 접근한다.

일부 학생을 위한 추가 지원 및 자원을 정의하기 위한 방법으로, 우리의 교육제도는 그것들을 분류하였다. UDL은 참여와 지식 획득, 그리고 자신의 지식을 보여 주기 위해 상당한 지원이 필요한 학생들이 있다는 사실을 간과하지 않는다. 대신 UDL은 프레임워크 내에서 제안된 다양한 옵션을 사용하여 교수 공간 및 제공하는 수업을 설계할 것을 제안한다. 그런 다음 그러한 옵션을 구현하고 학생들의 참여와 결과를 반성적으로 검토해야 한다. 이와 같은 정보를 사용함으로써, 여러분은 프레임워크 내에서 제안된 것과 동일한 옵션 또는 다른 옵션을 사용할 수 있게 된다.

UDL은 모든 학생에게 의식적으로 선택되고 연구된 옵션을 제공함으로써 궁극적으로 자신의 학습을 지도하는 법을 배울 수 있도록 한다. 평생 학습자(lifelong learner)라는 용어는 이러한 종류의 바람직한 결과를 나타내며, 교육에서 널리 사용된다. 그러나 구조화된 환경과 그 결과를 향한 움직임에 있어 학생들을 전략적으로 지원하는 수업을 제공하는 것은 우리에게 달려 있다.

모든 과목

UDL 설계는 모든 교육 환경에 적용할 수 있다. 즉, 여러분이 담당하고 있는 과목과는 상관없이, 여러분은 교수적 결정을 내린다. UDL 프레임워크는 우리가 학습하는 방법과 특정 이론 또는 실제와의 연결을 통해 모든 환경에서 사용할 수 있다. 이 책 전반에 걸쳐 여러분은 다양한 수업과 환경을 설계하는 데 UDL을 사용하는 방법에 대해 읽게 될 것이다. 여기서 위험한 점은 이와 같은 보기들이 여러분의 UDL 탐색 범위를 좁힐 수도 있다는 점이다. 구체적인 것을 제공하려는 의도로 작성된 그 보기들은 동시에 여러분이 현재의 교수 과제와 경험에 그것이 어떻게 부합하는지를 보기 위해 정보를 일반화하도록 요구한다.

필자는 직업 준비 과정(예: 공인 간호 보조 훈련 프로그램, 라디오 및 텔레비전 교육 프로그램, 법 집행 연구)의 교사들을 포함하여 K−12 과목의 교사들, 고등학교 과학 · 테크놀로지 · 공학 · 수학(STEM이라고도 함) 교사, 중학교 미디어 전문가, 그리고 초등 음악과 미술 교사들과 함께 일하였는데, 이들은 모두 UDL 프레임워크를 사용하여 공간과 수업을 설계하였다.

프레임워크 소개

UDL은 프레임워크로, 옵션을 제공하는 데 도움이 되는 큰 아이디어의 모음을 의미한다. 프레임이 정의되고나면 프레임 내에서 수행해야 하지만, 프레임에는 다양한 옵션이 있다. 이는 특정 작업 목록에서 수행하도록 요구하거나 좁은 범위 내에서 설계 과정을 지시하는 구조와는 매우 다르다. UDL 프레임워크에 포함된 아이디어들은 교육적 연구, 교육심리학 연구, 신경심리학 연구 및 뇌 연구로부터 도출되었다. 프레임워크 내에 조직화된 아이디어와 일치하는 교실 환경과 수업에 기반을 둔 결정을 함으로써, 여러분은 개별 학습자의 다양한 요구에 부응하고 있다는 것을 알게 된다.

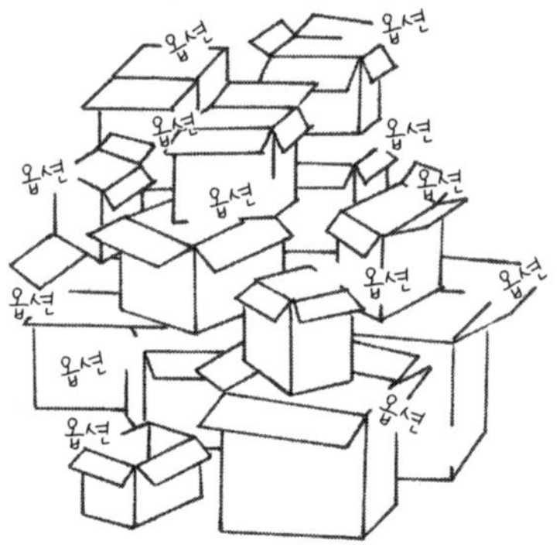

UDL 프레임워크는 ① 원리, ② 지침, ③ 체크포인트의 세 가지 영역으로 구성된다. 개요에서 볼 수 있는 것과 같이, 참여, 표상, 행동과 표현의 원리는 세 가지 중요한 그룹을 지칭하며 로마 숫자 I, II 및 III로 표시된다. 이 세 가지 중요한 그룹의 하위에는 각각 세 가지 지침이 있으며, A, B 및 C로 표시된다. 체크포인트는 개요를 작성하여 대문자 각각에 3~4개의 포인트를 배치한다([그림 1-1] 참조). UDL 프레임워크의 구성에 대해 생각하는 또 다른 방법으로는 CAST가 세 개의 열에 조직된 정보를 표시하는 방법이 있다([그림 1-2] 참조). [그림 1-3]은 이것과 동일한 프레임워크로 '원리' '지침' 및 '체크포인트'가 왼쪽 열에 정의되어 있다. 이 세 가지 예제는 전체 프레임워크를 시각적으로 표현하지만, 그 기반은 무엇인가?

Ⅰ. 원리

- A. 지침
  - 체크포인트
  - 체크포인트
  - 체크포인트
- B. 지침
  - 체크포인트
  - 체크포인트
  - 체크포인트
  - 체크포인트
- C. 지침
  - 체크포인트
  - 체크포인트
  - 체크포인트

Ⅱ. 원리

- A. 지침
  - 체크포인트
  - 체크포인트
  - 체크포인트
  - 체크포인트
- B. 지침
  - 체크포인트
  - 체크포인트
  - 체크포인트
  - 체크포인트
  - 체크포인트
- C. 지침
  - 체크포인트
  - 체크포인트
  - 체크포인트

Ⅲ. 원리

- A. 지침
  - 체크포인트
  - 체크포인트
  - 체크포인트
  - 체크포인트
- B. 지침
  - 체크포인트
  - 체크포인트
  - 체크포인트
- C. 지침
  - 체크포인트
  - 체크포인트

[그림 1-1] 개요 예시

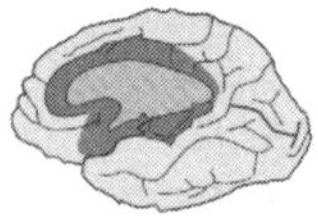	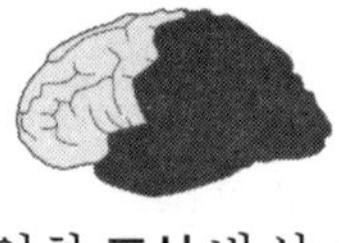	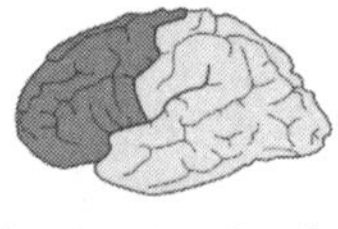
다양한 **참여** 방식 제공 목적의식과 학습동기가 뚜렷한 학습자	다양한 **표상** 방식 제공 학습자원이 풍부하고 지식을 활용할 수 있는 학습자	다양한 **행동과 표현** 방식 제공 전략적이고 목표 지향적인 학습자
자기조절 능력을 키우기 위한 선택 제공 • 학습 동기를 최적화하는 기대와 믿음 증진시키기 • 극복하는 기술과 전략 촉진하기 • 자기 평가와 성찰 발전시키기	이해를 돕기 위한 다양한 선택 제공 • 배경 지식을 제공하거나 활성화시키기 • 패턴, 핵심 부분, 주요 아이디어 및 관계 강조하기 • 정보처리 과정, 시각화, 조작에 대해 안내하기 • 정보 전이와 일반화 극대화하기	실행 기능을 위한 다양한 선택 제공 • 적절한 목표 설정에 대해 안내하기 • 계획과 전략 개발 지원하기 • 정보 및 자료 관리를 용이하게 돕기 • 학습 진행 상황을 모니터링하는 능력 증진시키기
지속적인 노력과 끈기를 돕는 선택 제공 • 목표나 목적 뚜렷하게 부각시키기 • 난이도를 최적화하기 위한 요구와 자료 다양화하기 • 협력과 동료 집단 육성하기 • 성취지향적 피드백 증진시키기	언어 · 수식 · 기호의 다양한 선택 제공 • 어휘와 기호의 뜻 명료하게 하기 • 글의 짜임새와 구조 명료하게 하기 • 문자, 수식, 기호의 해독 지원하기 • 범언어적인 이해 증진시키기 • 다양한 매체를 통해 의미 보여 주기	표현과 의사소통을 위한 다양한 선택 제공 • 의사소통을 위한 여러 가지 매체 사용하기 • 작품의 구성과 제작을 위한 여러 가지 도구 사용하기 • 연습과 수행을 위한 지원을 점차 줄이면서 유창성 키우기
흥미를 돋우는 다양한 선택 제공 • 개인의 선택과 자율성 최적화하기 • 학습자와의 관련성, 가치, 현실성 최적화하기 • 위협이나 주의를 분산시킬 만한 요소 최소화하기	인지 방법의 다양한 선택 제공 • 정보의 제시 방식을 학습자에게 맞게 설정하는 방법 제공하기 • 청각 정보의 대안 제공하기 • 시각 정보의 대안 제공하기	신체적 표현 방식에 따른 다양한 선택 제공 • 응답과 자료 탐색 방식 다양화하기 • 다양한 도구와 보조공학기기 이용 최적화하기

[그림 1-2] UDL 가이드라인

출처: Meyer, Rose, & Gordon(2013). *Universal design for learning theory and practice*. Wakefield, MA: National Center on Universal Design for Learning. 허가를 받아 게재함.

원리와 뇌 네트워크

앞서 언급했듯이, 이 프레임워크는 우리의 뇌 네트워크에 대한, 그리고 우리가 어떻게 반응하고, 배우며, 창조하는지에 대한 연구에서 비롯되었다. 특정 테크놀로지(예: 뇌 영상)를 사용하여 뇌를 관찰할 때, 과학자들은 자극을 받으면 특정 연결이나 네트워크가 활성화된다는 것을 알고 있다. 연구자들은 이제 어떤 네트워크가 학습과 동시에 일어나는지를 그렇지 않은 네트워크와 비교하여 확인하고 있다. UDL은 교사가 이와 같은 다양한 학습 네트워크를 활성화할 수 있는 학습기회를 만들어 낼 수 있도록 지도하는 생각들을 수합한다. UDL 프레임워크는 교사가 학생의 뇌 네트워크를 활성화할 수 있는 도구, 자원 및 전략을 결정하는 데 도움을 준다. 이 장의 후반에서 필자는 그 원리들이 어떻게 뇌 네트워크에 의해 구조화되고 정의되는지에 관해 기술하고자 한다. 뇌 네트워크에 관한 추가 정보는 제3, 4, 5장의 첫 부분에서 찾을 수 있다.

참여

참여의 원리는 정서적 네트워크로부터 도출되었다. 이러한 네트워크는 우리가 외부의 누구 그리고 무엇과 상호작용하는지를 규제한다. 여러분의 정서적 네트워크는 모든 상황에서 활동적이고, 어떤 상황을 보는 것에 영향을 미친다. 또한 두 사람이 같지 않기 때문에 어떤 상황이나 환경에서 한 사람의 정서적 네트워크에서 보이는 반응은 동일한 상황이나 환경에서 반응하는 다른 사람의 정서적 네트워크와는 다를 것이다. 우리가 어떤 사람이나 상황을 어떻게 해석하느냐는 우리의 학습 · 기억 · 반응 능력에 크게 영향을 미친다(Rose & Meyer, 2002). 정서적 네트워크는 제3장에서 자세히 다루고 있다.

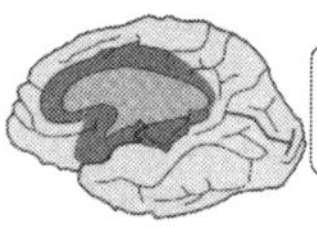  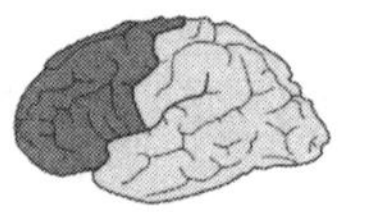

원리

다양한 **참여** 방식 제공 목적의식과 학습동기가 뚜렷한 학습자	다양한 **표상** 방식 제공 학습자원이 풍부하고 지식을 활용할 수 있는 학습자	다양한 **행동과 표현** 방식 제공 전략적이고 목표 지향적인 학습자
자기조절 능력을 키우기 위한 선택 제공 • 학습 동기를 최적화하는 기대와 믿음 증진시키기 • 극복하는 기술과 전략 촉진하기 • 자기 평가와 성찰 발전시키기	이해를 돕기 위한 다양한 선택 제공 • 배경 지식을 제공하거나 활성화시키기 • 패턴, 핵심 부분, 주요 아이디어 및 관계 강조하기 • 정보처리 과정, 시각화, 조작에 대해 안내하기 • 정보 전이와 일반화 극대화하기	실행 기능을 위한 다양한 선택 제공 • 적절한 목표 설정에 대해 안내하기 • 계획과 전략 개발 지원하기 • 정보 및 자료 관리를 용이하게 돕기 • 학습 진행 상황을 모니터링하는 능력 증진시키기
지속적인 노력과 끈기를 돕는 선택 제공 • 목표나 목적 뚜렷하게 부각시키기 • 난이도를 최적화하기 위해 요구와 자료 다양화하기 • 협력과 동료 집단 육성하기 • 성취지향적 피드백 증진시키기	언어 · 수식 · 기호의 다양한 선택 제공 • 어휘와 기호의 뜻 명료하게 하기 • 글의 짜임새와 구조 명료하게 하기 • 문자, 수식, 기호의 해독 지원하기 • 범언어적인 이해 증진시키기 • 다양한 매체를 통해 의미 보여 주기	표현과 의사소통을 위한 다양한 선택 제공 • 의사소통을 위한 여러 가지 매체 사용하기 • 작품의 구성과 제작을 위한 여러 가지 도구 사용하기 • 연습과 수행을 위한 지원을 점차 줄이면서 유창성 키우기
흥미를 돋우는 다양한 선택 제공 • 개인의 선택과 자율성 최적화하기 • 학습자와의 관련성, 가치, 현실성 최적화하기 • 위협이나 주의를 분산시킬 만한 요소 최소화하기	인지 방법의 다양한 선택 제공 • 정보의 제시 방식을 학습자에게 맞게 설정하는 방법 제공하기 • 청각 정보의 대안 제공하기 • 시각 정보의 대안 제공하기	신체적 표현 방식에 따른 다양한 선택 제공 • 응답과 자료 탐색 방식 다양화하기 • 다양한 도구와 보조공학기기 이용 최적화하기

지침

체크포인트

[그림 1-3] 캡션이 제시된 UDL 가이드라인

출처: Meyer, Rose, & Gordon(2013). *Universal design for learning theory and practice*. Wakefield, MA: National Center on Universal Design for Learning. 허가를 받아 게재함.

표상

표상의 원리는 인지적 네트워크로부터 도출되었다. 이러한 네트워크들은 감각(예: 시각, 청각, 촉각, 후각, 미각)을 통해 우리에게 오는 것을 식별하고 해석할 수 있게 해 준다. 그것들은 우리가 구체적이고 추상적인, 단순하고 복잡한 것에서 의미를 찾도록 도와준다. 사과를 인식할 때, 피카소의 그림을 해석할 때, 할아버지를 생각나게 하는 파이프 담배 냄새를 맡을 때, 어머니가 만든 것과 같은 음식을 맛볼 수 있기를 바라며 열 번씩이나 다른 조리법으로 만들 때, 인지적 네트워크를 사용하고 있다. 인지적 네트워크는 복잡하며 뇌 전체에 퍼져 있다. 마지막으로, 뇌와 신체가 어떤 감각적 입력과 상호작용하는가는 우리가 배우는 방식에 영향을 미친다(Rose & Meyer, 2002). 인지적 네트워크는 제4장에서 자세히 다루고 있다.

행동과 표현

행동과 표현의 원리는 전략적 네트워크로부터 도출되었다. 이러한 네트워크는 우리가 수행하는 모든 육체적 · 정신적 과정을 전략화하는 데 도움이 된다. 이것은 우리가 무엇을 할 것인지, 하려고 생각했던 것 중에서 무엇을 했는지, 무엇을 하고 있는지를 추적하는 곳이다. 이것들은 우리가 하루 종일하는 일들로, 양치질하는 것부터 수업 계획하기, 주말에 입을 청바지 결정하기에 이르기까지 다양하다. 전략을 세우는 우리의 능력과 선택하는 전략은 우리가 알고 이해하는 다른 것을 다른 사람에게 소통하는 방법에 영향을 미친다(Rose & Meyer, 2002). 전략적 네트워크는 제5장에서 자세하게 다루고 있다.

지침

지침은 원리의 하위 단계이다. 각 원리별로 세 개의 지침이 있다. 이것들은 공간과 수업을 설계할 때 선택할 수 있는 도구, 자원, 전략에 대한 교사들의 이해를 지원한다. 이 지침은 원리에 추가적인 의미를 부여하며, 다음에 간략하게 소개한다. 이에 대해서는 제 3, 4, 5장에서 자세히 다루고 있다.

참여의 원리 하위 지침 어떻게 하면 학생들이 스스로 관리하는 학습자가 되도록 학습하고, 연결시키며, 구조를 제공할 수 있는지를 보여 준다.

표상의 원리 하위 지침 언어, 구문 및 숫자를 정의 및 설명하고 학생들에게 자신만의 방법으로 지식을 습득할 수 있는 기회를 제공함으로써 학생들이 배워야 할 내용을 폭넓게 전달한다.

행동과 표현의 원리 하위 지침 학생들이 행동을 통해 자신이 알고 있는 것을 완전히 소통할 수 있는 방법을 제시하고, 무공학(no-tech), 기초공학(low-tech), 그리고 첨단공학(high-tech)을 사용하는 방법을 포함하며, 학생들이 계획하고, 주의력과 문제 해결을 위한 행동을 감시하는 방법을 연습하도록 한다.

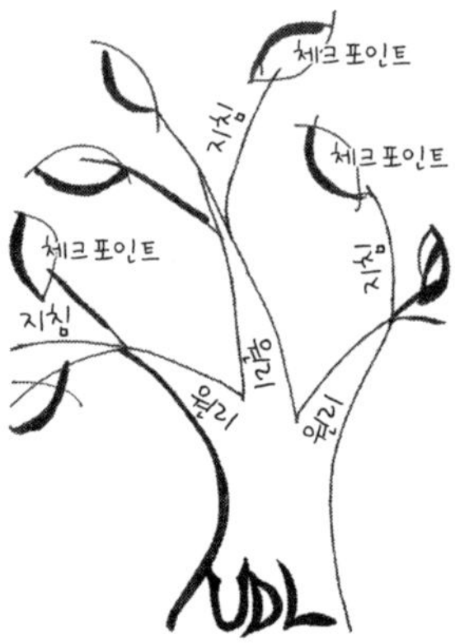

원리, 지침 및 체크포인트를 그래픽으로 보여 주는 또 다른 방법은 팔다리가 달린 나무이다. 나무의 몸통은 전체적으로 UDL을 나타낸다. 몸통에서 세 개의 팔다리가 자라는데, 이는 세 가지 원리를 나타낸다. 이 팔다리에서 가지가 자라는데, 이는 지침이다. 나뭇가지로 지탱되는 잎, 과일 그리고 꽃은 체크포인트를 의미한다. 이와 같은 것들은 여러분이 만들어 내는 수업에 들어가는 다양한 아이디어를 지원한다.

UDL로 환경 설계하기

> 여러분은 한 가지 방법으로 가르칠 수 없다는 것, 모든 사람이 동일한 방식으로 지식을 습득하거나 과제를 수행할 수 없다는 것, 그리고 모든 사람이 같은 방식으로 그렇게 할 것을 기대할 수 없다는 것을 깨달아야 합니다. 직원회의 때처럼 어떤 사람은 메모를 하고 또 어떤 사람은 듣는 것만으로도 정보를 기억할 수 있습니다. 정보를 파악하는 방법에는 여러 가지가 있습니다. 아이들도 우리와 다르지 않습니다. 즉, 그들은 정보를 각기 다른 방식으로 처리합니다.
>
> –Kandice Castillo, 초등학교 5학년 교사

이 시점에서, 여러분은 지금까지 뇌 네트워크, 원리 및 지침에 대해 살펴봤으나 UDL 프레임워크에 대한 일반적인 이해는 더 많은 질문을 야기할 수 있다. 예를 들어, "교실에서 UDL은 어떤 모습인가?"라는 질문은 필자가 들을 수 있는 질문이다. 어떤 교실도 똑같이 보이거나 비슷해 보이지 않기 때문에, 이 질문에 대한 단 하나의 혹은 확실한 대답은 없다. 대신, 여러분이 프레임워크를 더 잘 알게 되고 학습 환경을 설계하기 위해 프레임워크를 기반으로 도구, 자원, 전략을 선택하기 시작하면 UDL을 구현하게 될 것이다. UDL을 구현한다는 것은 학습 환경과 수업을 설계하면서 특정 도구, 자원 및 전략을 선택하는 '이유'를 묻고 답하고 있음을 의미한다. 그 '이유' 중 하나는 가능한 한 장벽이 거의 없는 환경을 만들기 위해서이다.

필자는 환경이 여러분의 수업이 이루어지는 곳을 의미하기 때문에 강조하

고 있다. 다음에는 학습 환경에 대한 보다 심층적인 정의를 다루며, 제6장에서는 수업 목표의 생성과 관련된 학습 환경에 대한 전반적인 논의를 시작하지만, 우선적으로 UDL 기반의 환경을 만드는 주된 핵심은 프레임워크를 사용하여 교수 공간과 수업을 설계하는 것임을 이해하는 것이 중요하다.

UDL 프레임워크와 관련하여 유일한 올바른 사용법 그리고 단일한 보기가 없음에도 이미 교사들은 '도구 상자(toolbox)'에 있는 도구, 자원 및 전략을 살펴볼 수 있다. 프레임워크 전반에 걸쳐 제안되는 옵션을 이해하기 시작하면 여러분의 도구상자 안에 있는 몇 가지 것들은 직접적으로 일치한다는 것, 그리고 다른 것들은 학습자들의 일부를 제한한다는 것을 알게 될 것이다. UDL 기반의 환경 및 수업을 만들기 위해 이러한 제한적인 옵션을 다른 도구, 자원 및 전략을 결합하는 방법을 배우게 된다. 서로 다른 지침과 체크포인트를 구체화하는 예는 제3, 4, 5장에서 다루고 있다.

UDL 기반의 환경을 만들기 위해서는 다음의 세 가지 구성 요소를 구현해야 한다. ① 프레임워크를 사용하여 공간과 수업을 설계하고, ② 해당 수업을 구현하고, ③ 결과에 따라 공간과 수업을 성찰(reflect)하고 다시 재설계한다. 이 점에 대해서는 이 장의 다음 절에서 설명한다. 이 세 단계가 없으면 교실에서 UDL을 완전히 구현하지 못할 것이다. 이 세 단계를 통해 UDL 기반 수업을 자신있게 설계할 수 있다.

UDL의 불안정성

지금까지 프레임워크의 구성을 살펴보았으며, 원리, 지침 및 체크포인트에 대해서도 조금 알게 되었다. UDL을 사용하여 환경과 수업을 설계하기 전에 측정이 어렵기는 하지만 반드시 해야 하는 세 가지가 있다.

> 때로는 온라인 제품이나 접근 방식 또는 소프트웨어나 내가 알고 있는 전략을 사용할 수 있는 경우가 있습니다. 그런 다음 다시 생각해 보겠습니다. 좋아요, 여기 제가 알기에 과거에 학생들이 참여했던 것이 있습니다. 혹은 정말로 좋은 것으로 판명된 것이 있습니다. 어떻게 재사용할 수 있습니까? 아니면 다른 방법을 써야 하나요? 나는 수년 동안 선택의 메뉴를 만들었기 때문에, 다시 그것으로 돌아가서 UDL 원리가 요구하고 있는 옵션을 선택할 수 있습니다.
>
> —Dana Calfee, 중학교 과학 교사

설계

프레임워크를 사용한 수업 환경 설계라는 첫 번째 구성 요소에 초점을 두면 프레임워크에 익숙해져야 할 필요가 있음을 알 수 있다. UDL은 선택과 유연성으로 가득찬 프레임워크로, 스크립트가 있는 교육과정 혹은 좁게 정의되는 교수 전략과 비교되기 때문에 다소 다루기 힘들게 보일 수 있기 때문이다. 학습 공간을 설계하고 학습 내용을 이행하는 데 얼마나 많은 체크포인트나 지침을 사용해야 하는지를 나타내는 설명은 없다. 언급된 것은 여러분이 선택한 지침이 항상 여러분의 목표와 연결되어야 한다는 것이다(Lapinski, Gravel, & Rose, 2012).

공간 설계(designing a space)라는 개념은 일부 사람에게는 익숙하지 않을 수도 있다. '학습 환경(learning environment)'이라고도 불리는 이 공간은 학생들이 그곳에서 배울 수 있고, 그곳에서 배우는 동안 기쁨을 느끼고, 배운 것을 표현할 수 있도록 설계되어야 한다. 이 지침들은 뇌가 환경과 정보에 반응하는 방식을 고려하여 고안되었다. 이와 같은 지침의 사용에 관해서, 특히 제3, 4, 5장에서 다루는 논의는 이러한 중요한 설계 선택에 도움이 될 것이다.

UDL 프레임워크에 대한 정보가 증가하고 편리해짐에 따라 여러분은 학습 공간과 수업 시간에 다양한 지침이 어떻게 등장하고 학생들에게 영향을 미치는지를 볼 수 있다. 여러분은 다양한 뇌 네트워크를 작동시키기 위해 고안된 수업을 만드는 데 필요한 도구, 자원 및 전략을 선택하는 정보에 입각한 결정을 할 것이다.

UDL은 우리가 이미 알고 있는, 즉 모든 학생은 천편일률적이지 않다는 것에 대한 해답이다. 때때로 우리는 모든 학생에게 확실히 도달할 수 있는 수업을 하고 있다고 생각한다. UDL처럼(UDL-ish) 여기는 수업을 설계할 수도 있다. 그러나 그것은 제대로 된 강의가 아니므로, 우리는 UDL을 사용해야 한다. 다음 시나리오를 고려해 보자.

앤서니(Anthony)의 수업은 정수의 합에 관한 내용이었다. 주제를 다루는 첫날이었기 때문에, 그는 등장인물들이 숫자로 이루어진 짧은 만화 비디오를 찾아냈고, 정수가 무엇을 의미하는지에 대해 이야기하였다. 그 영상은 정수들을 수직선 위에 배치시키고 덧셈을 통해 어떻게 합쳐지는지 보여 주었다. 그는 각 학생에게 사용할 수 있는 수직선을 주고 폴더에 넣어 둔 다음에 활동지를 작성하게 했다. 학생들은 독립적으로 과제를 수행하였으며, 그는 질문이 있는 학생이 있는 경우 그 학생의 책상으로 갔다.

이것은 마치 UDL 수업처럼 들리지 않는가? 앤서니는 만화 비디오를 사용하였으므로 학생들은 참여할 수 있었다. 여기에 그들의 자리에서 수직선의 사용을 추가하였고, 학생들에게 정보를 보여 주고 있었던 것이 틀림없다. 그런 다음 활동지를 작성했다. 그것이 표현이다. 맞지 않은가? 이것은 UDL 수업임에 틀림없다.

다음은 이 수업에 관한 앤서니와의 인터뷰 내용이다.

루 이: 안녕하세요? 앤서니! 당신의 수업에 대한 몇 가지 질문에 답해 줘서 고맙습니다.

앤서니: 천만에요!

루 이: 왜 비디오 영상을 선택했는지 궁금합니다.

앤서니: 우리는 모두 아이들이 만화 비디오를 좋아한다는 것을 알고 있으며, 저는 그 만화가 정수를 소개하기에 적합하다고 생각했습니다.

루 이: 학생들이 아주 재미있어하던 것 같던데요. 당신은 곧이어 추가적인 지도를 하였고, 이후 학생들은 활동지를 풀었습니다. 왜 그런 활동을 선택했는지 말씀해 주시겠습니까?

앤서니: 음, 저는 항상 영상을 토대로 강의를 끌어냅니다. 그렇지 않으면, 저는 가르치지 않는 거나 마찬가지입니다, 그렇죠? 학생들이 제가 가르치는 것을 듣고 봐야 합니다. 그렇지 않으면, 저는 일을 하지 않는 것이지요, 그러고 나서, 저는 학생들이 그것을 이해하고 있는지 확인하고 싶어서, 그들에게 활동지를 주었습니다. 저는 성적표를 작성하기 위해 점수가 필요했고, 그 점수는 개인 점수여야 했습니다. 이렇게 하면 저는 학생들이 어디에서 시작했는지, 정수에 대해 학습한 이틀 동안 학생들이 얼마나 많이 성장했는지 알 수 있습니다. 모둠 활동을 하다 보면 모든 학생에게 공평하지 않을 수 있으므로 모둠 활동에 대한 점수를 주지는 못합니다.

앤서니의 대답은 수업 계획과 관련한 전통적인 사고방식을 보여 준다. 앤서니와 마찬가지로 학생들을 수업에 참여시킬 필요가 있음을 인정하는 교사들이 있다. 그 후에 의사 결정은 도구, 자원 및 전략의 사용 '이유'가 아니라 자신이 현재 갖고 있는 도구, 자원 및 전략을 기반으로 이루어진다. 궁극적으로 앤서니는 자신의 수업을 목표와 연결지어 설계한 것이 아니라 그가 선택한 도구, 자원, 전략을 이끌어 낼 수 있는 목표를 허락한 것이다.

또 다른 인터뷰에서 앤서니는 자신의 비디오 사용을 참여의 한 형태라고 할 수도 있고, 그가 그 원리를 언급한 것이 맞을 것이다. 그러나 그는 목표로 시작하거나 참여의 원리를 계속하지도 않았다. 그는 참여의 원리나 다른 두 가지와 추가적인 관계를 가지고 그의 수업을 마무리 짓기 위한 방법을 찾지 않았다. UDL 프레임워크를 사용한다는 것은 이를 계획 도구로 사용한다는 것을 의미한다. UDL 기반 수업은 의도적으로 설계되며 원리와 지침을 실현한다. 앤서니의 이야기는 전통적인 수업 개발과 UDL 프레임워크를 사용하여 설계한 수업 간의 차이점을 설명하기 위해 앞으로 제3, 4, 5장에서도 등장한다.

어쩌면 여러분은 다음과 같은 교수적 경험을 했을 것이다. 핵심 집단의 학생들은 잘하지만, 이들은 보통 잘하는 학생들이다. 다른 집단은 항상 앞서 나간다. 그들은 끝나면 책꽂이에서 책을 고르거나 다른 프로젝트를 하거나, 아니면 다른 학생들을 괴롭힌다. 반면에 항상 고군분투하는 학생들도 있다. 이 학생들 중 일부는 개별화교육 프로그램을 갖고 있으며, 다른 학생들은 다른 이유로 인해 어려움을 겪고 있다. 이와 같은 결과를 여러 번 보았음에도 불구하고, 왜 여러분은 자신의 수업 방식을 바꾸고 싶어 하는가? 아마도 여러 가지 이유가 있을 수 있다.

- 아마도 더 많은 학생에게 다가갈 필요가 있을 것이다. UDL 프레임워크는 이와 같이 다양한 학습자를 대상으로 설계된다.
- 다양한 도구, 자원, 전략 및 팁(tip)을 가지고 있을 텐데, 어떤 것을 선택하는가? UDL 프레임워크는 의사결정을 위한 지침이 된다. UDL 프레임워크는 여러분이 갖고 있는 도구, 자원, 전략 및 팁 중에서 최상의 것을 선택하는 데 도움이 되며, 수업에서 문제가 되는 것을 식별하는 데에도 도움이 된다.
- 여러분은 학생들의 다양한 요구와 강점에 압도당하고 있다. UDL 프레임워크를 사용하면 이러한 요구를 유연하게 충족시키고, 강점을 기반으로 한 교실 또는 학습 장소를 설계할 수 있다.
- 여러분은 수업을 설계하는 데 시간이 너무 많이 걸려 당황하고 있다.

UDL 프레임워크를 배우고 조정하는 데는 시간이 필요하다. 그러나 이 책에서 인터뷰한 교사들은 도구, 자원 및 전략을 선택하는 것에 더 이상 시간을 쓰지 않는다고 보고한다. 대신, 그들은 자신감 있는 선택을 하고, 비판적인 눈으로 구현하고, 수업에 대해 반성적 사고를 한다.

수업 개발에 대한 자세한 내용은 제7장을 참조하시오.

가르치고 있는 동안 아이들이 있는 곳으로 이동할 수 없다면, 아이들이 그리울 것입니다. 우리는 UDL을 사용하여 계획을 세웠으므로 수업 중 아이들을 다시 정상 궤도에 올려놓을 필요가 있을 때 어디로 가야 하고 무엇을 해야 할지에 대해 더 잘 알고 있습니다.

–Libby Arthur, 고등학교 세계사 및 사회 교사 겸 사회과 주임

교수법

필자가 언급한 두 번째 구성 요소는 수업을 구현하는 것이었다. 이것은 매우 간단하게 들리는데, 특히 숙련된 교사인 경우 더욱 그렇다. 여러분은 자신의 방식으로 수업을 계획하고 도구, 자원 및 전략을 염두에 두고 가르친다. UDL은 그 이상의 수행을 촉구한다. UDL은 여러분이 학생들의 학습 요구를 충족시킬 수 있도록 수업 시간에 주의를 기울이고 유연해질 것을 요구한다. 다음 시나리오에서는 한 교사가 UDL 프레임워크를 사용하여 학생이 개념을 이해하는 속도를 어떻게 자발적으로 확인할 수 있었는지 살펴볼 수 있다.

7학년 과학 교사인 론다(Rhonda)는 월요일에 수업을 할 수 없어서 대체 교사가 '확산'에 대한 수업을 진행하였다. 그녀가 화요일에 다시 왔을 때, 학생들의 개념에 대한 이해를 재빨리 평가할 필요가 있었다. "확산이란 무엇인

가?"라는 그녀의 발문에 대해 학생들은 "어떤 것이 더 높은 농도의 영역에서 더 낮은 농도의 영역으로 이동할 때"라고 답하였다. 비록 대답은 맞았지만, 학생들이 습득한 정보의 진정성에 대해 만족하지 못하였다.

그녀는 즉시 학생들을 밖으로 데리고 나가서 6명씩 모둠을 만들고 6피트의 정사각형 보드블럭 안에 서게 하였다. 그러고 나서 그들은 함께 뭉치며 액체에 첨가된 용해인 척함으로써 치환에 대한 그들의 이해를 물리적으로 입증하였다. 그런 다음 그녀는 그들에게 확산 과정 동안 어떤 모습일지 물리적으로 보여 달라고 요청하였다. 그녀가 의도했던 것은 지정된 지역 내에서 그들을 동등하게 분포시키는 것이었다. 학생들은 서로 방향 수정과 명확한 설명을 제공하여 자신들이 이 개념을 이해하고 있는지 확인하였다. 이와 같은 10분간의 주의를 끄는 평가는 수업을 소개하고, 학생들이 변위에 대해 배운 것을 다시 연결시켰으며, 론다는 그들의 현재 지식을 기반으로 한 정보를 주었다.

이 짧은 활동은 실제로 학생들에게 과거에 배운 것을 다시 한 번 검토할 수 있게 해 주었다. 그녀는 학생 모두에게 다음과 같은 기회를 제공하였다.

- 뇌 활성화, 협력 및 자기 지식 평가(참여)
- 육체적 움직임을 통해 변위를 인지하고, 언어를 사용하며, 전날 배운 내용을 사용하여 활동에 참여(표상)
- 물리적인 움직임을 통해 변위에 대해 배우고, 어휘를 만들기 위해 활동에 참여하며, 시나리오 내에서 해당 정보를 사용(행동 및 표현)

학생들이 다시 교실로 돌아 왔을 때, 학생들은 다음 활동으로 쉽게 옮겨갔다. 그들은 자신이 배운 것에 만족해서 다음 과제에 집중할 수 있었다. 론다의 학생들은 이 주제와 자연스럽게 연결되어 있기 때문에 추가적인 정보를 얻을 준비가 되어 있었다(Fredrickson & Branigan, 2005).

이 시나리오의 중요한 부분은 교사이다. 론다는 정신적 · 육체적인 면에서 다양한 도구, 자원 및 전략을 갖고 있는 경험이 풍부한 교사이다. 론다는 또한 UDL 프레임워크를 잘 알고 있으므로 즉각적으로 도구, 자원 및 전략을 구성하여 UDL 기반의 미니수업(minilesson)을 개발할 수 있었다. 그녀는 왜 현장에서 미니수업을 할 필요가 있는지 알고 있고(예: 다른 뇌 네트워크를 자극하는 것), 모든 학생이 이와 같은 경험을 통해 확실한 이익을 얻을 수 있도록 하기 위해 무엇을 해야 하는지에 대한 정신적 체크리스트를 가지고 있다. 학생들은 모든 사람의 참여가 중요하고 다른 사람들의 학습에 필수적인 대화식 협업 환경에 익숙하기 때문에 잘 반응한다. 가장 중요한 것은 론다가 모든 학생이 스스로를 학습 과정에서 가치있고 필수적인 부분이라고 생각할 필요가 있음을 이해하고 입증하는 것이다. 그녀는 학습하는 동안 정서와 인지적 과정 사이에 부인할 수 없는 관계가 있다고 본다(Storbeck & Clore, 2012).

성찰하기

> 나는 UDL이 정말 마음에 들어요. 문제가 뭔지 해결하려고 하거나 하루 일과를 성찰하려고 할 때 "잘 됐네요." 또는 "이건 별로 좋지 않았어요."라고 말할 수도 있으니까요. 이 경우, 열 번 중 아홉 번은 프레임워크를 꺼내 "그게 내가 하려고 했던 거였는데 제대로 작동하지 않았네."라고 말할 수 있습니다.
>
> –Dana Calfee, 중학교 과학교사

필자가 언급한 세 번째 구성 요소는 결과에 따라 공간과 수업을 성찰하고 재설계하는 것이다. 가르친다는 것은 반성적 실천이어야 한다. 성찰은, 다나(Dana)가 언급한 것과 같이, 독립적인 활동이 될 수 있다. 그녀는 UDL 프레임워크를 사용하여 모든 수업을 계획할 뿐만 아니라 하루 일과를 마무리할 시점에서는 그것을 이용하여 반성적 사고를 실시하는 교사이다. 여러분도 필자와 마찬가지로 수업이 잘 진행되었을 때나 그렇지 않을 때를 언제나 직감적으로 알고 있었을 것이다. 하지만 왜 그런지 이해할 수 있었는가? 이와 같은 질문에 답하는 데 도움이 될 만한 어떤 종류의 지침이나 프레임워크를 가지고 있는가? 다나는 UDL 프레임워크로 돌아가 "수업의 목표는 무엇인가?" 그리고 "무엇으로 학생들을 이해시킬 수 있었는가?"를 묻는다. 그러고 나서 그녀가 다음 시간에 사용할 수 있는 도구, 자원 및 전략을 검토한다.

가치 있는 것으로 생각되는 또 다른 반성적인 전략은 협업 방식이다. 수업을 설계하고 수업을 하는 동안 개인적으로 여러분은 특정한 결정을 내린 이유를 충분히 생각해 볼 수 있지만, 그 이후의 대답과 아이디어는 여러분의 지식과 경험에서 비롯된다. 한 사람만 더 추가한다면, 여러분은 기하급수적으로 지식을 추가하고 경험을 쌓을 수 있다. 동료와의 토론, 질문 및 의견 차이조차도 교실에서의 성장, 변화 및 성공을 위한 더 많은 기회를 창출한다(Schmoker, 2004). 하나의 협업 구조는 전문적인 학습 공동체(professional learning communities: PLCs)이다.

> 협업을 통해 공동으로 계획하는 것도 중요하지만, 회귀하여 효과가 있었던 것과 효과가 없었던 것에 관해 이야기하는 것 역시 중요합니다.
>
> —Tracy Wise, 중학교, 학습자원 교사

PLCs는 학교 내에서 인기 있는 협업 구조가 되었다. 이것은 토론과 행동을 통해 자신의 실천을 풍요롭게 하기 위해 만들어지는 공식적 또는 비공식적인 교육자 모임이다. 때로는 관리자가 관여하기도 하지만 그렇지 않을 때도 있다. PLC는 전문적인 학습과 데이터 기반 조사(data-driven inquiry)에 참여하기 위해 조직된 전문가 집단이다. PLCs에 숨겨져 있는 의도는 조직화된 학습(organizational learning)이지만, 책임성에 너무 집중하는 위험성이 있다(Hargreaves, 2007). 교육자들이 PLC의 원래 의도에 집중할 수 있도록 돕기 위해 Richard와 Rebecca DuFour, 그리고 Robert Eaker(출판일 불명)는 PLC의 3대 아이디어(The 3 Big Ideas), 또는 PLCs가 해야 할 것을 수립하였다.

① 학습에 집중하기
② 협업적 문화 구축하기
③ 결과에 중점두기

PLC의 여섯 가지 필수 특성은 다음과 같다.

① 사명, 비전, 가치관, 목표의 공유
② 학습에 초점을 맞춘 공동 작업 팀
③ 일괄적인 조사
④ 행동, 방향 및 실험 적용
⑤ 지속적인 개선 약속
⑥ 결과 중심

PLCs는 개인의 조합이기 때문에 복잡성이 인정된다. 일부 교사가 데이터를 사용하는 장소, 데이터가 보여 주는 내용, 그리고 이와 같은 데이터를 효과적으로 사용하는 방법은 PLC의 다른 개인과 다를 수 있다. 덧붙여, PLC는 학교 및 지역사회의 더 큰 맥락에서 자리잡고 있다(Nelson, Slavit, & Deuel, 2012). 이러한 역학 관계를 무시할 수는 없지만, PLC는 학생의 학습 및 결과를 향상시킬 수 있는 강력한 토론 및 의사 결정 단위가 될 수 있다.

Nelson 등(2012)은 데이터 토론 과정을 ① 내용 및 학습 목표, ② 수업 실행, 그리고 ③ 학생들의 이해와 연결시켜 PLCs에 토론을 구성할 수 있는 프레임워크를 제공하였다. 또한 PLCs가 조사에 근거한 대화를 경험했을 때, 그들은 공통의 의미를 찾기 위해 끊임없이 노력했으며 궁금증이나 불확실성에 대한 진술을 표현할 때 분명하였다. 전체 집단은 전문적인 가정과 자신의 신념 및 관행을 조사하고, 명확하게 하며, 질문하는 방법을 사용하였다. 집단 내에서 개발된 신뢰를 통해 이들을 깊이 분석하였으며 공통된 의미를 지니게 되었다.

UDL을 적용할 때 PLCs가 도움이 되는 이유는 무엇일까? 우리 모두는 우리의 가르침에 대해 의문과 우려를 가지고 있기 때문이다. UDL은 우리에게 이전에는 들어 보지 못한 지식과 도구, 자원 및 전략의 사용을 확장시킬 것을 요구하고 있다. 우리가 실제로 뇌 네트워크를 지원하는 수업을 설계한다면, 우리는 뇌 네트워크에 대한 우리 자신의 이해, 우리 자신의 뇌 네트워크가 어떻게 반응하는지, 그리고 학생들이 우리의 가르침에 어떻게 반응하는지에 대해서 반성적으로 사고할 필요가 있다.

결론

이 장의 목적은 여러분이 UDL에 쉽게 참여하도록 하기 위한 것이었다. 필자가 처음에 언급했듯이, UDL의 세계에 들어갈 수 있는 방법은 다양하다. 이 장에서는 이러한 다양한 경로 중 하나를 제공하였다. UDL을 프레임워크로 삼는 것은 다른 해석들을 마음속에서 밀어내는 데 도움이 되기 때문에 중요하다. 전문적인 음악가들처럼, 여러분이 지금껏 실행하지 못한 환경과 수업을 계획하기 위해 UDL을 사용할 때이다. 프레임워크에는 최종 정점이 없다. 대신, 여러분의 지표는 학생들의 결과가 된다. 제 I 부의 제2장에서는 교육에서는 이미 일반적으로 사용되고 있는 언어에 대한 정의를 제공하지만, UDL과 함께 제공할 때 명료화가 필요할 수 있다. 그것은 UDL에 관한 신화(myth)에 대한 논의로 끝을 맺는다.

제2장

보편적 학습설계의 용어와 신화[1]

저는 UDL 프레임워크를 이용하여 과거보다 일을 더 잘하게 되었습니다. 그래서 학생들이 과거와는 다른 방식으로 학습경험과 연결할 수 있는 방법을 찾도록 해 주었습니다.

—Rhonda Laswell, 전 중학교 과학 교사; UDL 코디네이터

때로는 우리가 이미 알고 있는 것을 정의하기 위해, 때로는 새로운 것을 생각하기 위해 용어가 필요하다. UDL은 두 가지 모두에 해당한다. 이미 '원리' '지침' '체크포인트'와 같은 UDL의 몇몇 용어를 배웠다. 정서적 네트워크, 인지적 네트워크 및 전략적 네트워크라고 부르는 뇌 네트워크에 대해서도 소개하였다. UDL은 프레임워크로 사용하는 경우가 많으며, 종종 UDL과 함께 사용되는 추가적인 용어들도 정의할 가치가 있다. 이러한 용어들은 더 큰 개념

1 역자 주: 이 책에서 '신화'는 '잘못된 인식'의 뜻을 내포하고 있다.

을 가져다주기 때문에 기초적인 지식이 부족하면 이해하기 어려울 수 있다. UDL이 언급될 때 교사들은 '프레임워크' '학습 환경' '유연한 자원' '수업 목표' '접근' '장벽' 및 '학습자의 다양성'과 같은 용어를 듣게 된다. 다음 절에서 용어를 열거하고 설명하며, 몇 가지 예를 제시하고자 한다.

프레임워크

UDL은 복잡하게 설계되지 않았지만 체크리스트가 아닌 프레임워크이기 때문에 일부 사람들은 UDL를 압도적인 것으로 여길 수 있다. 제1장에서 프레임워크의 개념을 설명하였다. 여러분은 프레임워크를 세 개 영역의 상자로 생각할 수도 있다. 상자 안에는 CAST가 발견하고 수행한 연구의 결과가 들어 있다. 이러한 모든 연구 결과는 프레임워크 내에서 원리, 지침 및 체크포인트를 지지한다.

또 다른 예는 건물이다. 건물이 올라갈 때, 그 건물은 강철 대들보에 의하여 프레임이 형성된다. 그 프레임 위에 지붕이 얹혀 있고 벽을 쌓기 위한 재료들이 매달린다. 만약 프레임워크(구조)가 견고하지 않아 움직인다면, 지붕은 붕괴되고 벽에는 균열이 생길 수 있다. 그 건물의 프레임워크는 건물의 중력과 사용에 의해 계속해서 시험된다.

CAST 연구원들에 의해 설계된 UDL 프레임워크는 뇌 연구를 통해 고안되었다(Rose & Meyer, 2002). 이 연구는 세 개의 광범위한 원리와 아홉 개의 지침으로 범주화되었다. 추가적인 검토는 실제에 대한 체크포인트를 가져왔다(http://www.udlcenter.or/research/researchevidence/ 참조). 구조적 프레임워크가 중력에 의해 시험되는 것처럼 UDL 프레임워크는 CAST의 지속적인 연구 검토, 교사의 일상적 사용, 그리고 조사에 의해 시험되었다.

학습 환경

앞서 언급했듯이, 교사들은 UDL 프레임워크를 사용하여 수업과 학습 환경을 설계한다. 제1장에서는 '학습 환경'의 개념을 교사의 교수 공간 또는 위치로 소개하였다. 우리 대부분은 교수(teaching)를 특정 장소, 즉 교실 안에서 이루어지는 것으로 생각한다. UDL은 학습이 실행되는 장소와 학습에 이용 가능한 자원에 대한 우리의 개념을 확장해 줄 것을 요청한다. 학습 환경은 학습이 이루어지는 물리적 위치, 학생들이 이용 가능한 자원 그리고 수업설계를 포함한다. UDL을 실행하기 위해서, 교사는 '오늘 학생들이 중점을 두어야 할 주제'를 기본적으로 결정하는 것 그 이상이 되어야 한다. 대신에, 교사는 학생들이 학습하고 UDL 프레임워크를 사용하여 학생들이 필요한 도구, 자원 및 전략에 접근할 수 있고 최대한의 잠재력을 달성할 수 있도록 환경 설계를 생각해야 한다.

물리적 위치

물리적 위치의 예로 교실을 생각해 보자. 책상과 의자, 탁자와 의자 또는 책걸상 세트가 있을 수 있다. 이것들은 대부분의 경우 이동할 수 있다. 교실의 물리적 구조에 따라 이들을 집단으로 묶거나, 줄로 배열하거나, 정사각형이나 원 같은 더 큰 모양으로 만들 수 있다. 만약 이동성 기기(휠체어, 워커 혹은 기타 보조기기)를 사용하는 학생이 있다면, 교사는 학생이 좌석에 물리적으로 접근할 수 있는 더 큰 의자와 책상이 구비되어 있길 원한다.

다른 하나는 몇 개의 지침에 기초를 두고 있고 세 개의 원리 모두를 아우르는 공동 작업이다. 학생들은 토론하고, 협상하며, 서로 도전할 기회가 필요하다. 이러한 기회 없이는 중요한 긍정적 사회기술과 더 고차원적 사고를 할 수 없다(Cochen, 1994; Schwarz, 1999). 교실 조직은 UDL 실행에 영향을 줄 수 있는 또 다른 방법이다. 학생들은 그것을 지원하는 물리적 환경을 만들면 더 협력할 가능성이 높다.

물리적 위치는 교실 밖 어딘가에 있을 수도 있다. 아마도 학생들을 박물관, 동물원 또는 마을로 현장 학습에 데려가는 것이다. 제1장의 론다의 예시처럼, 학생들을 실외로 그리고 학교 운동장으로 데리고 간다. 어느 쪽이든, 이러한 장소들은 새로운 학습 환경이 된다. UDL을 실행하려면 해당 학습 환경을 선택한 이유와 UDL 프레임워크 그리고 함께 물리적 공간을 사용하는 방법을 생각해야 한다.

유연한 자원

유연한 자원이라는 용어는 두 단어의 조합으로 여러 가지 의미를 가질 수 있다. 첫째, 전체적인 '자원'을 총칭하는 용어이다. 이는 교사나 학생들이 어떤 주제에 대해 배우기 위해 사용하는 것이다. 자원은 인쇄물(예: 책, 잡지), 디지털 자원(예: 온라인 정보, DVD, 말하기, 인쇄, 혹은 독자로서의 작업을 수행하는 기기) 또는 표상(예: 야구, 소형 입체모형, 박제 동물)을 포함할 수 있다. 마지막 범주는 교사들이 어떤 물체나 주제를 나타내기 위해 사용하는 모든 것을 포함하고 있기 때문에 가장 큰 범주이다.

단일 자원이 유연한 경우 다양한 방법으로 동일한 정보를 보여 줄 수 있다. 예를 들어, 가상 컴퓨터 기반 프로그램을 사용하고, 학생이 이야기를 읽어야 하는데 글을 잘 독해하지 못한다고 가정해 보자. 이 수업의 목표는 학생들이 이야기 속의 등장인물, 배경 및 구성을 파악하고 이야기의 결말을 예측하는 것이다. 이 학생은 독해에 많은 시간과 노력을 투자할 것이다. 교사는 좌절과 시간 부족으로 인해 학생이 목표를 달성하지 못할 가능성이 있다는 사실을 알기 때문에 이야기를 크게 읽기 위한 컴퓨터 기반 프로그램을 설정하였다. 이를 통해 학생은 불명확한 단어를 찾아보고, 학생들이 형광펜을 사용하여 화면상에 배경과 줄거리를 식별하는 문자와 단어를 강조하고, 그 정보를 학생의 다른 문서에 입력하도록 한다. 이 자원은 학생들이 정보를 들을 수 있게 해 줄 뿐만 아니라, 쓰기와 조직적인 지원도 제공한다. 이는 유연한 자원의 한 예라고 할 수 있다. 왜냐하면 학생들이 그 도구를 사용하는 동안 그들의 목표를 충족시킬 수 있기 때문이다. 이런 종류의 예는 영어를 모국어로 사용하지 않는 영어 학습자, 공부를 꺼리는 학습자, 그리고 장애로 판별되지는 않았으나 읽기에 곤란을 보이는 학생들의 요구를 지원한다. 학생들이 이런 유연성을 경험할 필요가 있는지를 아는 것이 중요한 것이 아니라 모든 학생에게 유연성을 제공함으로써 모두가 학습하도록 하는 것이 더 중요하다.

'유연한 자원'이라는 용어를 해석하는 또 다른 방법은 사용하는 학생들의 요구를 충족시키기 위해 자원 자체의 용도를 변경하거나 재구성을 고려하는 것이다. 전미수업자료접근성센터(National Center on Accessible Instructional Material) 홈페이지(http://aim.cast.org/)는 콘텐츠 파일을 만드는 생산자를 위한 표준을 개발했다(CAST, 2012a). 그들은 다양한 방법과 양식으로 제시될 수 있는 특정한 코드를 사용한다. 이는 파일을 점자, 큰 활자, HTML, 데이지(DAISY) 토킹 북, 또는 문자 음성 변환 장치로 쉽게 변환할 수 있다(CAST, 2012b). 이 정책은 2006년 7월 19일 이후에 출판되는 교육 자원에 적용된다. 변환된 자원은 이러한 지원을 받을 자격이 있는 학생들이 이용할 수 있으며, 장애에 따라 달라진다. 해당 정보는 http://aim.cast.org/learn/policy/federal/nimas_q_and_a#students_eligible의 Question A-3 아래에서 찾을 수 있다.

만약 여러분이 일반교사라면, 왜 전미수업자료접근성기준[National Instructional Materials Accessibility Standard(CAST, 2012a)]과 접근 가능한 수업 자료(Accessible Instructional Material: AIM)에 대해 아는 것이 중요한 것인가? 접근 가능한 수업 자료는 특수교사의 책임이 아닌가? 일반교사로서 여러분은 이런 자원에 접근함으로써 이득을 볼 수 있는 학생들을 교실에 배치하는 것을 좋아하게 된다. 그리고 만약 여러분이 수업 계획과 수업 실행에 있어 UDL을 적용하고 있다면, 모든 학생이 필요로 하는 학습 자원에 접근하는 것이 얼마나 중요한지 이해할 것이다. 여러분이 학생들의 학습에 영향을 미치는 교사 팀의 일원이라는 것도 이해하게 된다. 팀의 일원으로 일함으로써, 학생들의 학습 및 자원에 대한 접근성을 향상시킬 수 있음을 알게 된다. 또한 교과서와 다른 교육과정 자원을 선택하는 팀의 일원인 경우 이 정보를 사용하여, 인쇄나 시각 장애가 있는 학생이 혜택을 받을 수 있도록 할 수 있다. 접근 가능한 수업 자료는 모든 학생이 사용할 수 있는 전략이 많이 있다. 접근 가능한 수업 자료와 이 전략이 학생들의 삶에 어떻게 영향을 미쳤는지를 보려면 http://aim.cast.org/collabrate/knowledge/story에 접속하여 학생들의 이야기를 들어보아야 한다.

'유연한 자원'이라는 용어는 그 밖의 다른 뜻으로 말할 수 있다. 교사가 학생에게 특정한 방식으로 이용되기 위한 자원을 요구하기보다는 학생에게 의미 있는 방식으로 자원을 이용하게 할 때, 그 자원은 유연하게 된다. 십진법 블록(base-10 blocks)을 예로 들어보자. 10개의 블록은 수학적 개념으로 표현하면 3차원의 플라스틱 사각형과 정삼각형들이다. 작은 것은 가로, 세로 1센티미터의 정사각형으로 '1s'로 나타낼 수 있다. 그러한 정사각형 10개를 한 줄로 만들고, 여러분이 10개의 블록을 갖는다. 또한 10개의 블록이 있고, 때때로 다른 색깔의 정사각형이 있다. 그것은 1블록과 같은 높이지만 1블록 10개가 함께 붙어 있는 것처럼 보인다. 100블록은 그것이 1블록이 100개 있는 것처럼 보이는 것을 제외하면 10블록과 마찬가지이다. 이러한 블록들은 학생들에게 십진법(예: 일의 자리, 십의 자리, 백의 자리), 약분(예: 분모와 분자의 크기를 어떻게 줄일 수 있는지를 보여 줌)의 개념과 많은 다른 수학 개념을 알 수 있도록 도와준다.

정의하자면, 십진법 블록은 하나의 유연한 자원이다. 하지만 교사가 항상 학생이 어떻게 그 조각들을 놓아야 하는지를 말한다면 그 자원은 유연성을 잃을 수 있다. 그러한 자원은 매우 구조적이고 견고해서 어떤 학생은 그 자원들을 연결할 수 없다. 예를 들어, 학생들은 숫자 1, 2, 3을 연결하도록 요구받을 수 있다. 만약 교사가 학생들이 그 숫자를 어떻게 배열할지 내버려 둔다면, 그다음 그 자원은 유연하게 이용될 것이다. 학생들은 블록들을 쌓을 수도 있고, 기차처럼 줄지을 수도 있고 백의 자리, 십의 자리, 일의 자리에 따라서 종류별로 모으거나 하나의 모양을 만들 수도 있다. 그들이 블록을 배열하는 방법은 반드시 그들의 이해를 결정하지 않는다. 오히려 교사나 친구들에게 말할 수 있는 것은 그들이 얼마나 높은 수준의 이해를 그 숫자 조각들로 재현했는가에 있다. 우리는 그 학생이 오른쪽에 100블록, 중간에 10블록 두 개, 그리고 오른쪽에 1블록 세 개를 놓아두지 않았기 때문에 그들이 숫자 1, 2, 3을 이해하지 못한다고 가정한다. 하지만 그 배열을 조직한 것을 보여 주는 짧은 대화는 그 학생이 다르게 배열을 했지만 그 개념을 이해한 것을 보여 줄 수 있다. 유연한 자원의 이러한 예들이 강조하는 것은 이 수업의 목표이다. 이러한 경우 학생들은 1, 2, 3을 배열하도록 했을 때, 십진법 블록은 그들이 그 지식을 표현할 수 있는 방법들 중의 하나이다. 목표는 항상 수업을 조정해야 한다는 것이다.

명백히, '유연한 자원'은 여러 가지 해석이 가능하다. 첫 번째 예에서는 어떤 자원이 필요한 한 학생의 학습 요구를 지원했다면 디지털 자원이 얼마나 유연하게 될 수 있는가를 보여 주었다. 두 번째 예에서는 인쇄 또는 시각 장애가 있는 학생이 인쇄 기반 자원을 어떤 형식으로 변환할 수 있는지에 대해 설명했다. 세 번째 예에서는 자원 이용의 교사 해석이 얼마나 그 능력을 유연하게 만들 수 있는지를 보여 주었다. 이러한 세 가지 모든 예들은 지도하는 교사에 의해서 구체적인 의사 결정에 따라 달라진다. 여러분이 사용하는 해석에도 불구하고, 당신이 당신의 학습 환경을 설계하는 방법은 당신의 교실에서 이용 가능한 자원이 유동적인지를 결정한다.

수업 목표

목표는 모든 수업의 핵심이다. 모든 활동, 자원 사용 및 성과는 그 목표에 근거해야 한다. UDL의 목표에는 한 가지 특성이 있다. 즉, 방법이 무시되는 경향이 있다는 것이다(Coyne et al, 2009). 이 목표는 학생들이 무엇을 배울 것인지 설명하지만, 교사가 "어떻게"를 빼놓았을 때, 학생들이 어떻게 그 주제를 배울지에 대한 가능성을 열어 둔다. 평가를 포함한 수업에서도 마찬가지이다. 목표로 학생들을 평가할 것이라고 명시할 수도 있지만, 학생들이 어떻게 평가될 것인지는 구체적으로 설명하지 않고 있다. 학생들이 주제를 어떻게 배울 것인지 또는 어떻게 평가될 것인지 설명하기 위해 어떤 자원이 사용될 것인지 그리고 어떻게 사용될 것인지를 제한함으로써 교사를 궁지에 몰아넣는다. 그 방법을 생략함으로써, 교사는 이전에 알지 못했던 자발적인 요구나 요구를 충족시키기 위해 수업 시간 동안 더 많은 유연성을 갖게 된다.

만약 여러분이 목표 안에 '어떻게'를 포함시킬 것을 요구하는 학교, 지역 또는 주정부에서 무엇을 가르친다면? 여러분은 다양한 과제들 또는 평가 형식을 수용할 수 있을 만큼 넓은 적절한 동사를 사용하는 경우에도 이러한 유연성을 목표에 제공할 수 있다. 예를 들어, 여러분의 초기 목표는 아마도 읽기일 수도 있고, 학생들은『샬롯의 거미줄(Charlotte's Web)』에 등장하는 윌버의 성격에 대해 글을 쓰는 것일 수도 있다. 종이나 펜 혹은 연필로 지시 도구를 제한한다. 만약 교사가 학생들의 예측 능력에 더 의존한다면, 교사는 글을 '쓰는' 대신에 '입증하다'는 말을 사용할 수 있다. 따라서 학생들의 예측을 보여 주는 방법을 공개한다.

예를 들어, 수업이 종이와 연필(장애학생을 위한 적절한 편의를 가진)을 사용하여 학생들의 능력에 초점을 맞추도록 설계되었다면,『샬롯의 거미줄』에 등장하는 윌버의 성격은 학생들이 목표로 하는 두 번째 요소이다. 윌버는 학생

〈표 2-1〉 관찰 및 측정 가능한 목표에 사용할 수 있는 100개의 능동 동사

add 더하다	demonstrate 입증하다	espress 표현하다	propose 제안하다
analyze 분석하다	demonstrate use of ~의 사용법을 보여 주다	follow directions 지시에 따르다	question 질문하다
apply 적용하다	describe 묘사하다	formulate 공식화하다	read 읽다
appraise 평가하다	design 설계하다	identify 확인하다	recall 상기하다
arrange 정리하다	detect 발견하다	illustrate 설명하다	recognize 인지하다
assemble 모이다	determine 결정하다	imitate 모방하다	reconstruct 재건하다
calculate 계산하다	develop 발전시키다	infer 추론하다	record 기록하다
categorize 분류하다	devise 창안하다	initiate 개시하다	relate 관련시키다
choose 선택하다	diagnose 진단하다	inspect 점검하다	repeat 반복하다
cite examples of 예를 들다	diagram 도해하다	interact 소통하다	report 보고하다
collect 모으다	differentiate 구별하다	interpret 해석하다	respond 응답하다
communicate 의사소통하다	differentiate between 사이를 구별하다	list 목록화하다	restate 다시 말하다
compare 비교하다	discriminate 차별하다	locate 위치하다	review 검토하다
complete 완성하다	discuss 토론하다	manage 관리하다	select 선택하다
compose 구성하다	distinguish 구별하다	modify 수정하다	sequence 순서화하다
conclude 결론을 내리다	divide 나누다	multiply 곱하다	solve 풀다
construct 건설하다	dramatize 각색하다	name 호명하다	spell 철자를 말하다
contract 계약하다	draw conclusion 결론을 내리다	operate 작동하다	state 진술하다
copy 복사하다	employ 고용하다	organize 조직하다	subtract 빼다
correlate 관련 있다	engage in 종사하다	pick 고르다	tell 말하다
create 창조하다	estimate 추정하다	plan 계획하다	translate 번역하다
criticize 비판하다	evaluate 평가하다	predict 예측하다	underline 강조하다
debate 토론하다	examine 검사하다	prepare 준비하다	use 사용하다
deduce 추론하다	experiment 실험하다	present 수여하다	utilize 활용하다
define 정의하다	explain 설명하다	produce 생산하다	write 쓰다

출처: Ralabate(2010). *Meeting the Challenge: Special education tools that work for all kids*. Washington, DC: National Education Associatim. 허가를 받아 게재함.

들이 쓸 주제이다. CAST 출신 Patti Ralabate(2010)는 이러한 제안된 동사들의 목록을 만들었다(〈표 2-1〉 참조).

또한 수업 목표는 표준에 따라 결정된다. 제6장에서 많이 논의된, 이 책의 출판일에 45개 주의 핵심교육과정(Common Core State Standards: CCSS)을 채택하면서, 교사는 표준에 부합하는 수업을 설계하는 방법에 있어서 전문적인 판단을 할 수 있는 자유를 갖게 될 것이다. 주행정기관협회의 행정관리실행센터와 학교장협의회(The National Governors Association Centor for Best Practice and Council of Chief State School Officers)는 "그 기준은 모든 학생이 알고 할 수 있어야 하는 것을 규정하는 것이지, 교사가 어떻게 가르쳐야 하는 것이 아니다."라고 말한다(2010, p. 6).

접근

앞서 설명한 것처럼, 접근은 접근 가능한 수업 자료 및 유연한 자원을 참고할 수 있다. 그러나 접근은 학생이 배우고 있는 정보에 연결할 수 있는 단순한 능력을 가리킬 수도 있고, 수업 목표를 벗어나게 하거나 목표를 광범위하게 정의하는 것에 따라 유연한 자원을 선택하게 만든다. 유연한 자원을 선택하는 데에는 접근과 장벽이라는 광범위한 개념이 기본적으로 포함된다. 접근은 학생들이 어떻게 수업과 연결되어 있는지, 주제가 어떻게 가르쳐지는지, 그리고 학생이 어떻게 자신을 표현하는지를 고려한다. UDL에 기초한 접근의 의미는 다음과 같다.

- 학생들이 이 수업에 정서적으로 애착을 갖는 이유가 주어진다.
- 학생들은 자신들이 주제를 더 잘 이해하는 데 도움이 되는 시각, 촉각, 후각, 미각을 사용할 수 있는 다양한 기회가 주어진다는 것을 알고 있다.

• 학생들은 의미 있고 성공적으로 그 주제를 이해하고 있다는 것을 보여 줄 수 있는 여러 번의 기회를 얻게 된다.

학생들이 학습 환경에 접근할 수 있을 때, 교사는 수업을 설계하는 동안 수업을 하는 데 사용되는 물리적인 위치와 자원을 고려해 왔다.

다음의 유명한 만화는 신체적 접근성과 그것이 어떻게 모든 사람에게 이득이 되는지를 보여 준다([그림 2-1] 참조).

우선 경사로의 눈을 치움으로써, 그 건물은 거기 서 있는 모든 사람이 즉시

특별한 요구가 있는 사람들을 위해 길을 닦는 것은 모든 사람을 위해 길을 닦아 주는 것!

[그림 2-1] 통로 청소하기

출처: Giangreco(2007). *Absurdities and realities of special education: The complete digital set(CD)*. Thousand Oaks, CA: Corwin Press. M. F. Giangreco의 판권을 허가받아 게재함.

접근할 수 있게 된다. 이 만화는 어른들이 특별히 휠체어를 사용하는 학생들을 위한 보조가 아니라 모든 학생이 건물에 접근할 수 있는 방법으로 경사로를 보기 위해 그의 마음을 바꿀 필요가 있다고 말한다. 이와 동일한 비유를 사용하여 강의 중에 접근성을 설명할 수 있다. 제1장의 앤서니의 예로 돌아가서, 그는 학생들에게 정수와 수직선에 관한 만화 비디오를 제공하였다. 그 정보를 완전히 이해하기 위해 큰 소리로 처리해야 하는 학생들을 위해서, 그 수업은 접근하기 어려웠다. 여러분의 이웃에게 재빨리 "여러분이 정수에 대해 알고 있는 두 가지를 목록으로 만들어라."라는 것은 이러한 학생들이 개념을 통해 말할 수 있게 해 줄 것이다. 각 집단이 두 가지 항목을 공유할 기회를 추가하고 게시판에 이러한 항목을 적는 것은 학생들이 들은 내용을 계속해서 처리할 수 있게 할 것이다. 그들이 연습을 시작하기 전에 앤서니는 학생들의 부정확함을 바로잡을 수 있었다. 갑자기, 그 수업은 더 많은 학습자에게 다가갈 수 있다.

장벽

장벽은 참여, 학습 및 표현을 제한하는 상황과 구조이다. 가장 기본적으로 장벽은 교실이나 수업에서 물리적으로 분리된 것이다. [그림 2-1]에 나타난 만화 또한 신체적 장벽의 좋은 예를 보여 준다. 휠체어를 사용하는 학생들에게 경사로에서 눈을 치우지 않는 것은 장벽이다. 경사로의 부족, 너무 좁은 출입구, 적절한 좌석의 부족, 또는 학생들과의 과도한 거리는 장벽의 또 다른 예이다.

하나의 장벽은 한 학생이 학습 환경에 대한 접근이 제외되거나 거부될 때 발생한다. 학습 환경에 관한 설계를 고려(예: 물리적 위치, 자원 인용, 수업설계 등)한다는 것은 교사가 그 환경 전반에 존재할 수 있는 장벽을 발견할 수 있도록 하는 것이다. 한 가지 예를 든다면, 지하철로(the Underground Railroad) 조직에 연루되었던 해리엇 터브먼(Harriet Tubman)과 여러 사람에 대한 미국의 역사 시간[2]을 생각해 보자. 교사는 모든 학생이 8학년에 지하철로 조직에 대해서 배웠다고 가정한다. 그러나 그 수업에는 미국에서 태어나지 않은 학생들도 있으며, 그 학년의 해당 시간에 질병으로 결석한 학생들도 있거나 지하철로 조직의 개념을 이해하지 못한 경우도 있다. 다양한 이유들 때문에 이 학생들은 항상 지하철로 조직을 미국의 동부 어딘가로부터 북부의 어딘가로 이어지는 철도 체계로 상상한다. 이러한 오해는 해리엇 터브먼과 여러 사람들이 실제로 했던 것에 대한 토론과 논쟁, 그리고 이해에 대한 학생들의 참여를 방해한다.

장벽을 줄이기 위해, 교사는 이 혼동을 예상하고, 비록 몇몇 학생들은 잘 모르지만, 그들이 북쪽으로 여행하면서 숨어 있는 노예들이 있는 역이나 집에 대해 지하실, 옷장 그리고 잘못된 경로를 말하면서 수업을 소개한다. 말로 설명한다고 해도, 사진이나 동영상이 부족한 것도 지하철로 조직에 대한 그들의 이해를 가로막는 장벽이 될 수 있다. 학습 환경 및 학습 과정을 개발하는 동안 UDL 프레임워크를 참고함으로써 교사는 이러한 장벽을 고려할 수 있고, 어떤 예시와 자원이 배경 지식으로 제공되어야 하는지를 결정할 수 있다.

장벽은 또한 수업의 교사가 인지와 정서가 서로 연관되어 있다는 사실을 인정하지 않고 행동할 때 나타날 수 있다(Immordino-Yang & Damasio, 2017). 사실, 정서는 인지와 지각을 동원할 뿐만 아니라, 다양한 사고 과정과 관련이 있다(Stornbeck & Clore, 2012). 환경 내의 교육자로서 여러분은 그 공간의 정서적 온도를 설정하는 데 앞장서야 한다. 정서적으로 받아들일 수 있는 공간을 만들어 냄으로써, 수업장벽을 줄일 수 있다.

배경 지식은 학생이 현재 알고 있고 이해하고 있으며, 소개하는 정보와 직접적으로 관련이 있을 수 있는 정보이다.

2 역자 주: 지하철로 조직은 백인들뿐만 아니라 아프리카계 미국인들도 남부에서 탈출한 노예들을 보호하고 구호하는 네트워크였다. 18세기 후반부터 남북전쟁까지 운영되었다.

정보에 근거한 의사 결정

여러분이 정보 결정에 참여할 때, 여러분이 알고 있는 정보, 여러분에게 제공되는 정보, 다른 출처로부터 수집한 정보를 사용하게 된다. 그리고 그 정보를 의사 결정에 적용한다. UDL의 경우, 정보에 입각한 의사 결정은 UDL 프레임워크를 사용하여 수업을 계획하고 실행하고 있음을 의미한다. 프레임워크의 원리, 지침 및 체크포인트에 대해 알게 되고, 이러한 영역을 기반으로 교과과정을 결정할 수 있다. 여러분이 프레임워크에 대해 배우고 그것들을 구현하기 위한 첫 단계를 밟고 있기 때문에, 여러분은 자신만의 학습을 준비해야만 한다. 프레임워크에 대한 이해를 시작하려면 제3장부터 제5장까지를 참조하라.

정보에 근거한 의사 결정으로 눈을 돌리기 위해서는, 한 번에 하나의 원리나 심지어 하나의 지침에 집중하는 것을 고려해야 한다. 그것을 조사하고, 동료들과 상의하고, 그 원리나 지침을 뒷받침하는 도구 · 자원 · 전략을 발견하고, 그것을 조사한다. 여러분의 새로운 초점이나 추가적 지원 여부를 관찰하거나 학생들이 자신의 수업을 설명할 수 있는 방법을 좀 더 폭넓게 관찰한다.

예를 들어, 지침을 읽는 동안 "실행 기능을 위한 옵션 제공"(Meyer et al., 2013) 지침 6은 특히 주의를 끌 수 있다. 여러분은 학생들이 일에 대한 책임감, 시간 사용, 그리고 자신을 주제로 삼는 것을 좋아한다. 여러분은 실행 기능이 계획, 문제 해결, 목표 지향적인 행동의 바탕이 되는 과정이라는 것을 배웠다(Miyake, Friedman, Emerson, Witzki, & Howerter, 2000). 이 지침은 여러분과 함께 만들어질 것이다.

여러분은 이미 학생들의 실행 기능을 지원하는 다양한 방법을 통해 생각하기 시작할 것이다. 그들은 과제가 언제 나오고, 프로젝트가 예정되어 있고, 시험이 치러질지를 안내하는 학급 달력을 가지고 있다. 하지만 달력을 고려하다 보면, 여러분은 학생들이 매일 어떻게 어떤 목표를 자신을 위해 사용할 것인지, 그리고 그 목표를 성취하는 데 도움이 될 단계와 전략을 결정하는 방법을 계획하지 않는다는 것을 알게 된다. 이러한 지원을 여러분의 학습 환경에 의식적으로 적용함으로써, 여러분은 선택한 지침을 이행하는 방향으로 움직이고 있다.

목표를 설정하고 달성하는 방법을 전략화하는 것이 지침 6의 일부이지만, 여러분은 학생들의 실행 기능의 개발을 지원하기 위해 더 많은 일을 할 수 있어야 한다는 것을 깨닫게 된다. 압도당하는 대신에, 여러분은 친숙해진다. UDL 프레임워크를 기반으로 특정 전략을 선택하는 경우이다.

학습자의 다양성

학생들은 다르게 배운다. 우리도 이를 알고 있다. 그러나 우리가 깨닫지 못하는 것은 학생들이 한 환경 안에서뿐만 아니라 환경 전반에서도 다르게 배운다는 것이다(Hall et al., 2012). 학생의 학습은 3차원적이다.

학습자가 1차원적이라고 여겨지면, 그 학습자는 단일 학습 선호도를 가진 학생으로 보인다. 예를 들어, 그는 스스로 배우는 것을 좋아하고, 특히 독서를 통해서 배우는 것을 좋아한다. 우리가 그 동일한 학습자를 2차원적으로 만들면, 그는 스스로 구조화된 집단 안에서 학습한다. 하지만 여전히 지식을 얻기 위해 읽기를 선호한다. 그러나 우리는 학생들이 장소를 옮겨 다니고, 맥락을 형성한다는 것을 안다. 이것은 학습자를 3차원적으로 만들어 준다.

학생이 어떤 환경 안에서 어떻게 배울 수 있는지는 환경과 교사의 관계에 달려 있다. 앞에서 설명한 것처럼, 환경은 물리적 위치와 유연한 자원을 모두 포함한다. 학습자들은 자신들의 선호도에 영향을 받으며, 주변 환경과 상호작용을 하기도 한다(CAST, 2012b; Rappolt-Schlichtmann, Daley, & Rose, 2012;

Storbeck & Clore, 2012).

모든 학생의 다양한 요구가 고려되는 학습 환경을 만들기 위해, 교사는 계획을 세우는 동안 참여, 표상과 행동, 그리고 표현의 원리를 이용한다. 이들은 UDL 프레임워크 설계가 모든 학습자를 수용하는 경험을 보장하는 데 어떻게 도움이 되는지를 이해하고 있다. 각 학습자는 다양하지만, UDL 프레임워크를 사용하는 교사는 단일 학습자나 소규모 학습자 집단의 필요를 충족시키기 위해 변경되어야 하는 학습 환경을 설계한다. 수업 목표는 학습 환경이 유연한 자원의 설계와 선택 및 학습 목표의 구안, 접근 제공, 장벽 제한, 학습자들이 단일 환경 내에서뿐만 아니라 환경 전반에서 얼마나 다양한지를 고려하여 학습에 영향을 미칠 수 있다는 것을 알게 한다.

대부분의 교사가 일관성 모델에 익숙하고 의존한다. 따라서 다양한 학습자를 위한 계획을 세우는 학습 환경에서 어떻게 설계가 일관성을 지니고 제휴할 수 있는지에 대해 의문이 제기될 수 있다. 1학년 교사인 다나 해그먼(Dana Hagmann)은 자신이 어떻게 일관성과 다양성을 조화시킬 수 있는지에 대해 다음과 같이 말한다.

> 우리는 실제로 일상적인 일과에 집중합니다. 학생들은 구조적으로 노력하고, 구조적으로 정말 성공적입니다. 왜냐하면 그들은 다음에 무슨 일이 일어날지를 알아야하기 때문입니다. 그래서 학생들이 하루 중 특정한 시간에 절차와 일상을 설정하는 것은 그들이 안정적으로 살 수 있다는 것을 믿을 수 있게 합니다. 주변에 무슨 일이 일어나든, 환경이나 집에서 일어나든, 아니면 친구들과 있든 상관없이, 그들은 언제나 제가 가르치는 수업의 구조나 교실의 구조가 같다고 믿습니다. 여러분은 아이들이 그 구조물 안에서 만나서 수업을 듣고, 그 내용을 이해하고, 알고 있는 것을 표현하기를 원합니다.

신화

> 물론 UDL이 시간이 걸리는 이유는 여러분이 다르게 계획하고 있기 때문입니다. 하지만 사람들이 UDL을 너무 어렵게 만든다고 생각하기도 합니다. 보통 그건 UDL을 사용한 적이 없기 때문입니다.
>
> –Kelly Stilson, 고등학교 학습자원 교사

UDL은 하나의 프레임워크이기 때문에 수업과 환경 설계 모두에서 자유와 창의성을 허용한다. 하지만 그런 자유와 함께 어떤 이들에게는 혼란이 온다. 교사들, 회의 발표자, 그리고 관리자들로부터 들은 신화들이 있다. 필자는 여기에 있는 그러한 신화들 중 몇 개를 해결하고자 한다. 그 밖의 것들은 이어지는 장들에서 더 철저하게 다루고 있다.

신화: UDL은 배경이 없다.

오류: UDL 구축은 뇌 연구와 다른 경험적 자료에 근거하고 있다(CAST, 2011). 만약 여러분이 http://www.udlcenter.org/research/research를 방문한다면, 여러분은 각각의 UDL 원리, 지침, 체크포인트를 통한 여행을 시작할 수 있고, 그것들을 지지하는 연구를 볼 수 있다. CAST는 그들의 이론을 위한 기초를 확립하기 위해 1,000개 이상의 기사를 검토했다. 이 연구 논문은 프레임워크의 각 요소들이 그렇게 광범위하게 정의되어 있고, 또한 교사들이 이런 요소들을 실행에 옮길 수 있는 그렇게 많은 방법들이 왜 있는지를 명확히 하고 있다. 또한 각 수업을 설계하는 동안 각각의 원리와 지침을 고려해야 하는 이유를 명확하게 설명하고 있다.

이 신화 뒤에는 또 다른 의문점이 있다. UDL 사용 또는 이행 이면에 관한

연구가 있는가? 답은 아니다와 그렇다이다. 아니다로 시작하는 UDL 프레임워크는 모든 상황에서 다르게 사용한다. 선택하는 것이 기본 구조에 내재한다. 이는 모든 다양한 종류의 학습 환경에 의해 제시되는 과제를 해결하기 위해 고안되었다. 비록 원리, 지침, 체크포인트의 정의는 그대로이지만, 설계 분야에서 실현 가능한 평가 효과에 따른 방법은 매우 다르다. 오히려, 필자가 먼저 '아니다'라고 대답한 것은 한 종류의 교육적 효과 연구 설계는 정확하게 정의할 수 있는 구체적인 그리고 동일하게 측정할 수 있는 동일한 활동과 조치를 확립한다. 이러한 설계는 UDL과는 관계없는 두 가지 개념, 즉 실행 과정에서 구체화된 UDL 입장과(예: 프레임워크를 사용하여 설계되었지만 서로 다른 환경에 동일하게 적용된 수업) 학생들이 정확하게 동일한 평가(예: 다양한 선택)를 하는 동시에 동일한 방법을 사용한다. 이 단일 예에서는 확실히 수업 또는 환경에서 UDL을 구현하는 방법을 보여 주지만, UDL의 폭, 깊이, 유연성이 그것을 측정하기 어려운 프레임워크로 만든다. 조사 과정을 통해, 연구자들은 UDL 프레임워크의 응용과 그 후에 학생들의 학습 경험을 조작하는 위험을 무릅쓴다. 그러나 연구자들이 UDL이 모든 학생의 학습에 긍정적인 영향을 끼치는 것을 경험적으로 보여 주기 위해 이 예시 이외의 방법을 계속 찾고 있는 것은 사실이다. 이것이 내가 그 질문에 '그렇다'라고 대답한 이유이다.

다음 두 개의 연구는 UDL을 사용하여 설계된 지침과 지원과 결합된 디지털 기반 자원의 사용을 조사하였다. 두 연구에서, UDL 프레임워크와 다른 전통적인 방법이 사용되는 제어 환경을 사용하여 디지털 기반의 자원을 설계한 실험 환경이 있었다. 실험 및 제어 환경의 교사들은 UDL에 대한 지침을 제공받았고, 두 연구 모두 실험 및 제어 환경에서 동일한 핵심 학습을 강조하였다.

두 연구는 UDL 프레임워크를 사용하여 설계한 디지털 자원을 사용하고 사용을 지지하는 환경 안에서 학생들이 UDL 프레임워크와 관련하여 개발되지 않았던 자원을 사용한 학생들보다 표준화된 측정에서 더 잘 수행하였다는 것을 보여 주었다(Coyne, Pisha, Dalton, Zeph, & Smith, 2012; Rappolt-

Schlichtmann et al., 2007). 또 다른 연구는 UDL 기반 자원과 관련하여 학생들과 교사들 모두의 지각과 경험을 탐구하였다. 그리고 두 집단은 디지털 자원에서 흥분과 재미의 높은 수준을 보여 주었다는 것과 그들의 지식 안에서 모두 높은 유능함을 느꼈다는 것을 발견하였다(Rappolt-Schlichtmann et al., 2007). 이러한 연구가 보여 주듯이, 유연한 자원을 선택하고(이러한 사례에서, 자원은 UDL 프레임워크의 사용을 통하여 설계하였다), '또한' 모든 학생이 접근할 수 있는 환경과 수업 설계는 그만큼 중요하다.

이 신화를 정면으로 바라보는 또 다른 방법은 자신의 설계 과정을 다룰 수 있는 방법을 찾는 것이다. 프레임워크는 증거를 기반으로 구축되었기 때문에 모범 사례를 제시할 수 있다. 일단 프레임워크에 익숙해지면 다음 단계를 따르는 것이 좋다.

① 현재 사용하고 있거나 교실에서 사용하고 싶은 실행을 확인한다.
② 해당 실행이 UDL 지침이나 체크포인트 중 하나 이상에 직접 연결되는지 여부를 확인한다.
③ 그 실행이 어떻게 당신의 목표를 지원하는지를 설명한다.
④ 당신의 목표와 관련하여 당신이 어떻게 그 실행의 성공을 측정할 수 있는지를 확인한다.
⑤ 연습을 시행하고 당신의 목표와 관련하여 생산된 그 데이터를 본다.
⑥ 이 데이터를 검토하여 학생들이 수단, 지식, 전략, 목표, 동기를 부여받은 학습자가 되어 가고 있다는 증거를 찾는다.

신화: UDL은 차별화에 불과하다.

오류: 차별화는 UDL의 한 요소이다. 차별화는 교사가 준비성, 관심, 그리고 각 학생의 학습 프로파일의 고유한 수준에 초점을 맞출 수 있도록 한다. 교

사는 또한 사용되는 교수법을 수치화하고, 학생들의 성공에 대한 기준을 결정하며, 학생들이 자신을 표현하는 방법을 정의한다(Santangelo & Tomlinson, 2009). UDL은 먼저 환경을 다룬다. 앞에서 설명한 것처럼, 환경에는 물리적 위치와 수업, 단원 또는 교육과정이 포함된다. 교사는 환경을 적극적으로 다룸으로써 강점, 필요성, 능력 또는 장애와 관계없이 접근성을 확립한다. 모든 학생은 환경 내에서 이용할 수 있는 것에 대한 완전한 접근권을 가지고 있다.

신화: UDL은 개별화 교육 프로그램(Individualized Education Programs: IEPs)에 참여하는 학생이 있을 때만 사용하기 좋다.

오류: UDL은 장애가 있는 학생들의 요구를 수용하는 데는 한계가 있었지만 신경과학과 강의실 적용에 대한 지속적인 검토를 통해 UDL이 다양한 능력 수준의 학생이 있는 모든 교실에서 사용할 수 있는 실용적이고 유용한 프레임워크라는 것이 명확하게 식별되었다.

교사가 IEPs를 적용받는 학생들이나 높은 수준의 기술을 보여 주는 학생들을 위해 수정을 할 수 있다는 것은 사실이다(이들은 아마도 재능이 있는 것으로 식별될 것이다). 하지만 나머지 학생들이 '일반 교육을 받는 학생'이고 같이 학습한다는 고유하고 공통적인 가정이 있다. 이는 다양한 학습자의 정의에 따르면 부정확한 가정이다. UDL은 우리에게 변화가 필요한 것은 학생들이 아닌 환경이며 모든 학생이 다양한 학습자라는 것을 가르쳐 주었다. 세 가지 원리를 고려하고 삶에 지침을 가져오는 수업을 설계함으로써, 그 교사는 대부분의 학생이 잘 수행할 수 있는 학습 환경을 만들었다. 추가적인 아이디어들은 제6장에서 다루고 있다.

신화: UDL 제품을 구매하면, UDL을 하고 있는 것이다.

오류: UDL 실행은 제품 사용이 아닌 학습 환경과 학습 개발의 생성으로 시작된다. 교사가 제품 또는 전략을 실행하기로 선택했지만 UDL의 원리와 지침에 따라 선택하지 않은 경우에는 UDL을 실행하지 못하는 것이다. 앞서 논의했듯이, 각각의 원리와 지침의 뒤에는 근거가 있다. 수업을 설계하는 데 지침을 사용하는 것은, 교사가 자신이 생각하기에 유익할 것으로 생각하는 도구 · 자원 · 전략을 선택하고 있다는 것을 의미한다. 이는 또한 UDL을 실행하는 과정에서 UDL을 의사 결정 프레임워크로 사용하는 것으로 생각을 바꿀 수 있다.

제품 또는 전략이 하나 이상의 지침에 잘 연결되어 있을 수 있지만, UDL을 완전히 실행하려면 다른 프레임워크, 자원 및 전략과 연계되어야 한다. 만약 교사가 UDL 프레임워크를 사용하여 수업 전략과 활동을 선택하는 경우, 교사의 접근성이 학습 설계의 일부임을 확인할 수 있다. 수업 설계에 대해서는 제7장에서 좀 더 논의한다.

신화: UDL은 좋은 가르침일 뿐이다.

오류: UDL을 실행하는 사람이 좋은 교사로 묘사될 수 있는 반면에 좋은 교사로 인정받는 사람이 반드시 UDL을 실행하는 것은 아니다. 필자는 사람들이 대답할 때 UDL을 '좋은 가르침'을 주는 용어로 사용한다는 것을 알았다. "UDL이 무엇인가?" 좋은 가르침은 정의되지 않은 반면, UDL은 원리, 지침, 체크포인트로 정의된 프레임워크이다. '좋은 가르침'이라는 용어는 공통된 정의가 없다.

UDL을 좋은 교육으로 단순화하는 것의 위험성은 두 가지 있다. 즉, 개인적인 경험과 개인적인 가치이다. 우리의 교실에서 그리고 우리의 교육일 내내,

우리는 다른 사회적 · 감정적 상황을 경험한다. 비록 심리학의 분류가 여전히 어떻게 가치를 형성하는지에 대해 논쟁하고 있지만(Furth, 1990; Schwartz, 1999), 그들은 가치관을 맥락적으로 정립하고 있다는 것에 동의한다. 경험은 그 맥락의 일부이다.

우리의 가치관은 우리가 어떻게 가르치고, 어느 수준이며, 누구를 가르치는지에 대해 안내한다. 교육자로서, 우리는 학습 환경을 어떻게 구조화할 것인지에 대해 선택한다. 장벽을 최소화하고 교육과정에 모든 아이를 포함시키는 접근 가능한 학습 환경을 만들기 위해 일하는 교사가 좋은 교사로 해석할 수 있다. 하지만 그들이 결정을 내리기 위해 UDL 프레임워크를 참조하지 않는 한, 그들은 UDL을 실행하고 있지 않는 것이다.

신화: UDL을 실행하려면, 테크놀로지를 사용해야 한다.

오류: 많은 사람이 UDL에 대해 주장하고 있는 것은 '해야' 한다는 것이다. 즉, 테크놀로지를 사용해야 한다는 것이다. 이러한 주장은 오해의 소지가 있다. 우리는 테크놀로지가 학생들에게 미치는 영향을 무시할 수 없고 무시해서도 안 된다. 정보 접근성, 창조력, 그리고 테크놀로지와 함께 할 수 있는 자연스러운 참여는 학습 환경을 풍요롭게 할 수 있다. 안타깝게도, 미국 전역에 있는 교실에서 접근할 수 있는 테크놀로지가 제한적이거나 구식이라는 것은 사실이다. 그러나 UDL에 반대하는 것을 논쟁거리로 사용하는 것이 잘 알려지지 않아 교사가 학습자들에게 영향을 미칠 수 있다. 수 세기 동안 교사들은 학생들에게 아이디어를 전달하기 위해 이용할 수 있는 자원을 사용해 왔다. UDL은 교사가 이용 가능한 자원을 활용할 수 있도록 도와주고 잠재적으로 이용할 수 있는 새로운 방법들을 식별하게 해 준다. UDL에 대해 더 많이 배워 테크놀로지를 사용하면 수업에서 구성 요소를 향상할 수 있는 예시와 제안을 찾을 수 있겠지만, 학생들의 학습 성과를 뒷받침할 수 있는 첨단 테크놀로

지가 아닌 다른 무공학이나 기초공학 옵션을 찾아내기 위해 여러분과 협력해 주기를 부탁한다. 그리고 다시, UDL을 '적용'하는 것에서 UDL을 의사 결정의 프레임워크로 '사용'하는 것으로 바꾸는 것은 우리가 모든 자원을 분석할 수 있는 전략적 필요성을 제시하는 것이다.

결론

이 장에서는 UDL과 관련된 용어의 정의를 설명하고 몇 가지 일반적인 신화에 대응하였다. 완전히 적용되었을 때, UDL이 어떻게 여러분이 습득한 고급 도구, 자원, 전략 등의 사용을 안내하고 그 후에 학생들의 학습 경험을 향상시킬 수 있는 잠재력을 가지고 있는지를 볼 수 있다. 다음 장에서는 각각의 원리와 함께 정리된 지침 및 체크포인트를 분석할 것이다.

> UDL은 제가 지난 몇 년 동안 배운 모든 좋은 아이디어를 학생들이 성공적으로 즐길 수 있을 뿐만 아니라 향상된 결과를 이끌어 낼 수 있는 수업을 하도록 도와주었습니다.
>
> —Julie Calfee, 고등학교 영어 교사

제2부

보편적 학습설계의 원리

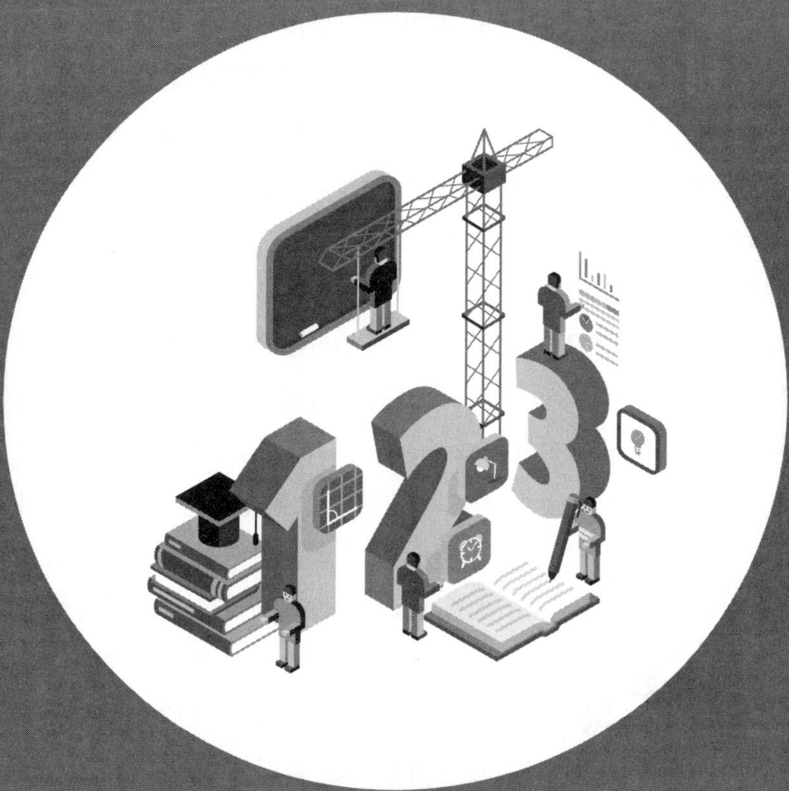

> 저는 UDL이 효과가 있다는 것을 알고 있습니다. 그 이유는 아이들이 수업에 참여하여 그들이 이해하거나 이해하지 못하였는지에 대해 저에게 말해 주기 때문이죠. 아이들이 "이런 건 처음이고, 지금은 이해하고 있어요."라고 말하는 것을 듣는다면, 이것이 효과가 있다고 말해 주세요.
>
> —Allison While, 중학교 수학 교사

참여, 표상, 행동과 표현의 세 가지 원리는 UDL 프레임워크의 가장 중요한 설계를 만들어낸다. 그것들은 학습 환경을 만들 때 접점으로 작용한다. Allison이 수업에 참여하는 학생들을 보고(참여), 그들이 학습 자료를 이해한다는 발언한 것을 들을 때(행동과 표현), 그녀는 학생들에게 효과적인 방법으로 학습 자료를 주었는지 깨닫게 된다(표상).

제1장에서 언급하였듯이, 세 가지 원리들은 CAST의 초기 작업에서 정의된 뇌 네트워크에 기초하고 있다. 각각의 원리는 학습 단계에 따라 뇌가 어떻게 반응하는지와 직접적인 관련이 있다. 각각의 원리가 독립적으로 존재할 경우, 그것들은 거의 막연하게 느껴질 수 있지만, 각 원리는 의도적으로 광범위하게 정의되고 상호 연결되어 있다. 세 가지 원리에 폭 넓고 상호 연관성이 있는 수준을 부여함으로써, CAST는 교사에게 교육적 선택과 의도된 학습 환경에 대한 일반적인 느낌을 확립하는 방법을 제공하였다. 프레임워크에 대하여 생각하는 또 다른 관점은 뒤로 물러서서 큰 그림을 검토하는 것을 도와주는 방안으로서 바라보는 것이다. 프레임워크는 여러분이 1만 피트 상공에서 자신의 수업

과 학습 환경을 볼 수 있게 해 준다. 여러분이 UDL 프레임워크가 겹쳐진 땅을 내려다보게 하는 것이다. 이 프레임워크는 어떻게 수업과 학습 환경을 만들어 내는지 볼 기회를 제공한다.

일단 원리가 어떻게 정의되는지를 알게 되면, 지침은 이해를 위한 다음 단계가 된다. 이 지침은 교사가 접근 가능한 환경을 설계하고 수업을 개발하기 위해 사용하는 도구, 자원 및 전략의 선택을 주도한다. 원리는 세계화(global look)를 제공하고 초기 방향을 제시한다. 즉, 지침은 더 구체적인 안내를 제공한다. 그렇지만 지침의 구성을 이해하는 것은 중요한 또 하나의 부분이다.

우리는 학생들이 주어진 정보를 얻고 그 정보에 관한 의미를 파악하는 방법을 알기 원한다. 우리는 그들이 자신의 학습을 촉진하는 방법을 알고 있는 학습자로 인식하기를 바란다. 이것들은 매우 중요한 결과들이며, 이것이 그들이 매트릭스의 맨 위에 있는 이유이다(Meyer, Rose, & Gordon, 2013).

무슨 일이야?

이어지는 세 개의 장들은 뇌 네트워크에 대한 간단한 절로 시작한다. 이는 해당 전략을 선택해야 하는 '이유'에 관한 주요 질문에 대답하는 것을 도와줄 것이다. 각 장들은 이어서 해당 원리에 따른 지침과 체크포인트에 대한 설명을 한다. 여기서 필자는 더 많은 묘사를 제공하기 위해 유추와 시나리오를 사용한다. 그리고 각 설명은 CAST 웹사이트(http://www.udkcenter.org/aboutud/udlguideline 참조)에서 확인할 수 있는 정보에 직접 기반을 두고 있다.

이 책에 나온 예들은 공통 핵심 국가표준에 관한 것으로, 지금까지 45개 주가 새로운 핵심 표준을 채택했다(National Governors Association Center for Best Practices and Council of Chief State School Officers, 2010). 그리고 그것들이 교육계에서 중요한 부분이 되고 있으므로 이 책에 포함되어 있다.

웹사이트에 설명된 대로, 공통 핵심 표준은 다음과 같다.

- 과제와 대학의 기대에 부응함
- 명확하고, 이해할 수 있으며, 일관성이 있어야 함
- 고등 기술을 통한 지식의 적용과 정확한 내용 포함함
- 현재 교육과정의 강점과 교육내용을 바탕으로 함
- 높은 성과를 보이는 다른 집단으로부터 정보를 제공받아 모든 학생이 세계 경제 및 사회에서 성공할 수 있도록 준비함
- 증거에 기반함(Common Core State Standards Initiative, 2012)

전국 주지사협회 현장개선 센터와 전국 교육감협회(National Governors Association for Best Practices and the Council of Chief State School Officers, 2010)에 따르면, 핵심 교육과정은 전체적으로 교사가 무엇을 가르쳐야 할지를 안내하기 위해 작성되었지만 그것을 어떻게 가르칠지는 규정하지 않는다. 이러한 교육과정의 저자들은 또한 학생들이 성공할 수 있도록 돕기 위해 적절한 지원을 사용하는 것을 지지한다.

> 표준은 또한 가능한 한 다양한 학생이 처음부터 완전하게 참여할 수 있도록 하고 특수교육이 필요한 학생들이 최대한 참여할 수 있도록 적절한 시설을 제공하는 것으로 해석되어야 한다. 예를 들어. 장애가 있는 학생의 경우, 읽기는 점자, 스크린 리더 테크놀로지 또는 기타 보조 기구의 사용을 허락해야 하며, 쓰기는 필경사(scribe), 컴퓨터 또는 음성 텍스트 변환 테크놀로지의 사용을 포함해야 한다. 유사한 맥락에서, 말하고 듣는 것은 수화를 포함하도록 광범위하게 해석되어야 한다(National Governors Association for Best Practice and the Council State School Officers, 2010, p. 6).

앞서 언급한 목록에 따르면, "가능한 한 다양한 학생[원문 인용]이 처음부터 완전하게 참가한다."는 의도는 UDL 프레임워크를 위한 경로를 제공한다.

필자는 CAST의 UDL 매트릭스에서 묘사한 것과 같이 원리들을 ① 참여, ② 표상, ③ 행동과 표현으로 열거했다(Myer et al., 2013). 다음 장들도 같은 순서로 제시된다. 장의 머리글은 그래픽 조직자 내에서 CAST가 사용한 문구와 같다. 또한 여백에는 머리글이 지침 또는 체크포인트용인지 여부를 나타내는 아이콘이 있다. 제1장 p.34의 그래픽 조직자에도 표식을 유지하는 것이 좋다.

몇 가지 주의 사항

이 절은 안내서 형태로 작성되었다. 환경 설계, 수업 설명 및 미니수업 설명을 통해 다양한 지침과 체크포인트를 제공한다. 그것들은 교실의 풍요로움을 대표한다. 특정 지침 및 체크포인트 목록에 대해 자세히 알아보려면 예제를 따로 떼어 내어 예제 내의 특정 지점을 강조 표시해 두겠다. 하지만 이것은 위험하다.

각 지침에 따라 체크포인트를 다루지만, 각 장에는 포괄적인 예제 세트가 포함되어 있지 않다. 그것은 책을 굉장히 두껍게 만들 것이다. UDL은 질과 연구 기반, 그리고 증거 기반의 관행들을 결합하기 위해 역동적이고, 광범위하며, 체계적이다. 다양한 학습 환경 내의 다양한 학습자들을 위한 많은 잠재적인 예제와 시나리오가 있다. 교재에서 선택한 시나리오와 비유를 제공함으로써, 필자는 UDL의 범위를 좁힐 위험을 무릅썼다. 프레임워크는 광범위한 연구에 근거하기 때문에 선택의 폭이 넓다. 따라서 이러한 예제에서 배운 내용을 사용 중인 환경에서 사용하는 도구, 자원 및 전략으로 전이하는 것이 과제가 될 것이다. "도구, 자원 및 전략을 선택한 '이유'는 무엇인가?"와 "프레임워크 내에서 어떤 목적을 달성할 것인가?"라는 핵심 질문을 기억하라.

필자의 두 번째 주의 사항은 정보로부터 약간의 거리를 두는 것이다. 지침 전체에 걸쳐, 그리고 지침 안에서 체크포인트는 정의와 의도 면에서 서로 유사해 보일 수 있다. 만약 여러분이 차이점을 보려고 시간을 들인다면, 압도당하게 될 수 있다. 나는 퍼즐의 한 부분으로 각 지침에 대해 생각해 볼 것을 제안한다. 체크포인트는 단지 퍼즐 조각의 형태를 결정할 뿐이다. 궁극적으로, 지침은 UDL 프레임워크를 생성하기 위해 모두 맞추어진다.

지정된 사항들은 이 책의 예제들 안에 있지만, 여러분이 구체적인 예제들과 일반적인 것들 사이에서 움직이기를 권장한다. 앞서 말했듯이, 세부 사항에 너무 몰두하다 보면 압도당할 수 있다. UDL은 풍부하고 다양하며 깊다. 여러분이 이미 사용하고 있는 훌륭한 도구, 자원 및 전략을 더욱 강력한 학습 환경 및 학습 과정을 설계하는 데 도움이 되는 프레임워크에 연결할 기회로 만들 것을 제안한다. 여러분의 이해를 강화하는 다른 방법은 체크포인트를 세분화하고 몇 가지 교과과정 예를 제공하는 UDL국립센터(National Center on UDL)를 방문하는 것이다(http://www.udlcenter.org/implementation/examples).

세 번째 주의 사항은 테크놀로지이다. 테크놀로지를 사용하면 모든 원칙을 강화할 수 있지만, 테크놀로지가 UDL 프레임워크를 자동으로 처리한다고 가정해서는 안 된다. 더 말해서, 필자는 결코 하나의 테크놀로지(예: 하드웨어, 소프트웨어)가 UDL 방식으로 사용된다고 생각하지 않는다. 이것은 제2장의 신화와 연결된다. UDL 결과물을 얻은 경우 UDL을 수행하게 된다. 도구, 자료 또는 전략의 사용 뒤에는 의도적인 사용이 있어야 한다. 테크놀로지를 사용하는 이유는 계산기, 태블릿 또는 쓰기 프로그램과 관계없이 UDL을 실행할지를 결정한다는 것이다. 궁극적으로, 여러분의 직무는 학습 환경과 수업의 개발에 대한 탐구적이고 목적이 있는 상태를 유지하는 것이다. 이 프레임워크는 어떤 질문을 할지 결정할 때 간단하게 안내해 준다.

이어지는 장들에는 정보가 풍부하다. 내용을 바로 읽거나, 참조용으로 사용하거나, 발췌하여 읽는 방법을 선택할 수 있다. UDL 프레임워크를 이해할 수 있도록 필요에 맞게 읽어 보아라. 제1장에서 언급한 바와 같이, 설계라는 주제에서, 우리는 각 수업에서 모든 체크포인트 또는 특정한 수의 지침과 체크포인트를 사용하도록 지시받지 않는다. 대신, 지침과 체크포인트를 살펴보고 여러분이 이미 하고 있는 수업에 대해 생각해 볼 것을 제안한다. 그런 다음 학습 환경의 구조 내에서 구조적 또는 교육적 장벽을 줄이겠다는 목표를 가지고 다른 체크포인트와 지침을 적용시킬 수 있는 방법을 질문하라. 환경 내의 장애물을 먼저 해결함으로써, 수업의 설계와 구현이 더 쉽게 이루어질 것이다.

제3장

참여

나에게 있어서 항상 핵심적인 요소는 학생들의 참여이다.

—Elizabeth Bays, 고등학교, 일본어 교사

우리는 학생이 학습 환경을 접했을 때, 학생의 뇌가 자극되고 활성화될 필요가 있다는 것을 알고 있다. 이것은 학습이 시작되도록 한다(Rose & Meyer, 2002). 그렇다고 해서 교사가 수업에 대한 학생들의 참여를 일일이 확인할 수는 없다. 참여는 수업 내내 지속되기 때문이다. 표상, 행동과 표현의 원리는 중복된다. 왜냐하면, 여러분이 학생들에게 학습 정보를 제시하는 동안에도, 학생들이 수업에 참여하고 있다는 것을 확인할 필요가 있기 때문이다. 학생들이 지식을 적극적으로 표현할 때, 정서적 측면에서 정보에 대하여 어떠한 감정을 가졌는지 파악할 필요가 있다(Storbeck & Clore, 2012).

정서적 네트워크

정서적 네트워크는 우리가 학습에 참여할 수 있도록 한다. 이 네트워크의 경로들은 우리가 패턴들을 평가하고 정서적 의미를 부여하는 것을 가능하게 해 준다(Rose & Meyer, 2002). 패턴은 우리가 감각을 통해 받아들인 정보와 관련이 있다. 우리가 정보에 어떻게 반응하는지는 우리의 기억, 요구 및 정서에 영향을 받는다. 정서적인 반응(예: 호감이 가는 상황을 경험할 때 행복한 감정을 나타내는 것)은 일반화될 수 있지만, 우리는 개인이기 때문에 우리를 행복하게 만든 경험은 사람마다 다를 것이다(Rose & Meyer, 2002). 이 사실이 교실에 직접적인 영향을 미친다.

만약 여러분과 필자가 동시에 시를 듣는다면, 여러분은 시가 여러분의 마음속에 만들어 내는 이미지들과 언어에 의해 마음을 빼앗길지도 모른다. 여러분은 그 수업에 좀 더 참여하여 더 배우기를 원한다. 반면, 필자는 시에 대한 수업에 관심이 없고 지루함을 느끼고 있다. 이는 나에게 있어 시에 대한 수업이 아무런 의미가 없다는 것을 의미한다. 나는 시가 인간을 우둔하게 만든다는 결론을 내렸고, 수업 시간에 집중하지 못하고 다른 생각을 할 것이다. 여러분과 필자가 시를 듣고 반응하는 것은 정서적 네트워크가 작동한 결과물이다. 다행스러운 것은 교사가 참여의 원리를 통해 필자를 시와 시를 통해 연상되는 것(장면, 사물)에 관한 경험과 친숙해지는 것을 도와줄 수 있다는 것이다.

원리, 지침, 체크포인트

참여의 원리는 세 가지 지침에 따라 구성된다([그림 3-1] 참조).

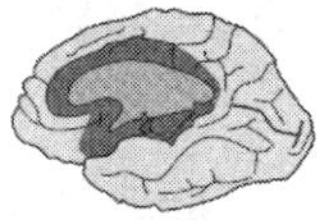

다양한 **참여** 방식 제공
목적의식과 학습동기가 뚜렷한 학습자

자기조절 능력을 키우기 위한 선택 제공
- 학습 동기를 최적화하는 기대와 믿음 증진시키기
- 극복하는 기술과 전략 촉진하기
- 자기 평가와 성찰 발전시키기

지속적인 노력과 끈기를 돕는 선택 제공
- 목표나 목적 뚜렷하게 부각시키기
- 난이도를 최적화하기 위한 요구와 자료 다양화하기
- 협력과 동료 집단 육성하기
- 성취지향적 피드백 증진시키기

흥미를 돋우는 다양한 선택 제공
- 개인의 선택과 자율성 최적화하기
- 학습자와의 관련성, 가치, 현실성 최적화하기
- 위협이나 주의를 분산시킬 만한 요소 최소화하기

[그림 3-1] CAST 참여의 원리

출처: Meyer, Rose, & Gordon(2013). *Universal design for learning theory and practice*. Wakefield, MA: National Center on Universal Design for Learning. 허가를 받아 수정함.

- 자기조절 능력을 키우기 위한 선택 제공: 학생들이 자신의 행동과 학습을 평가하고 스스로의 학습을 책임지기 위한 자기점검 기술을 습득한다(Meyer, Rose, & Gordon, 2013).
- 지속적인 노력과 끈기를 돕는 선택 제공: 학생들이 자연스럽게 또래와 함께 공부하고, 당면한 과제에 집중하고, 교사로부터 지시적이고 지원적인 피드백을 받을 기회를 제공한다.
- 흥미를 돋우는 다양한 선택 제공: 학생들의 있는 그대로의 모습과 이해관계에 다가감으로써 학생들의 흥미를 얻는다.

자기조절 능력을 키우기 위한 선택 제공

이 지침은 학생들이 자신의 가장 높은 독립성(independence) 수준을 보여줄 기회를 제시한다. 참여한다는 것은 학생들이 자신을 학습자로 인식하고, 스스로 학습을 용이하도록 할 수 있는지를 알고 있다는 것을 의미한다. 다음의 체크포인트는 그러한 성과를 달성할 수 있는 환경을 설계하는 데 도움이 될 것이다.

고등학교에서의 자기조절 기술: 줄리 캘피(Julie Calfee)와 학생 과제 관리

고등학교 영어 교사인 줄리는 학생들의 자기조절 능력을 함양시키는 것이 힘든 일인 것을 알고 있다. 그녀의 학생들 중 많은 학생은 스스로 조절하는 자기조절 행동을 하도록 이끌 기회를 받지 못하는 환경에서 왔다. 줄리는 자신의 견해를 배제하고 학생들이 스스로가 있는 곳에서 판단을 시작하도록 해야 한다는 것을 깨달았다.

숙제의 경우, 그것은 일부 학생들이 숙제 과제에서 15가지 질문 중 두 가지만 완료하는 것을 의미할 수 있다. 그녀는 불완전한 학습 결과로 학생들을 판단하는 대신에, 학생들이 전형적으로 할 수 없다고 생각하는 과제를 해결하기 위한 시간을 할애하는 방법을 배우고 있다는 것을 인식했다. 그녀는 거기서 멈추지 않았다. 줄리는 학생들이 자기조절을 위한 시작점을 결정할 때 학생들을 지원하는 수업과 환경을 설계하는 데 UDL 프레임워크를 활용하였다. 그러고 나서 그녀는 점점 더 높은 기대치를 설정하는 것을 통하여 성취 수준을 확장하였다.

학습 동기를 최적화하는 기대와 믿음 증진시키기

여러분이 학습 환경에 대한 기대치를 정립하고 명확하게 하면, 학생들은 그러한 기대를 성공적으로 달성할 가능성이 더 높다(Colvin, Sugai, & Karneenui, 1994; Lewis & Sugai, 1999; Lewis, Sugai, & Colvin, 1998). 그것들을 명백하게 하는 것은 구체적인 교수와 직접 교수를 의미한다(Lewis & Sugai,

1999). CAST가 체크리스트, 지침, 프롬프트, 알림(reminders), 루브릭(rubrics)을 제안하지만, 학생들 역시 모델링으로부터 이점을 누릴 수 있다.

이 체크포인트의 구체적인 특징은 과제 행동 중 학생들의 자기조절, 과제 집중 행동(예: 산만함을 무시하는 능력), 그리고 산만함에 대한 응답을 스스로 점검하고 스스로 반성하는 능력을 개발하도록 돕는 것이다. 학생들은 어릴 때부터 이러한 기능에 대한 학습을 시작할 수 있다.

Bodrova, Leong과 Akhutina(2011)는 Vygotsky(UDL의 기초에 관한 연구를 수행한 연구자)와 Luria에 의해 진행된 유아기의 자기조절에 관한 최초의 연구를 분석함으로써 연구를 위한 토대를 마련했다. 그들은 자기조절 능력이 사회적 상호작용, 타인 조절(other-regulation)이라고 불리는 것(그들이 다른 사람들에 의해 통제받는 것을 경험하고 다른 사람들의 행동을 통제하는 것)에 참여, 공유된 행동 인식, 사적 언어(private talk) 사용(중재에서 안내를 받은 후 스스로 중재하는 것을 배우는 것), 그리고 적절한 행동을 상기시키기 위한 외부 물체의 사용을 통해 나타난다는 것을 발견했다. 나이와 상관없이, 대부분의 학생은 이 분야에서 자신들이 성취하는 것을 돕는 구조를 필요로 한다. 자기점검표에서 개인적인 대화에 이르는 도구는 원하는 결과를 촉진할 것이다.

자기점검 도구는 학생별로 특별한 것이어야 하지만, 전반적인 교실의 기대에 따라 구성될 수 있다. 만약 학생들이 구체적인 기대치를 결정하고 동의한다면(예: 중학교 교실에서 가장 중요한 말은 "정해진 시간에 소지품을 가져와서, 예의 바르게 행동하라."이다), 각 학생의 자기점검표에는 이러한 기대치가 나열될 것이다. 그러나 습득하는 기술에 초점을 맞추는 것에 의해 기대치가 추가될 수 있다. 만약 학생들이 협업 프로젝트를 하고 있다면, 시간을 어떻게 사용하는지(대부분 시간에 과제를 수행하였다, 과제에 집중하지 못하였다, 과제 외 다른 것에 반응하였다.)에 대하여 스스로 평가할 수 있는 장소가 있을지도 모른다. 학생들은 또래들과 함께 서로의 평가에 동의하는지와, 필요하다면 개선하는 방법이 무엇인지를 파악하기 위해 점검할 수 있다. 이러한 모든 것은 여러분이 이러한 유형의 상호작용을 지원하는 신뢰적이고 개방적이며 과제 지향적인 환경을 조성할 것을 요구한다.

이 체크포인트의 다른 부분은 목표 설정이다. 학생들이 현실적인 목표를 세우도록 돕는 것이 첫 번째 단계이다. 그런 다음에는 그러한 목표를 달성하기 위해 어떤 단계를 밟아야 하는지를 결정하는 데 도움을 주게 될 것이며, 이 책 전반에 걸쳐 논의된 단계를 밟게 될 것이다(Cooper, Horn, & Strahan, 2005; Zirrunerman, Bonner, & Kovach, 1996). 학생들은 이 단계에서 지원이 필요하고 목표에 집중할 수 있어야 할 것이다. 학생들도 여러분처럼 자신들의 목표를 수정할 수 있다. 그 정도 수준의 유연성을 배우는 것도 목표를 달성하는 것과 같이 똑같이 중요하다.

극복하는 기술과 전략 촉진하기

우리는 모두 극복하는 기술(skill)을 가지고 있고, 사용하는 어떤 기술은 어떤 환경에 적합하지 않다. 여러분은 자신의 좌절감, 분노, 공포증 혹은 사회적으로 적절하지 않은 방식으로 행동하게 할 수 있는 다른 상황들을 측정하는 방법을 알고 있을 것이다. 우리 학생들은 우리가 가지고 있는 성숙도와 경험을 가지고 있지 않다. 그래서 우리는 기술을 모델로 삼아 학생들이 그들의 기술을 기반으로 행동할 수 있도록 도와주는 노련한 피드백과 다른 지원을 제공해 주어야 한다.

여러분이 제공하는 지원의 바탕이 되는 것은 여러분이 학생들과 같이 만든 대인 관계이다. 연구에 따르면, 학생들이 학교에 다니는 동안 형성하는 대인 관계가 그들의 성공에 있어 중요한 요인이다(Black, 2002; Hamre & Pianta, 2001, Whitted, 2011). 이러한 관계들은 그들의 강력한 대처 능력과 전략을 개발하기 위한 지표인 학교 유대감을 돕거나 방해할 수 있다.

학교 유대감과 관련된 초등학생의 대처 능력을 관찰한 특별한 연구에서,

연구자들은 학교 유대감 수준이 높은 학생들이 외적인 분노와 스트레스 수준이 낮고 사회적 유대감이 높은 수준인 것을 발견하였다(Rice, Kang, Weaver, & Howell, 2008). 중학생들을 대상으로 하는 또 다른 연구는 분노 반사/조절 행동 측면에서 모범을 보인 학생들이 더 나은 또래 관계를 맺고 있다는 것을 보여 주었다(Thomas & Smith, 2004).

하지만 학교 유대감이 발생할 때일지라도 대처 기술은 마법처럼 나타나지 않는다. 여러분은 몇몇 학생들에게는 의도적으로 이러한 기술을 보여 줄 필요가 있을 것이고, 반면에 다른 학생들은 자연스럽게 그것들을 이해할 것이다. 여러분이 발달 측면에서 적절한 방식으로 다른 학생에게 반응하지 않는 학생을 볼 때 여러분은 개인적인 대화, 도움이 되는 제안, 그리고 학생이 새로운 기술과 대처 기술을 적용할 때 칭찬을 제공함으로써 직접 교수를 제공할 수 있다.

수줍은 학생들의 흥미 지속시키기: 줄리 캘피와 학생의 대처 기술

어떤 경우에는 선천적으로 외향적이지 않은 학생들에게 대처 기술 및 전략이 제공될 필요가 있을지도 모른다. 학생 주도의 토론이나 학생들의 수행을 장려하기 위해 고안된 환경에서 활동하고 있는 수줍음 많은 고등학생을 생각해 보자. 줄리는 내성적인 학생과 외향적인 학생을 짝지음으로써 대처 기술 및 전략을 촉진하고, 두 학생 모두에게 도움을 주는 기회를 제공한다. 예를 들어, 내성적인 학생이 옆으로 앉아서 소리 내어 글을 읽는 동안 외향적인 학생에게는 장면을 연기하는 역할이 부여된다. 외향적인 사람인 줄리는 특별 활동을 식별하고 구조화하며 수줍음이 많은 학생 혹은 마지못해 발표하는 학생들의 참여를 보장하는 데 시간을 할애한다.

자기 평가와 성찰 발전시키기

듀이(Dewey) 이후 학생들에 의한 자기성찰의 중요성이 연구되었다(Williams, 2006). 연구자들은 성찰의 정의와 중요성을 확대하면서, 계속해서 성찰의 역할에 대해 살펴보았다. 일부 연구자들은 George Herbert Mead와 Lev Vygotsky의 연구를 근거로 자기성찰을 사회문화적 현상으로 정의하였다(Cinnamond & Zimpher, 1990). 연구자들은 개인이 환경과 상호작용할 때, 자기성찰을 통해 자신의 감각을 구성한다는 사실을 발견하였다(Williams, 2006). 다음으로 연구자들은 자기성찰과 자기조절 사이의 관계를 연구하였다(Bandura, 1986; Zimmerman & Bandura, 1994). 두 요소 모두 학업 성적과 유의미한 관련이 있는 것으로 나타났다(Bandura, 1993; Pajares, 1996; Pajares & Johnson, 1994). 흥미롭게도, 자기성찰을 통한 학습은 자기의식 과정으로 입증되었다. 그것은 특별한 연습 후뿐만 아니라 스스로 이루어질 수 있다. 7세 이하의 아동은 발달단계상 스스로 자기성찰을 수행하는 경향이 약하다(Valkanova, 2004; Yussen, 1985; Zelazo, 2000). 궁극적으로 자기성찰은 학습된 과정이며 학업 성취도 향상을 이끄는 방법 중 하나이다(Williams, 2006). 어떤 실습이든 학생들이 배우거나 생산하는 것을 멈추고 자기성찰과 자기평가 측면에서 고민하는 것을 요구한다.

자기평가와 자기성찰의 개념은 본질적으로 환경에 대한 자신의 자아 개념이기 때문에 학생들이 학습자로서 자신이 누구인지를 생각하게 하는 것이 초점이 된다. 다음과 같은 질문은 학생들이 자기성찰 기술을 습득하는 데 도움이 된다.

- 내가 혼자 공부하는 것을 선호할 때는…
- 내가 다른 사람과 함께 공부하는 것을 즐길 때는…
- 뭔가를 이해하지 못할 때, 나는…
- 뭔가를 읽어야 할 때 나는…
- 내가 있는 환경이 너무 시끄러우면, 나는…
- 정신이 산만해지고 나의 임무를 완수하지 못하였을 때, 나는…

자기평가와 자기성찰은 교실의 활동에 의해서도 맥락화(contextualized) 될 수 있다. 예를 들어, 새로 개정될 미국의 핵심교육과정(The Common Core State Standards: CCSS)에서는 글쓰기를 강조하고 있는데, 특히 조사하기(research), '성찰하기(reflection)', 그리고 교정(revision)의 3가지 영역을 구체적으로 조명하고 있다(Calkins, Ehrenworth, & Lehman, 2012). 학생들은 모든 내용 영역에 걸쳐 매일 글을 쓸 것으로 예상되기 때문에 자동 플랫폼(automatic platform)을 제공하지만, 여러분은 여전히 지침을 제공해야 할 것이다. 이것은 언어적 촉구(verbal prompts), 지시문(rubrics), 대화형 촉구(conversational prompts)와 함께 하는 모둠 활동, 전체 수업 성찰을 통해 이루어질 수 있다. 자기평가와 자기성찰과 관련하여 일관된 촉구를 제공하는 환경을 조성하는 것은 학생들이 이러한 기술을 채택하는 데 도움이 될 수 있다.

여러분의 촉구 중 일부는 포괄적이고 몇몇은 구체적일 것이다. 구체적인 촉구는 교실 수업과 관련된 일반적인 요구 사항(예: 이름을 종이에 적었나요?)에 적용될 수 있지만, 다른 것들은 과제별로 특별할 것이다. 예를 들어, 학생들이 문장 속에서 어휘를 사용하려고 한다면, 다음과 같은 촉구를 제공하면 학생들이 학습 결과물을 제출하기 전에 그 결과물을 검토하는 데 도움을 줄 수 있다.

- 글쓰기 과제에서 모든 용어를 찾을 수 있는지 확인하시오.
- 해당 용어의 정의를 설명하였는지 어떻게 알 수 있나요?
- 해당 용어에 대한 이해를 보여 주기 위해 문장을 어떻게 바꿀 것인가요?
- 좋아하는 문장을 선택하고 그것을 동료와 공유하시오. 동료의 의견을 들어보시오.

또한, 자기평가와 자기성찰은 행동과 관련하여 매우 중요하다. 학생들에게 긍정적이거나 도전적인 상황을 해결한 방법에 대해 생각할 기회를 주면 학생들이 환경과의 관계에 대해 이해하는 것을 도울 수 있다. 학생들이 긍정적 행동 성과를 식별할 수 있게 도와주는 것에 의해, 학생들은 특정 환경에서 어떤 행동이 적절한지 이해하기 시작한다.

지속적인 노력과 끈기를 돕는 선택 제공

이 지침은 학생들이 수업 목표와 연결하고, 자연스럽게 동료들과 협동하고, 현재의 과제에 집중하며, 교사로부터 직접적 · 지원적 피드백을 받는 것을 위한 기회를 제공하는 것에 초점을 맞춘다. 학생들이 노력을 지속하는 방법을 배우고 끈기를 개발하는 방법을 발견할 때, 그들은 자신의 학습의 더 많은 소유권을 얻게 된다.

목표나 목적 뚜렷하게 부각시키기

우리는 학생들이 수업의 목표와 목적을 향해 공부하기를 바란다. 제6장에서 목표의 구성과 학생들이 수업 목표에 대해 어떻게 알고 있고 이해하는지를 논의할 것이다. 이 체크포인트는 목표와 목적의 개념에 약간의 의미를 부여해 준다.

무언인가가 두드러지면 그것은 눈에 띄기 마련이다. 그것은 여러분에게 금방 눈에 띌 정도로 너무 뚜렷하다. 가장 창의적인 사람만이 목표와 목적의 수준을 높이거나 낮추는 것을 결정할 것이지만, 우리에게는 희망이 있다. 다른 교실 활동과 관련된 가장 두드러진 면을 살펴보자.

여러분은 학생들이 근본적이고 바람직한 UDL의 성과인 독립성을 갖도록 교실을 설정할 수 있다. 학생들이 이러한 행동을 수행하도록 하려면, 해당 활동의 중요성을 높여야 한다. 이러한 각각의 경우에서, 여러분은 그 행동을 더욱 두드러지게 하는 방법을 찾을 수 있다. 〈표 3-1〉은 초등학교, 중학교 및

〈표 3-1〉 스캐폴딩 설정의 예

목적: 초등학교—학생들이 쉬는 시간을 마치고 교실로 돌아오면, 외투를 옷걸이에 걸어 놓는다. **특징:** 학생들은 이 행동을 실행하고 칭찬과 구체적 피드백을 받는다[즉, "지연(Ji Yeon)! 외투를 옷걸이에 걸어 주어서 고마워"). 어쩌면 여러분의 학생 중 일부는 친구들과 놀이터에서 돌아올 때, 외투를 바닥에 던져 놓는 대신 옷걸이에 걸어 놓는 것을 상기시켜 줄 수 있는 친구들이 필요할지도 모른다. **목적:** 중학교—학생들은 숙제를 특정 바구니에 집어넣는다. **특징:** 학생들은 처음 몇 주 동안 그들의 숙제를 바구니에 넣도록 구두로 상기된다. 만약 학생들이 계속해서 이 일을 잊어버린다면, 그들과 개별적으로 이야기하면서 그들이 어떻게 생각나게 하고 싶은지 알아보자. 그들은 상기시켜 줄 친구를 원하는가? 그들의 책상에 안내장이 필요한가? 그들의 기억을 유발하는 암호가 필요한가? **목적:** 고등학교—학생들은 과제 노트에 집에 가서 할 과제를 적는다. **특징:** 특정 부분에 주의 집중하기 위해 사용하는 밝은 색깔의 테이프, 분필 또는 마커로 강조된 보드의 한 부분에 과제가 적혀 있다. 각 수업을 시작하면서 학생들에게 과제를 적거나 다른 방법을 이용하여 메모하도록 상기시킨다(예: 전화기에 녹음하기, 달력에 입력하기, 서기에게 노트북에 입력하게 하기). 학생들이 제안된 과제에 대한 서로의 이해를 확인할 수 있도록 함으로써 여러분에게 유리하도록 협력적인 학습을 사용하라.

고등학교 수준에서 볼 수 있는 몇 가지 수업 방식 관리 목표를 보여 주고 있다. 그 아래에는 그러한 목적을 더욱 두드러지게 만드는 방법들이 있다. 필자는 조금 더 나아가서 여러분이 경험이 없거나 항상 지원이 필요한 학습자가 성공적인 교실 문화의 일부분이 될 수 있도록 경험을 스캐폴딩 설정을 할 수 있는 몇 가지 방법을 열거하였다.

목표를 달성하는 데 있어서 상황은 크게 변하지 않는다. 필자는 목표를 제시할 것을 제안한다. 매일 같은 장소에 목표를 쓰는 것이 첫 단계이다. 이런 식의 일관성은 학생들에게 만족감을 주고 도움을 준다. 하지만 그들은 이보다 더 많은 지원을 필요로 하며, 어떻게 그것을 제공할 것인지 결정하게 된다. 아마도 여러분은 그들에게 목표를 크게 읽어 줄 것이다. 교실에서의 역할 중 하나로 '목표를 읽는 사람(goal reader)'을 만들 수도 있다. 그 학생은 역할 수행 도중 매일 목표를 가리키며 학급 학생들에게 큰 소리로 읽어 준다. 아마도 여러분은 매일 학생들이 그들의 물리적 혹은 디지털 과제 노트북이나 종이에 목표를 입력(enter)하도록 요구할 것이다. [필자가 '입력(enter)'이라고 말했음에 주목하시오. 이는 학생들이 글쓰기, 설명하기, 타자 치기 중 자신에게 가장 잘 맞는 수단을 사용하는 것을 허용한다는 것을 의미한다.] 목표에 대한 자세한 내용은 제7장을 참조하기 바란다.

난이도를 최적화하기 위한 요구와 자료 다양화하기

이 체크포인트는 스캐폴딩의 개념을 중요시한다. 스캐폴딩은 학생들이 과제나 기술을 학습하는 것을 돕기 위해 밟는 단계를 말한다. 스캐폴딩은 역동적이며, 시간이 지남에 따라 변한다. 일반적으로 임시로 사용되는 스캐폴딩은 학생이 스캐폴딩과 무관하게 과제나 기술을 성공적으로 수행할 수 있을 때까지 유지되어야 한다. 여기서 바라는 점은 학생들이 독립성을 성취할 때까지 지원의 강도가 줄어드는 것이다. 〈표 3-1〉에 제시한 예는 모두 스캐폴딩 전략이 있다. 초등학생의 경우, 스캐폴딩 전략으로 제안된 한 가지는 옷걸이에 외투를 거는 친구였다.

예를 들어, 여러분에게는 외투를 거는 것을 잊어버린 니콜(Nicole)이라는 학생이 있다. 니콜은 옷걸이에 외투를 걸려면 책 읽기 원형 자리에서 벗어나야 하는데, 이 때문에 니콜은 자기 자리를 놓칠 수 있기 때문에 좌절할 수 있다. 우리는 책 읽기 카펫에 앉는 것이 얼마나 중요한지 알고 있다. 우리는 정기적으로 외투를 옷걸이에 거는 그녀의 가장 친한 친구인 챈드라(Chandra)를 알고 있다.

우리는 여러분이 니콜이 외투를 옷걸이에 걸지 않는 이유가 있는지 질문하는 것을 가정할 것이다. 이것은 중요한 첫걸음이다. 니콜은 책 읽기 카펫에 자리를 잡는 것이 너무 신나기 때문에 외투를 옷걸이 걸지 않는 것으로 보인다. 니콜이 책 읽기 자리에 머무를 수 있도록 여러분이 니콜의 외투를 옷걸이에 거는 것을 기억하도록 돕고 싶다는 것을 니콜에게 알려 주자. 니콜이 매일 옷걸이가 있는 곳으로 되돌아가서 외투를 옷걸이에 거는 일이 없도록, 니콜의 기억을 돕는 친구가 필요하겠는가? 니콜은 그런 친구가 필요하다고 말했다. 여러분은 친구에게 외투를 옷걸이에 걸어야 한다고 부드럽게 일깨워 줄 의향의 있는지 챈드라와 이야기를 나누어야 한다. 여러분은 공손하고 긍정적이며 조용한 알림 문구에 대한 모델링을 통해 챈드라에게 '친절(gentle)'의 의미에 관한 구체적인 예를 제공한다.

몇 주간의 매일 알림(daily reminders)과 외투를 옷걸이에 성공적으로 거는 경험을 한 후에, 여전히 매일 미리 알려 주는 것이 필요한지 아니면 가끔 알려 주어도 되는지 니콜에게 물어본다. 니콜이 가끔 알려 주는 것을 받을 준비가 되어 있다고 대답하였으므로, 여러분은 챈드라에게 다음날 니콜에게 알려 주는 것을 건너뛰라고 말한다. 니콜이 외투를 옷걸이에 성공적으로 걸지 못한 날, 그녀에게 괜찮다고 알려준다. 니콜은 여전히 외투를 옷걸이에 걸어야 하고, 챈드라는 다음날 니콜에게 다시 알려 줄 것이다. 챈드라가 니콜에게 다시 알려 주는 것이 줄어들 때까지 이 과정을 반복한다. 여기서 바라는 점은 니콜이 결국 독립적으로 외투를 옷걸이에 걸어 두는 것을 기억하는 것에 이르리라는 것이다.

전이와 일반화: 줄리 캘피와 학생의 참여

줄리가 고등학교 영어 수업에서 스캐폴딩 설정을 하는 한 가지 방법은 그래픽 조직자이다. 그녀는 학생들이 학급에서 수업을 할 때와 숙제를 할 때, 학생들의 학습을 구조화하는 데 그래픽 조직자를 사용한다. 그녀의 학생들은 수업 시간에 그래픽 조직자를 어떻게 사용하는지 안내받기 때문에, 학생들은 집에서 같은 형식으로 생각을 정리할 수 있다. 그녀의 바람은 학생들에게 환경에서 환경으로 그리고 과제에서 과제로 그러한 기술을 적용할 수 있다는 것을 배우기에 충분한 일관성과 패턴을 제공하는 것이다.

앞서 제시한 스캐폴딩 설정에 대한 예는 요구 사항의 조건에 치우쳤다. 스캐폴딩 설정 자원에 대해 생각해 보면, 여러분은 학생들이 원하는 결과를 향해 움직이는 것을 돕기 위해 하나의 자원을 스캐폴딩 설정하는 방법이나 다른 자원을 이용하는 것을 고려한다. 지원은 학생들이 정보를 배우기 위해 사용하는 항목이다. 책에서 디지털 옵션에 이르기까지, 몇몇 자원은 자연스러운 스캐폴딩 설정에 취약하다. 책과 같이 정적인 것은 스캐폴딩 설정을 제공할 수 있도록 다른 것과 협력해야 한다. 텍스트 기반의 교재를 다시 쓰거나 기록하는 것 이외에, 텍스트 기반의 교재를 스캐폴딩 설정하는 것을 위하여 입증된 방법은 학생들의 읽는 속도를 늦추고 시선을 안내하기 위한 읽을 줄 아래에 놓는 눈금자 또는 접힌 종이(Ruffin, 2012), 주의를 강화하고 특정 읽기 장애를 해결하기 위해 페이지에 걸쳐 배치된 명확한 보고서 표지(플라스틱 색지)(Harris & MacRow-Hill, 1999; Noble, Orton, Irlen, & Robinson, 2004; Robinson & Conway, 2000; Ruffin, 2012; Solan, Ficarra, Brannan, & Rucker, 1998), 그리고 정보에 대한 완전한 청각적 접근을 위한 짝 읽기(paired reading)(Fuchs, Fuchs, & Burish, 2000; Koskinen & Blum, 1986; Strickland, Ganske, & Monroe, 2002)를 사용하는 것이 포함된다. 만약 한 가지 혹은 그 이상의 전략이 성공적이라면, 학생들은 그것들을 채택할 수 있다. 학생들이 이러한 스캐폴딩 설정에 점점 익숙해지게 되면, 여러분은 학생들에게 소거 현상(extinction)을 나타낼 기회를 준다.

디지털 자원은 수많은 스캐폴딩 설정 옵션을 제공하는데, 그 자원 중 일부는 일상적인 소프트웨어에 내장되어 있다. Microsoft Vista 및 이전 버전의 운영 체제를 사용하는 개인용 컴퓨터는 저시력 혹은 전맹인 사람, 손이나 팔을 사용하는 데 제한이 있는 사람, 지적 혹은 인지 장애가 있는 사람에게 다양한 지원을 제공한다(Microsoft, 2012). 사용자는 컴퓨터의 제어판의 '접근성 센터'를 선택하여 이러한 옵션을 자세히 살펴보고, 제공되는 기능이 어떠한 이점을 제공하는지 확인할 수 있다. 애플(Apple Inc.) 제품에는 애플 웹사이트의 '교육에서의 애플(Apple in Education)' 부분에 지원 범위가 내장되어 있다(Apple, 2012). 이러한 디지털 제공물이 장애인을 위한 지원으로 명확하게 구분되어 있지만, 이는 모든 학생에게 유용할 수 있다.

이 책의 서두에서 언급하였듯이, 만약 여러분이 바퀴 달린 가방이나 여행가방을 끌거나 유모차를 밀면서 보도를 걷는 경우, 경계석 경사로(curb cut)를 사용해 보았을 것이다. 휠체어를 사용하는 사람들에게 혜택을 주기 위해 설계된 경계석 경사로는 미국에서 어디에서나 볼 수 있으며 예상할 수 있다. 여러분은 경계석 경사로를 사용할 수 있어서 더 효율적으로 가야 할 곳에 도달하게 된다.

디지털 자원들은 신중하게 선택된 경우 경계석 경사로 시설과 동의어가 될 수 있다. 그것들은 어떤 학생들에 의해서는 영구적으로, 그리고 다른 학생들에 의해서는 일시적으로 사용될 수 있다. 이런 경우에, 그것들은 여러분의 비계 설정 전략 설계의 한 부분이 될 수 있다.

휴대용 게임 시스템부터 디지털 태블릿, 교실 전용 장치(예: 디지털 화이트보드 터치스크린, 휴대용 투표 시스템)에 이르기까지 수천 가지의 디지털 자원이 있다. 각각은 운영 체제 내에 여러분이 자원을 스캐폴딩 설정하는 것을 도와줄 수 있는 설정과 옵션을 갖추고 있을 것이다. 스캐폴딩 설정은 항상 또래나 성인들의 대인 관계 지원을 포함할 수 있다. 일부 학생은 단지 그들이 테크놀로지를 배우거나 혹은 활동, 게임 또는 온라인 강의를 처음 몇 번 할 수 있도록 도와줄 파트너가 필요하다. 일단 학생이 장치 그리고/또는 소프트웨어가 작동하는 방법을 이해하면, 그들은 더 독립적으로 될 기회를 얻을 수 있다.

협력과 동료 집단 육성하기

앞의 예에서 보여 주었듯이 대인 관계는 학습에 있어 매우 중요하다. 사실 현재 중등 과정 후(postsecondary)의 직업 세계는 학생들에게 효과적인 의사소통자와 공동연구자를 요구한다. 현재 새로운 공통 핵심 국가표준에는 말하기와 듣기에 대한 표준이 있다. 이 영역에는 '이해력과 협업' '지식과 아이디어 발표'의 두 가지로 나뉘어 구성된 여섯 개의 고정 표준이 있다. 지식과 아이디어 발표는 학생이 주도하는 구두 발표에 초점을 맞춘다(Calkins et al., 2012). UDL과 새로운 핵심교육과정은 모두 여러분이 공동 작업을 지원하는 환경을 조성하기를 원한다. 협동학습이 더 강력한 협력 기술로 이어진다는 사실을 알고 있다면(Baloche, 1998), 왜 협동학습이 교실에서의 학습을 위해 그렇게 중요한 기술이겠는가?

Haydon, Maheady와 Hunter(2010)는 Jonson과 Johnson(1999), Johnson, Johnson과 Holubec(1991), Putnam(1998)의 협동학습 문헌을 자세히 관찰하여 학생들의 경험을 향상하게 시키는 다음의 네 가지 필수 기술을 수집했다.

1. 긍정적인 상호 의존성: 모든 모둠 구성원들은 모둠의 목표를 달성하기 위해 서로의 성과에 대해 심사숙고한다.
2. 개인 책임: 각 학생은 학업 내용을 배우고 모둠에 이바지할 책임이 있다.
3. 긍정적 대면 상호작용: 학습하는 동안, 학생은 다른 학생들과 직접 상호작용한다.
4. 집단 과정(group processing): 학생은 모둠의 목표가 성취되었는지와 반응을 위한 공평한 기회가 있었는지를 평가한다(Haydon et al., 2010, pp. 223-224).

다행히도, 온라인과 책, 기사 등에는 교사들이 협동 활동을 설계할 때 사용할 수 있는 유용한 자원들이 있다. 미네소타 대학교 협동학습센터(University of Minnesota's Collaborative Learning Center)는 이론적이고 구체적인 사용법에 대한 정보를 심도 있게 제공하는 웹사이트를 가지고 있다. 그것은 협력과 협동학습을 탐구하기 위한 훌륭한 출발점이다.

협력과 동료 집단: 줄리 캘피와 스캐폴딩 설정

줄리는『로미오와 줄리엣』의 특별히 어려운 구절 때문에 그녀의 모든 고등학교 학생들을 지원하는 스캐폴딩 설정을 이용한다. 그녀는 스캐폴딩 설정이 없으면 학생 중 일부는 인내심이 없어지고 원문을 이해할 수 없으리라는 것을 깨달았다. 그녀는 학생들을 준비시키고, 움직이게 하고, 전략적인 문구들에 대해 생각하게 함으로써, 그것들이 본문과 연결될 가능성이 더 크다는 것을 발견했다. 학생들에게 연극의 구체적이고 작업 가능한 부분을 제공함으로써, 그녀는 학생들의 현재 지식과 학습 선호도를 구축했다. 이렇게 하면 동료들과 협력하는 능력이 향상된다. 그녀의 기대와 생각은 바뀌지 않았고, 기준과의 연계성도 마찬가지였다. 학생들은 여전히 의인화, 이미지와 시적 용어에 대한 그들의 이해를 찾고 분명히 말할 것으로 기대된다. 줄리가 새로운 인내심의 수준에 도달하는 것을 돕기 위해 어려운 글과 함께 학생들의 참여를 구축하였기 때문에 학생들은 이를 수행할 수 있다.

성취지향적 피드백 증진시키기

교사로서 우리는 학생들에게 과제에 대한 글을 쓰고, 언어 피드백을 제공하고, 과제에 참여하지 않을 때 곁눈으로 바라보며, 긍정적인 행동을 위한 보상을 주는 것으로 피드백을 제공한다. 이 모든 것은 피드백이며, 이 피드백에는 우리가 학생들의 학습을 향상시키기 위해 제공하는 피드백을 설명하는 체크포인트가 놓여 있다. 숙달된 피드백은 학생에게 구체적인 방향을 제시한다. 문제 옆에 ×표를 붙이는 것은 학생에게 한 가지만 말해 줄 뿐이다. 즉, 그 학생은 문제에 정확하게 대답하지 않을 것이다. 학생 종이의 문장 옆에 '훌륭함(good)'이라고 쓰는 것은 학생들에게 문장에 대한 구체적인 정보를 제공하지 않지만, 학생들의 기분을 좋게 할 수 있다. 이 두 가지 예 모두 학습을 위한 학생들의 잠재력을 제한하였다.

여러분이 숙달된 피드백을 제공하면, 여러분은 긍정적 결과물을 향한 명확한 경로를 학생들에게 제공하게 된다. 피드백은 지시일 수 있다(예: "'그것'이 수축이라는 것을 기억하시오. 당신은 '그것'을 소유 명사로 사용하길 원했다."), 또는 질문으로 제기될 수 있다(예: "여기에 수축을 사용하고 싶습니까? 소유 명사가 있어야 합니까?"). 둘 다 피드백을 제공하지만, 여러분은 학생들의 필요에 따라 사용할 피드백의 유형을 결정해야 한다. 여러분은 전반적인 피드백을 제공하는 것으로 결정할 수도 있다. 만일 그렇다면, 그것들이 여러분이 요청하는 변화를 추진하는 학생들을 위하여 충분히 구체적인지 확인하여야 한다.

앞서 필자가 작성한 것 이외에, 여러분은 여전히 "왜 숙달된 피드백을 제공해야 합니까?"라고 물을 수도 있다. 여러분이 교수법을 숙고하고 조정할 때 더 성공적이 되듯이, 학생들이 반성적 사고를 수행하는 학습자가 되도록 지원할 필요가 있다. 그래야 학생들도 자신의 학습을 바꿀 수 있다(Chappuis & Stiggins, 2002). 이것은 숙달된 피드백의 절차가 순환되어야 함을 의미한다. 피드백에 대한 학생들의 이해도를 점검하여야 한다. 학생들이 그것을 이해하였는가? 학생들이 유사한 문제와 상황에 그것을 적용할 수 있는가? 이 주기는 형성평가 과정을 통해 여러분의 교실에서 자연스럽게 발생할 것이다(제5장에서 자세히 다룬다).

흥미를 돋우는 다양한 선택 제공

우리가 학생들의 관심을 끄는 것에 대해 생각할 때 오락의 측면에 고착될 수 있지만, 관심을 끄는 것은 단순한 오락보다 더 깊이가 있다. 이는 첫 번째 체크포인트에 예시하였다.

개인의 선택과 자율성 최적화하기

학생들에게 선택권을 주는 것이 모든 것을 열어두는 것을 의미하지는 않으며, 학생들이 언제나 그들이 성취하기에 가장 쉬운 과제를 선택하는 것도 아니다. 필자는 교사가 구조화된 선택을 고려할 것을 제안한다. 교사가 선택사항을 포함하고 선택사항과 구조를 결합하도록 환경을 설계할 때(안내되지 않거나 규제되지 않은 경우와 비교할 때), 학생들은 수업에 더 많이 참여하게 된다(Jang, Reeve, & Deci, 2010). 여러분은 교실 관리(예: 학생들은 조용히 독서를 할 동안 읽을 곳을 선택하고, 긍정적인 행동에 대해 그들이 받는 보상의 종류, 그들의 학습 전략 또는 플랫폼을 선택한다)로부터 학업(예: 학생들은 수학 문제를 푸는 데 사용할 방법을 선택하고, 선택한 어떤 순서로든 학습 일부분을 완성할 수 있으며, 정보를 모으는 방법을 선택한다)에 이르는 영역에서 학생들의 선택을 포함할 수 있다. 학생들이 선택의 폭을 넓혀 주는 것이라면 무엇이든 여기에 적합하다. 학생들이 구조화된 선택이 이루어진 환경에서 활동할 때, 그들은 약간의 자유를 감지하지만, 동시에 그들의 선택이 어떤 영향을 미치는지 이해하도록 안내받는다. 이는 자율성을 반영하는 것으로서, 흥미를 돋우는 다양한 선택 제공 지침의 첫 번째 체크포인트 중 또 다른 부분이다.

학생들이 자율적일 때, 그들은 자치적이다. 하지만 학생들이 자치를 적용하는 방법을 알지 못하는 한, 자율적인 된다는 것은 학습에 거의 도움이 되지 않는다. 이것은 Richard Ryan과 Edward Deci(2000; Deci & Ryan, 2002)가 제안한 이론인 자기결정을 지지하는 환경을 조성하는 것과 관련이 있다. 이 광대한 이론의 한 구성요소는 자기결정권을 지지하는 교사는 학생들의 관점에서 수업을 바라봄으로써 학생의 개인적인 자율성을 끌어낸다고 말한다.

> 나는 내가 고등학생이었을 때를 생각합니다. 내가 그것을 하고 싶지 않았다면, 왜 그들은 지금 그것을 하고 싶어 할까요?
>
> Elizabeth Bays, 고등학교 일본어 교사

또한 그들은 학생들의 요구, 관심 및 선호도를 파악하고 육성하며, 학생들에게 적절한 도전 과제를 제공한다. 그들은 "의미 있는 학습 목표를 강조하

산업혁명

프로젝트 안내: 9학년

지침: 완료할 세 가지 프로젝트 옵션을 선택하시오./여러분은 가로 세 개, 세로 세 개, 대각선 세 개를 선택할 수 있다.

포토에세이/미술	연구/작문	뮤지컬
산업혁명 시대(1800년대)에 근로 조건의 그림을 찾으시오(혹은 직접 만들기). 그리고 현시대의 사진을 찾으시오. 아동 노동, 공장, 주택 등을 보여 주는 사진이다. 멀티미디어를 사용하여 콜라주(collage)안에 그것들을 함께 넣으시오. 예로는 파워포인트, 스냅피쉬(Snapfish)와 같은 사진 앨범 사이트, 웹사이트, 스크랩북, 기타 등등이 있다. 최소 20장의 사진이어야 하며, 그림에 대한 설명을 제공하기 위해 사진에 캡션(caption)을 포함시키시오.	미국의 현행 아동 노동법을 조사하시오. 그 법이 무엇인지 찾아본 후에 생각해 보시오. 더 엄격한 법이 있어야 하는가? 학부모와 교사에 의한 아동 근로의 감시가 더 주의 깊어야 하는가? 근무 시간과 책임에 관한 규칙은 무엇이 되어야 하는가? 학교 수업 방해에 관한 규칙이 있어야 하는가? 위반자를 위한 처벌은? 여러분의 연구에 기초하여 여러분의 의견을 표현하는 편지를 정책입안자나 편집장에게 쓰시오.	산업혁명 시대 동안의 근무 환경 및 생활 조건/혹은 오늘날 근무 환경 및 생활 조건을 보여 주는, 적어도 10곡 이상의 사운드트랙을 만들어 보시오. 여러분이 포함시킬 수 있는 주제들은 질병, 스트레스, 저임금, 공해 등이다. CD 표지를 설계하고, 해당 곡을 선택한 이유에 대한 설명을 제공하시오.
드라마	**경제/기술**	**논리/순차**
산업혁명 시대 당시 살았던 누군가의 삶을 소재로 한 영화를 쓰고 제작하시오. 그 누군가는 노동빈민층, 중산층, 아동 노동자 등의 구성원일 수 있다. 여러분은 영화를 제작하기 위해 실제 연기를 하거나 소프트웨어를 사용할 수 있다.	근로 조건은 여전히 수행되는 작업과 작업이 위치한 지역에 따라 크게 달라진다. 훌륭한 근무 조건으로 좋은 평판을 얻고 있는 세계적인 기업들을 조사하시오. 현대 기업 상위 10개 목록을 만드시오. 여러분의 기준을 정의하고, 목록을 옹호하시오. 그런 다음 한 회사의 구인 광고를 만들어 보시오. 예시: 상업용, 포스터, 웹사이트	산업혁명 시간 동안 급속한 도시 성장을 보여 주는 일련의 차트를 만드시오. 인구, 생산성, 평균 수명, 오염 정보 등에 대한 정보를 포함하시오. 예를 들어, 영국의 맨체스터나 런던 지역, 매사추세츠 주의 로웰 지역과 같은 장소를 사용하시오. 현대 시대에 빠른 도시 성장을 보여 주는 같은 시리즈의 도표를 만들어보시오. 예시: 중국, 인도, 기타 등등

과학/의학	기술	창의적 글쓰기
산업혁명 동안 가난하고 혼잡한 생활 여건은 콜레라를 비롯한 많은 질병의 확산으로 이어졌다. 콜레라의 원인, 증상 및 치료법을 조사하시오. 그러고 나서, 대중에게 그 병에 대해 교육하기 위한 공공 서비스 캠페인을 만드시오. 여기에는 포스터, 소책자(brochure), 광고 등이 포함될 수 있다.	많은 발명품이 산업혁명 동안 만들어졌다. 발명품에는 파종기(seed drill), 다축 방적기(spinning jenny), 조면기(cotton gin), 증기엔진, 전화, 재봉기, 모스 부호(전신을 통한 전기 신호), 철도, 그 밖에 여러 가지가 포함된다. 세 가지를 선택하고 발명품에 대한 지침/사용자 매뉴얼을 작성하시오. 매뉴얼은 손으로 작성하거나 출판사와 같이 소프트웨어를 사용하여 컴퓨터로 만들 수 있다.	여러분이 산업혁명 초기에 살고 있다고 상상해 보시오. 공장 노동자, 아동 노동자, 또는 노동자 계급의 어머니 중 한 명을 선택하시오. 여러분이 가정한 캐릭터의 역할에서 일련의 일기 항목(적어도 다섯 가지)을 쓰시오. 하루의 사건을 반드시 기록하고 여러분의 삶에 대한 구체적인 세부 내용을 포함시키시오. 여러분은 활동과 관찰뿐만 아니라 느낌과 감정도 포함시켜야 한다.

[그림 3-2] 교사들의 틱택토 수업

출처: Streeval, & Armstrong(2009). *Industrial revolution project guide: Grade 9*. Autumne Streeval, M.S., & Harriet A. Armstrong, M.S., CFCS의 허락을 받아 게재함.

는 것, 흥미롭고 관련성 있으며 풍부한 활동을 제시하는 것"(Jang et al., 2010, p. 589)으로 이 모든 것을 한다. UDL과 많이 유사하게 들리지 않는가? 이러한 기본적인 자기결정권의 조각들은 분명히 중요한 부분이다.

UDL과 일반적으로 연계되고 선택과 자율성을 입증하는 전략은 틱택토(Tic-Tac-Toe) 전략이다(Edyburn, 2009, 2011). 한 장의 종이를 사용하여 교사는 틱택토 격자무늬 안에 9개의 다른 활동을 작성한다. 학생들은 가로, 세로 또는 대각선으로 그림을 그려 세 가지 활동을 선택할 수 있다. 교사는 아홉 가지 활동을 계획해서 학생들이 각기 다른 강점과 능력을 보여 줄 수 있도록 한다. 2009년 바르톨로뮤 통합학교 법인(Bartholomew Consolidated School Corporation: BCSC)의 두 명의 교사가 만든 틱택토 격자무늬는 마이크로소프트의 미국혁신교사포럼(United States Innovation Teachers Forum)에서 최고의 영예를 차지했다. [그림 3-2]의 틱택토 예제로, 여러분은 학생들이 제공받는 다양한 선택과 자율을 볼 수 있다.

여러분은 Carrie Hipsher가 제작하고 http://vimeo.com/6104437(Hipsher, 2009)에 게시된 교사 두 명의 영상을 볼 수 있다. 행동과 표현의 원리에 따라 물리적 행동을 위한 옵션을 제공하는 지침은 틱택토 전략에 자연스럽게 삽입되어 있다. 필자는 원리에 따라 이 전략으로 돌아갈 것이다.

학습자와의 관련성, 가치, 현실성 최적화하기

관심을 끄는 지침 아래에 있는 또 다른 체크포인트는 관련성, 가치 및 현실성을 제공하는 것이다. 이것은 여러분의 수업 내용과 학생들의 현재 경험을 연결해 줌으로써 이루어질 수 있다.

관련성, 가치, 현실성: 줄리 캘피와 셰익스피어

고등학생들에게 관련성, 가치, 현실성을 구축하기 위한 줄리의 첫 걸음은 학생들의 입장에서 생각해 보는 것이다. 예를 들어, 『로미오와 줄리엣』을 읽을 때, 대부분의 독자들이 직면하는 도전은 두 가족을 똑바로 구분하는 것이다. 그녀는 두 가족을 상징하기 위해 파란색과 빨간색을 사용하였다. 이 방법은 그녀가 예로 사용한 다른 영화 연출에서 활용한 색체 배합이기도 하다. 또한 그녀는 학생들이 텔레비전, 영화 그리고 약간의 경험을 통해 익숙해진 범죄조직 문화와 이 이야기를 관련짓는다. 이 두 가지 전략을 통해 그녀는 신뢰성의 수준을 높이기 위하여 이 이야기를 친숙하고 개인적인 것으로 만든다.

이 시나리오를 생각해 보자. 고등학교 물리 수업은 열전도(열전달) 도입에 초점을 맞춘다. 수업의 목적은 전도의 의미를 탐구하고 가설을 확인하는 것이다. 전도 과정을 나타내기 위해, 교사는 2분짜리 영상을 보여 주고, 뒤이어 학생이 주도하는 확인 실험을 하고, 마무리 토론으로 수업을 끝내는 것을 준비하였다. 학생들이 수업에 참여할 기회를 더 많이 제공하기 위해, 교사는 커

피, 뜨거운 초콜릿, 뜨거운 차 또는 다른 뜨거운 음료를 마시는 학생들의 수를 조사한다. 그녀는 뜨거운 음료를 마시는 것을 좋아하지 않는 학생들의 의견을 꼭 듣는다. 그러고 나서 교사는 그들 중 몇 명에게 뜨거운 액체를 도자기 머그잔에 부어서 손을 따뜻하게 하는 것을 좋아하는지 묻는다. 그녀는 "왜 도자기 머그잔이 뜨거워지나요?"라고 묻는다. 교사는 상단에 알고 있는 용어와 알 필요가 있는 용어가 적힌 2단 표를 재빨리 만든다. 교사는 적절한 열전도의 질문에 대해 '알고 있는 것'과 '알고 있지 못하는 것'을 적는다. 교사는 학생들을 열전도 주제로 이동시키기 위해, "도자기 머그잔을 뜨겁게 만드는 것은 무엇입니까?" "여러분이 도자기 머그잔에 그 뜨거운 액체를 남겨두면, 결국 액체는 어떻게 될까요?" "이 액체에 일어난 일이 에너지와 무슨 관계가 있나요?"와 같은 몇 가지 추가적인 안내하는 촉구를 사용한다. 알고 있는 것과 알아야 할 것의 목록은 열전도에 대한 수업의 하위 구조가 된다. 이 5분 활동은 학생들이 열전도의 전반적인 주제와 일상적이거나 규칙적인 경험을 연결하는 데 도움이 될 수 있다.

이 예시는 다양한 방식으로 관련성, 가치 및 현실성에 중점을 둔다. 일부 학생들은 뜨거운 액체를 마시는 것을 즐기지 않을 수도 있지만, 그들은 뜨거운 물을 마셔 본 적이 있을 것이다. 이것이 도입부 대화이기 때문에, 여러분은 수업 시간 중에 그 감각을 기억하지 못하는 학생들을 연결하는 경험을 제공할 기회를 얻게 된다. 이 수업에서의 가치는 상당히 쉽다. 그것은 무엇인가를 마시는 것과도 관련이 있다. 그것은 가장 많이 경험하는 활동이다. 마지막으로, 현실성은 뜨거운 액체가 대부분의 문화권에서 경험된다는 것에 있다.

위협이나 주의를 분산시킬 만한 요소 최소화하기

이 지침의 하위 마지막 체크포인트는 위협이나 주의를 분산시킬 만한 요소를 최소화하는 방법에 관해 설명한다. 학생이 환경 내에서 위협을 느낀다면,

그 학생은 역할을 잘 수행하지 못할 것이다. 위협은 무엇을 의미하는가? 집단 따돌림과 관련 있는 문자의 의미 외에도, 위협을 느끼는 것은 대수롭지 않거나, 정보를 갖고 있지 못하거나, 부적절한 느낌과 일치할 수 있다.

시나리오 타냐(Tanya)는 매년 예산 삭감에 직면하지만 학급 규모는 커지는 것처럼 보이는 도시지역에서 가르친다. 그곳은 테크놀로지에 대한 접근이 쉽지 않다. 4년 된 데스크톱 컴퓨터가 부착된 3개의 분리되는 카트를 도서관에서 대여할 수 있으며, 25개의 고정식 데스크톱 컴퓨터가 있는 컴퓨터실에 스마트보드가 있다. 그녀는 올해 어떤 현장 학습(field-trip) 경비도 받지 못하지만, 초청 강연을 시행할 수 있다.

그녀의 학생들은 물고기 종의 해부학을 확인하는 자연과학 단원을 공부하고 있다. 그들은 물고기들의 서식지와 그 서식지가 물고기의 삶에 어떠한 영향을 미치는지에 대해서 이야기할 것이다. 그녀는 학생들이 물고기를 가져올 수 없으므로, 자신이 학생들에게 물고기를 줄 수 있기를 희망한다. 그녀는 두 가지 전략을 결정한다. 첫째, 그녀는 두 대의 컴퓨터를 대여하고, 학생들이 서식지와 물고기를 화면에서 볼 수 있게 해 줄 몇 개의 온라인 교육 게임이 있는 환경 보호 웹사이트를 찾는다. 그것들을 수업 시간에 설치하면, 학생들 모두 컴퓨터를 사용할 기회를 얻게 된다. 둘째, 그녀는 같은 지역 관리단(conservancy)에 연락하고, 그 관리단이 표본들(예: 물 표본, 식물 표본, 물고기 표본)을 가진 강연자를 보낼 수 있다는 것을 알아낸다.

타냐는 UDL에 익숙하며 교실과 수업에 관한 결정을 내리기 위해 프레임워크를 사용하고 있다. 그녀는 학생들이 강연자와 표본에 대한 호기심이 매우 많고 관심이 많으리라는 것을 알고 있으며, 그녀가 이 간단한 초청으로 참여의 원리를 다루었다고 말하기 쉽다. 그러나 그녀는 더 잘 알고 있다. 참여의 하위 지침에 따라, 그녀는 잠재적인 위협이나 혼란에 대하여 생각하는 법을 배웠다.

그녀의 몇몇 학생들은 낯선 사람들에게 잘 반응하지 않는다. 그들 중 일부는 타인으로부터 위험한 상황을 경험했던 반면, 다른 일부는 너무 흥분하여 적절하게 행동하지 않을 수 있다. 나머지 사람들은 표본을 가진 강연자에게 과도하게 자극받을 것이고, 그들은 주의를 기울이지 못할 것이다. 이 마지막 역학 관계는 그녀의 동료 교사 중 일부가 강연자들을 초대하는 것을 막는 것이다. 다른 학생들은 자신의 지식에 대해 너무 남의 시선을 의식해서 자신이 잘못된 말을 할까 봐 모둠 토론에 참여하는 것을 꺼린다. 타냐는 이 학생들이 지식 부족에 의해 당황해할 가능성의 위험보다는 행동화[1]에 의지하리라는 것을 알고 있다. 부주의에서 폭발에 이르기까지 이러한 모든 행동은 수업 또는 그녀 교실 전체를 탈선시킬 수 있다. 다행히도 타냐는 UDL의 다양한 지침, 특히 관심을 끌기(모으기) 위한 옵션의 지침을 구현하는 데 도움이 되는 자원을 찾는 법을 배웠다. 그녀는 학생들과 함께 행동 기대치를 설정하고, 그들에게 기대를 실천할 시간을 주고, 학생들의 관심에 대해 적절하게 보상하는 방법을 배웠다. 그녀는 이미 학습 환경 내에서 지원하고 있지만, 그녀는 매일 프레임워크를 통해 계속 생각하여야 한다. 타냐는 자신이 학습을 촉진하는 주된 존재가 아님에도 불구하고, 그녀가 만들어 낸 학습 환경에 계속해서 영향을 미치고 있다.

이 예에서는 여러 가지 방법으로 '위협(threat)'을 사용한다. 방법의 하나는 위험과 연관된 감정이다. 다른 하나는 학습에 대한 불안감과 연결되는 감정이다. 위협적인 환경이란, 학생들이 참여하는 데 편안하지 않거나 자신감이 없는 환경을 말한다. 우리는 위협을 느낄 때, 집중력을 잃는다. 주의를 분산시킬 만한 요소는 이 지침의 다른 부분이다.

우리는 학생들이 여러 가지 이유로 주의를 다른 곳으로 돌린다는 것을 알고 있다. 수업 환경을 만들 때, 오감에 대해 생각함으로써 여러분이 최소화시

---

1 역자 주: 행동화(acting out)란, 한 개인이 자신의 기억이나 태도, 또는 갈등을 말보다는 행동을 통해 표현하는 것(American Psychoanalytic Association, 2002)이다.

킬 수 있는 집중을 방해하는 요소를 고려하여야 한다. 예를 들어, 여러분은 교실에 유연한 좌석을 설치하여 학생들을 그들의 필요에 맞는 위치로 이동시킬 수 있다. 이러한 요구 사항에는 정보를 확인하고(시각), 시끄러운 난방 통풍구 소리보다 큰 소리로 듣고(청각), 어깨에 부드러운 손길을 받아(촉각) 학습으로 돌아오는 것까지 포함된다. 다섯 가지 감각 외에도, 위협 요소를 최소화하는 방법이 있다. 강연자가 언제 오는지를 학생들이 알 수 있도록 일정을 유지하는 것과 특정 관례(routine)를 수립하는 것이 다른 예이다.

결론

이 장에서는 참여의 원리에 대한 기초를 제시하기 위해 정서적 네트워크에 대한 개요를 제공하였다. 다음으로, 예시와 비유는 참여의 원리에 생명을 불어넣었다. 학생들의 주의집중을 유지하기 위한 탐구 이상으로, UDL의 참여는 뇌의 요구를 반영한다. 여러분이 각각의 학생들이 존중받고, 학문적으로 안전하다고 느끼는 학습 환경을 만들 때, 그들은 학습에서 위험을 감수할 가능성이 더 크다. 여러분이 학습 환경을 설계하기 위해 참여의 원리를 사용할 때, 학생들은 환경과 그 안에 있는 수업과 연결할 더 많은 기회를 얻게 된다.

앤서니의 수업 다시 살펴보기

앤서니의 수업은 정수의 합에 관한 내용이었다. 주제를 다루는 첫날이었기 때문에, 그는 등장인물들이 숫자로 이루어진 짧은 만화 비디오를 찾아냈고, 정수가 무엇을 의미하는지에 대해 이야기하였다. 그 영상은 정수들을 수직선 위에 배치시키고 덧셈을 통해 어떻게 합쳐지는지 보여 주었다. 그는 각 학생에게 사용할 수 있는 수직선을 주고 폴더에 넣어 둔 다음에 활동지를 작성하게 했다. 학생들은 독립적으로 과제를 수행하였으며, 그는 질문이 있는 학생이 있는 경우 그 학생의 책상으로 갔다.

이것은 마치 UDL 수업처럼 들리지 않는가? 앤서니는 만화 비디오를 사용하였으므로 학생들은 참여할 수 있었다. 여기에 그들의 자리에서 수직선의 사용을 추가하였고, 학생들에게 정보를 보여 주고 있었던 것이 틀림없다. 그런 다음 활동지를 작성했다. 그것이 표현이다. 맞지 않은가? 이것은 UDL 수업임에 틀림없다.

다음은 이 수업에 관한 앤서니와의 인터뷰 내용이다.

루 이: 안녕하세요? 앤서니! 당신의 수업에 대한 몇 가지 질문에 답해 줘서 고맙습니다.

앤서니: 천만에요!

루 이: 왜 비디오 영상을 선택했는지 궁금합니다.

앤서니: 우리는 모두 아이들이 만화 비디오를 좋아한다는 것을 알고 있으며, 저는 그 만화가 정수를 소개하기에 적합하다고 생각했습니다.

루 이: 학생들이 아주 재미있어하던 것 같던데요. 당신은 곧이어 추가적인 지도를 하였고, 이후 학생들은 활동지를 풀었습니다. 왜 그런 활동을 선택했는지 말씀해 주시겠습니까?

앤서니: 음, 저는 항상 영상을 토대로 강의를 끌어냅니다. 그렇지 않으면, 저는 가르치지 않는 거나 마찬가지입니다, 그렇죠? 학생들이 제가 가르치는 것을 듣고 봐야 합니다. 그렇지 않으면, 저는 일을 하지 않는 것이지요, 그러고 나서, 저는 학생들이 그것을 이해하고 있는지 확인하고 싶어서, 그들에게 활동지를 주었습니다. 저는 성적표를 작성하기 위해 점수가 필요했고, 그 점수는 개인 점수여야 했습니다. 이렇게 하면 저는 학생들이 어디에서 시작했는지, 정수에 대해 학습한 이틀 동안 학생들이 얼마나 많이 성장했는지 알 수 있습니다. 모둠 활동을 하다 보면 모든 학생에게 공평하지 않을 수 있으므로 모둠 활동에 대한 점수를 주지는 못 합니다.

참여의 원리를 이용한 수업 성찰

앤서니는 교수 방법 결정을 내리기 위해 프레임워크 내의 정보를 사용하지 않았기 때문에, 그는 UDL 중심의 수업을 구현하지 못하였다. 하지만 그가 참여의 원리를 사용하기 위해 쉽게 할 수 있는 몇 가지 변화가 있다. 비록 그가 영상으로 수업을 소개하고, 학생들이 영상을 보는 동안 주의집중을 더 하는 것 같지만, 문제는 그가 학생들의 관심을 끌기 위해 어떤 것을 준비했느냐 하는 것이다. 영상을 시작하기 전에, 그는 학생들에게 수학 수업 외 다른 시간에 음수와 양수를 본 적이 있는지 물어볼 수 있었다. 온도 조절 장치를 가리키는 물리적 촉구가 필요할 수도 있지만, 일부 학생들은 온도가 음수로 표시될 수 있다는 것을 상기하게 될 것이다. 현재의 대중문화와 관련 TV 쇼 다이어트 프로그램인 <The biggest Loser>[2]에서는 일화가 끝날 때 참가자의 무게를 측정한다. 예상되는 숫자는 그들이 얻거나 잃어버린 체중의 수치이다. 따라서 양수 또는 음수이다. 만약 그들이 그런 경험을 했다면, 그들은 비디오 게임이나 돈에 관련된 예를 들어 볼 수도 있을 것이다. 그들의 삶과 빠르고 간단한 연결은 그들을 영상과 연결하는 데 도움이 될 것이다.

앤서니는 수업하지 않을 수 없다고 느낀다. '협력과 동료 집단 육성하기' 체크포인트는 그가 일관된 수업 형식에서 탈피하는 데 필요한 승인을 줄지도 모른다. 짝꿍과 의견을 교환할 수 있는 시간(think-pair-share) 전략은 학생들이 정보와의 관계를 명확하게 하고 동료들로부터 해답을 얻을 수 있는 빠른 방법이다. 또한, 학생들은 강의를 통해 독립적인 학습자가 되는 데 필요한 기술을 얻지 못한다. 이것은 강의와 같은 직접적인 교육을 위한 시간이 결코 필요 없다는 것이 아니라 학생들이 어떤 주제에 대해서 자신의 노력과 끈기를 유지할 수 있도록 제공된 옵션이 필요하다는 것을 의미한다.

마지막으로, 앤서니는 자신의 연습문제지가 학생들이 자기통제에 따라 학습할 완벽한 기회라고 제안하고 싶을지도 모른다. 이것이 사실일지도 모르지만, 연습문제지를 선택한 이유는 지침과의 연관성이 적다. 필자가 제 I 부의 서두에서 논의했듯이, 그의 성적에 대한 필요성은 기능적이며, 구조적으로 동기 부여되지 않는다. 그는 그 자료를 이틀 동안 학생들이 얼마나 공부했는지를 보여 주는 데 사용할 것이라고 언급했지만, 그 연습문제의 점수를 기본 점수로 사용하면 일부 학생들은 자동으로 불리한 처지에 놓이게 된다. 비록 졸업 학년(completion grade)일지라도, 수업에 성공적으로 참여하지 못한 학생들(예: 그들은 너무 혼란스러워 연습문제지를 끝마치지 못한다.)은 심각한 불이익을 받고

---

2 역자 주: 〈The biggest Loser〉이란 미국 NBC 방송사에서 2004년 10월부터 2013년 1월까지 방영한 다이어트 프로그램이다. 이 프로그램은 가장 많은 살을 뺀 참가자에게 큰 상금을 주는 것으로 유명하였다. 이 프로그램은 단기간에 약물이나 성형수술 같은 방법으로 다이어트를 하는 것이 아니라 출연자들 같은 고도비만도 운동과 식이조절로 극복할 수 있다는 것을 보여 주었다. 특히, 시청자에게 다양한 운동법을 알려 주기도 하였다. 국내에서는 〈도전 FAT 제로〉라는 이름으로 온스타일 채널에서 방영되기도 하였다.

정수에 대한 수업에서 빠지게 된다. 대신, 앤서니는 학생들이 어려움을 겪을 때까지만 자신의 지식을 입증하는 추가적인 안내된 연습이나 졸업 평가와 같이 성공을 향하여 그들의 학생을 이끌 구조를 제공할 수 있다(예: 세 가지 잘못을 범했을 때 평가는 끝이 난다). 평가는 여전히 기초선 자료를 제공한다. 이 지침은 학습 환경의 설계와 잘 연결된다. 앤서니는 학생들이 자신의 학습과 노력을 점검하고, 계속해서 과제를 수행하거나 도움을 요청하기 위한 자신의 전략을 조사하거나, 학습에 대한 그들의 기대와 그것들을 지원하는 방법을 식별하는 것을 돕는 구조를 제공함으로써, 앤서니는 학습을 마칠 때까지 동기 부여를 하는 학생들에 의해 확인된 기술을 활용할 수 있다.

제4장

표상

여러분이 좋아하는 방식으로만 학생들을 가르친다고 해 봅시다. 만약 그냥 강의하거나, 보여 주거나 혹은 선호하는 방식으로 가르치는 것은 모두에게 영향을 주지 못합니다. UDL을 성공적으로 시행하기 위해서는 모든 아이가 다를 뿐만 아니라 매일 다르다는 것을 알아야 합니다.

—Kim Kennedy, 초등학교 3학년 교사

학생들에게 다양한 방법으로 수업 주제에 관한 예시를 제공하는 것으로 '표상(representation)'을 정의하고 싶어 할 수 있다. UDL 내에서 표상은 실제로 학생들에게 정보를 받을 수 있는 다양한 경험을 제공하는 것이다. 이 정의는 교사 중심의 경향을 넘어 학생 중심의 경험으로 확대된다.

표상은 학생들의 이해력을 기르는 것이다. 또한, 표상은 다른 언어들이 서로에게 미치는 영향을 보여 주고 이것을 입증하기 위해 다른 수단을 사용하는 것에 관한 것이다. 마지막으로, 표상은 경험을 통해 기호, 어휘 또는 문장 구조를 명확하게 설명하는 것이다. 이 원리를 통해, 필요할 때 학생들에게 배경 지식을 제공하거나 그들의 머릿속에서 배경 지식을 끌어내도록 돕는다. 여러분은 그들이 큰 아이디어를 보고, 정보를 처리하고, 그 정보가 어떻게 다른 주제나 상황에 연결되는지를 볼 수 있도록 도와준다. 표현을 더욱 깊이 이해하는 과정을 위해 인지적 네트워크를 살펴보고자 한다.

표상 개요: 킴 케네디(Kim Kennedy)

킴의 표상은 다양한 학습자들을 고려하고, 재미있는 환경을 만들고, 의도적으로 계획을 세우는 등 다양한 접근법의 사용을 강조한다. 킴은 학습 방식과 관계없이 모든 학습자가 다르게 학습할 뿐만 아니라, 서로 다른 상황과 환경 내에서 다르게 학습한다는 사실을 인식하고 있다. 그러므로 각 아동에게 학습자 유형을 정하는 것보다 UDL 프레임워크를 사용하여 수업을 설계하는 것이 매우 중요하다.

인지적 네트워크

인지적 네트워크는 우리의 감각과 관련된 패턴을 식별하는 데 도움이 된다. 이러한 네트워크는 우리가 우리 주위에 무엇이 있는지 파악하고 이해할 수 있을 뿐만 아니라 복잡한 개념을 이해할 수 있도록 해 준다(Rose & Meyer, 2002). 예를 들어, 만화 캐릭터 스누피의 얼굴을 클로즈업한 그림을 보고, 그 캐릭터를 개로 인식하고, 그 그림을 비글(심지어 비글처럼 보이지는 않지만)로 생각하며, 나머지 신체가 어떻게 생겼는지 기억하는 것은 인지적 네트워크가 작동하는 놀라운 방법이다. 이러한 광대하고 복잡한 네트워크는 교실에 큰 영향을 미친다.

학생들에게 정보를 제공하는 방법에 따라 학습이 확장되거나 제한될 수 있다. 그 진술은 매우 직설적이고 터무니없이 들리지만, 문자 기반 정보의 예를 들어 보자. 일부 학생들은 이전 세대가 경험한 학습의 발판인 단순한 문자 형식으로 배우지 못한다. 오늘날까지도, 대부분 정보는 학생들에게 문자로 전달되고 있으며, 우리는 학생들이 그 문자의 기본 이상으로 이해하기를 기대하고 있다.

CCSS는 텍스트 분석을 강조한다(Calkins, Ehrenworth, & Lehman, 2012). 이 저자들은 CCSS가 개별 경험을 바탕으로 정보를 흡수하고 변환하는 행위로서 읽기를 재정의한다고 믿는다(Scholes, 1989). 이제 그 문자 정보의 이해는 각 학생의 배경 지식에 기초하기 때문에 더욱 주관적으로 된다. 이는 우리 학생들이 이러한 기준을 달성하기 위한 과정을 시작할 때 지원을 필요로 하다는 것을 의미한다.

표상의 원리는 우리가 학생들에게 텍스트 기반의 정보 안에서 존재하는 아이디어, 개념, 그리고 주제에 접근하는 방법을 소개한다. 동시에, 우리는 그 정보를 해독하는 것에 대한 지원을 제공할 수 있다. 학생들이 해독과 동시에 이해할 수 있을 때, 그들은 의미를 파악하여 다른 맥락이나 다른 상황에서 사용할 정보를 소유하는 쪽으로 더 빠르게 움직일 수 있다.

원리, 지침, 체크포인트

세 가지 원리 중에서, 필자가 함께 일한 교사들은 이 원리에 대해 가장 편안하게 생각하는 것 같다. 그 이유는 표상의 기본이 가르치는 행위이기 때문일 것이다. 교사가 되고자 하는 꿈을 가진 우리 대부분이 그렇게 생각하고 있다. 우리는 학생들과 정보를 공유할 것이다. 하지만 어떻게 그 정보를 공유할 것인가? 그리고 사용할 도구, 자원 및 전략은 어떻게 결정하는가? 표상의 지침이 그런 결정을 내리는 데 도움이 된다. 표상의 원리는 세 가지를 중심으로 구성되어 있다([그림 4-1] 참조).

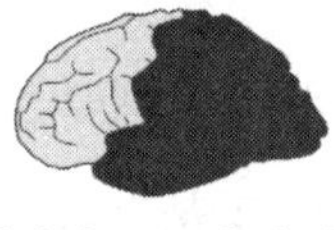

다양한 **표상** 방식 제공

학습자원이 풍부하고 지식을 활용할 수 있는 학습자

이해를 돕기 위한 다양한 선택 제공
- 배경 지식을 제공하거나 활성화시키기
- 패턴, 핵심 부분, 주요 아이디어 및 관계 강조하기
- 정보처리 과정, 시각화, 조작에 대해 안내하기
- 정보 전이와 일반화 극대화하기

언어 · 수식 · 기호의 다양한 선택 제공
- 어휘와 기호의 뜻 명료하게 하기
- 글의 짜임새와 구조 명료하게 하기
- 문자, 수식, 기호의 해독 지원하기
- 범언어적인 이해 증진시키기
- 다양한 매체를 통해 의미 보여 주기

인지 방법의 다양한 선택 제공
- 정보의 제시 방식을 학습자에게 맞게 설정하는 방법 제공하기
- 청각 정보의 대안 제공하기
- 시각 정보의 대안 제공하기

[그림 4-1] CAST의 표상의 원리

출처: Meyer, Rose, & Gordon(2013). *Universal design for learning theory and practice*. Wakefield, MA: National Center on Universal Design for Learning. 허가를 받아 수정함.

- 이해를 돕기 위한 다양한 선택 제공(배경 지식에서 더 큰 개념으로 이동하고, 더 깊은 이해를 위해 더 큰 개념 내에서 학습함)
- 언어, 수식, 기호의 다양한 선택 제공(학생이 텍스트, 숫자, 기호 및 언어를 이해할 수 있도록 지원)
- 인지 방법의 다양한 선택 제공(디스플레이 주변 옵션 및 시각/청각 정보를 학습자에게 맞게 설정)

이해를 돕기 위한 다양한 선택 제공

학생들은 그들이 배운 것을 사용할 수 있고 다른 상황에서 그것을 적용할 수 있을 때 최고의 학습 수준을 보여 준다. 이 지침은 학습자로서 학생의 발전과 성숙도의 본질을 목표로 한다. 사실, 학생들에게 지침 안에서 활동할 기회가 주어질 때, 그들은 자아실현적인 학습자가 될 것이다.

배경 지식을 제공하거나 활성화시키기

필자는 〈표 4-1〉에서 배경 지식을 언급하였으며, 그리고 실제로 여러분은 참여의 원리에 따라 참조되는 배경 지식을 볼 수 있다. 학생들이 이미 알고 있는 것과 주제가 관련이 있으면, 그 학생은 이 수업에 참여할 수 있게 된다(그리고 가능성이 더 커진다). 동시에, 이것은 여러분이 공유하고 있는 정보를 학생들이 다른 수업에서 배운 내용에 적용할 때도 힘을 실어 주는 것과 마찬가지이다.

학제간(interdisciplinary) 수업은 강한 영향을 미칠 수 있지만, 여러분은 연관성을 확고히 해야 한다. 기본적으로 대부분의 학제간 단원은 특정한 책, 주제 또는 활동에 초점을 맞춘다. 예를 들어, 5학년 수학, 사회 및 언어 수업의 발판으로 Jon Scieszka(1996)의 『늑대가 들려주는 아기돼지 삼형제 이야기(The True Story of the Three Little Pigs)』를 사용하기로 할 수 있지만, 모든 학생이 알고 있다고 가정할 수는 없다. 배경 지식이 없다면 그 이야기는 아무런 의미도 없고 즐길 수도 없다. 게다가 단지 수학에서 그들의 학습 활동을 지도하기 위해서 그 이야기를 참조하기만 하기 때문이다(예: 돼지의 체중을 추정하는 것에 의한 추정에 관한 학습). 사회 과목(예: 늑대 이야기를 사용하여 시민 책임, 예의 바름, 협력)과 언어 영역(예: 비유적 언어에 관한 연구)은 학생들이 이러한 지식 영역이 다른 영역과 어떻게 일치하는지를 보는 것을 의미하지 않는다.

이러한 연결은 명시적으로 해야 한다.

패턴, 핵심 부분, 주요 아이디어 및 관계 강조하기

우리는 학생들이 정보를 면밀히 살피고 가장 중요하거나 관련 있는 정보를 찾는 방법을 배우기를 원한다. 우리에게 정보가 끊임없이 그리고 신속하게 전달되는 디지털 시대에 (우리가 잠깐 플러그를 '뽑지 않는' 경우) 가장 효과적인 방법은 중요하지 않고 비효율적인 정보를 걸러 내는 것이다. 학생들이 지식을 배우고 조작하는 능력은 새로운 아이디어를 형성하기 위해 그러한 정보의 요점들을 다른 학습된 정보와 관련짓는 능력에 의해 직접적으로 영향을 받는다.

여러분이 구조를 만들고 보여 줌으로써 이런 종류의 학습을 쉽게 할 수 있다. 이 원리를 살펴보면서 이해를 위한 의미와 기회를 강조하기 위해 텍스트를 다른 형식으로 변형할 필요성에 대해 읽고 또 읽을 것이다. 이 체크포인트는 학생들이 관련짓고 중요한 요소를 파악할 수 있는 지원을 고려하도록 요청한다. 그렇게 하기 위한 한 가지 방법은 시각적 표상을 이용하는 것이다.

개념도(concept map)는 지식을 표현하고 구조화하는 데 사용되는 시각적 표상이다. 일반적으로 하나 또는 두 단어의 주요 아이디어인 개념은 상자나 원 안에 개념을 넣어 식별한다. 상자는 선과 화살표를 사용하여 연결된다. 선이나 화살표는 또한 주요 아이디어 사이의 연결을 정의하는 한 단어 또는 짧은 어구를 가지고 있다(Novak & Canas, 2008). [그림 4-2]에 표시된 개념도 그래픽은 개념도의 모양과 개념도 내에서 정보가 표현되는 방식을 모두 보여 준다.

이 시각적 표현은 이 지침에 따른다. 학생들은 기사를 읽어서 정보를 얻는 대신에 구조적 관계를 명확히 하고 앞서 배운 자료와 명확하게 연결할 기회를 얻는다. 학생들에게 개념도를 제공하면 더 큰 개념을 보고 연결을 식별하는 데 도움이 된다. 학생들이 자신만의 개념도를 만들 수 있도록 지원하는

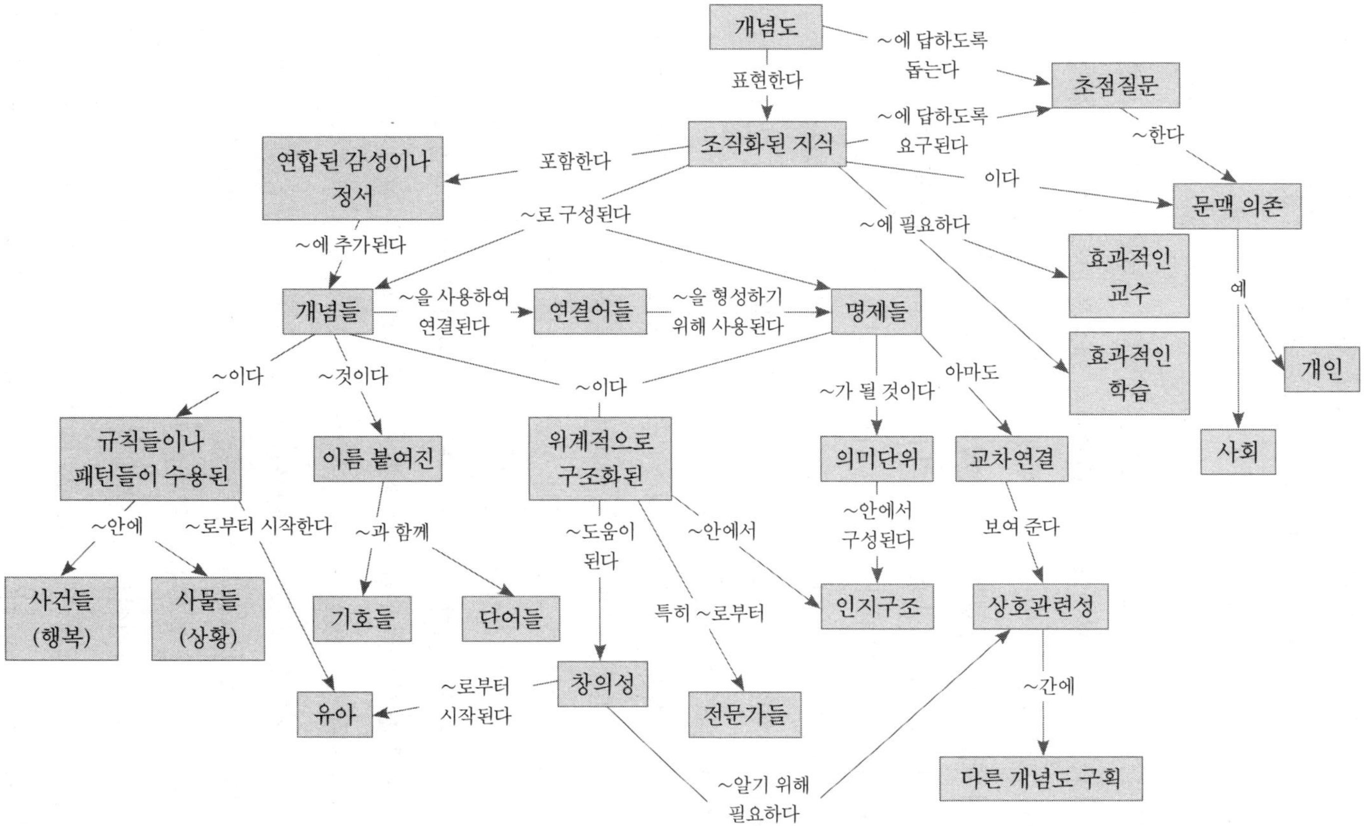

[그림 4-2] 개념도의 핵심특징을 나타내는 개념도

출처: Novak & Cañas(2008). *The theory underlying concept maps and how to construct and use them (Technical Report IHMC Cmaptools 2006-01 Rev 01-2008)*. Pensacola, FL: Florida Institute for Human Machine and Cognition. http://cmap.lihmc.us/Publications/ResearchPapers/TheoryUnderlyingConceptMaps.pdf에서 인출하여 허가를 받아 게재함.

것은 학생들이 이러한 개념과 연결의 식별을 경험하게 해 준다. 행동과 표현의 원리에 대해 언급하자면, 학생들이 이런 수준의 이해력을 보여 줄 수 있을 때, 높은 수준의 학습에 도달하게 된다.

하지만 개념도는 관계와 주요 아이디어를 보여 주는 데 있어 전부는 아니다. 일부 학생들은 개념도 때문에 당황할 것이다. 그들은 시각적으로 혼란스럽고 좌절감을 느낄 것이다. 우리 대부분은 개요를 만들어야 하는 환경에서 자랐고, 그런 구조에 익숙하다. 이 학생들에게 개요 형식을 소개하는 것은 동일한 지식을 얻고 소통하는 데 도움이 될 수 있을 것이다.

이 체크포인트는 또한 배경 지식의 개념을 인식에서 사용하도록 이동시킨다. 학생들이 최근 문제를 해결하기 위해서 이전에 얻었던 지식을 사용할 수 있다면, 그들은 지략이 있는(resourceful) 사람들이다. 하지만 학생들이 스스로 작업을 수행할 것이라고 기대할 수 없으며, 다음 시나리오와 같이 이 영역에서 스캐폴딩은 중요한 영역이다.

1학기 동안 학생들은 미국 혁명 동안의 복잡한 문화적 문제들을 살펴보았다. 미국은 영국과는 별개로, 그들만의 문화를 창조하고 있었다. 식민주의자들은 필요한 식량을 찾고 은신처와 상품을 만들어 내는 일에서는 수단을 가리지 않고 영국에서 경험했던 것과는 다른 그들 자신의 물물 교환, 기대, 상호작용 체계를 구축했다. 당신의 학생들은 식민지 개척자들과 잉글랜드인들 간의 대립을 묘사하는 문화적 토대를 계속 확인해 나갔다. 이제 학생들은 남북 전쟁을 공부하고 있다. 여러분은 학생들이 남부와 북부 주에 존재하는 문화적 토대를 파악할 수 있기를 바란다. 당신의 학생 중 일부는 그들이 어떻게 미국 혁명 단원에서 그들의 신원을 확인하게 되었는지 기억할 수 있을 것이지만, 다른 학생들은 즉시 안내가 필요할 것이다.

미국 독립 혁명 단원에서 UDL을 구현하려는 경우 그러한 토론을 상기시키기 위해 참조할 수 있는 다이어그램, 사진, 지도 및 기타 시각적 제품이 사용될 것이다. 이러한 결과물은 촉구로서 작용하거나 스캐폴딩을 설정하는 데 사용할 수 있는 예가 된다. 특히 문화적 이해관계와 같은 비문자적인 사안에 대해 가르치고 있을 때, 예가 아닌 것들(반례)은 생각을 명확하게 하는 데 도움이 될 수 있다. 이런 제품들을 사용하는 것은 학생들에게 배경 지식을 일깨우고 수업 내내 스캐폴딩으로서의 역할을 할 수 있다.

정보처리 과정, 시각화, 조작에 대해 안내하기

성공적인 학습자들은 정보를 받아들이고 정리할 수 있다. 그것은 상황을 요약하고, 우선순위를 매기고, 분류하고, 확인하는 것을 의미할 수 있다. 하지만 일부 학생은 이 기술을 습득하기 위해 지침이 필요할 수도 있다. 그 지침은 직접적이고, 체계적이며, 스캐폴딩이 있어야 한다.

일부 학생은 순차적 단계를 바로 확인하지 않으므로 스캐폴딩 설정이 필요하다. 이 문제를 해결하는 유명한 글쓰기 촉구는 땅콩버터와 젤리 샌드위치 만들기이다. 학생들에게 땅콩버터와 젤리 샌드위치를 만드는 방법을 단계적으로 적어 보라고 요청해 보라(빵, 땅콩버터 병, 젤리 병, 칼 등이 이미 놓여 있다). 학생들이 더 구체적으로 적을수록 더 좋을 수 있다. 다음 단계를 시작하기 전에, 교실에 땅콩 알레르기가 있는 학생이 있는지 확인해야 한다. 만일 그런 학생이 있다면 다른 샌드위치를 만들 수 있다. 그런 후 샌드위치를 만드는 데 학생들의 지시를 사용한다. 지시사항이 정확하지 않다면 당황을 줄이기 위해 어떤 지시사항을 사용하고 있는지 발표하지 않는 것을 권고한다. 일단 학생들이 샌드위치를 만들려고 하는 것을 보게 되면, 더 많은 학생의 단계가 더 구체화될 것이다. 다른 이들에게는 스캐폴딩 설정이 필요할 수도 있을 것이고, 여러분은 그것을 제공할 수 있는 다양한 방법이 있다.

샌드위치를 만드는 데 선택할 수 있는 단계별 단어 목록을 만들 수도 있다. 여러분은 학생들이 순서대로 집어넣을 세 그룹으로 단어 목록을 구성할 수 있다(정보 청취). 15단계가 있음을 입증할 수 있다. 다섯 번째 단계마다 정보를 제공하고 학생들이 다른 단계를 채우도록 할 수 있다(정보의 점진적인 공개). 또는 "땅콩버터 통의 윗부분을 벌써 다 뜯어낸 거야?"와 같은 촉구를 제공할 수 있다. 핵심은 학생들이 더 강한 정보 조직자가 되도록 돕는 것이다. 즉각적 촉구를 제공하면 해당 학습 경로를 더 진전시킬 수 있다. 비록 이것이 일반적인 촉구이지만, 여러분의 교실에는 가족의 선호도, 문화 혹은 알레르기 때문에 땅콩버터와 젤리 샌드위치를 한 번도 먹어 본 적이 없는 학생들이 있을지도 모른다. 이런 종류의 활동조차도 배경 지식에 대한 빠른 점검이 필요하다.

이 체크포인트가 유용한 또 다른 이유는 대화형 모델을 제공하도록 제안하기 때문이다. 이러한 모델은 학생들이 정보 조직을 관찰하거나 참여할 기회를 제공한다. 이 예는 어떤 순차적 활동에도 해당하지만, 스캐폴딩 설정은 학생들이 정보를 요약하고, 우선순위를 매기고, 분류하도록 요구받는 활동으로 옮겨질 수 있다. 이 기술에 매우 능숙하고 빨리 끝내는 학생들을 위해, 학생들의 학습과 자기 탐험을 더 심화시킬 수 있다. 그들은 정보를 정리하기 위해 그들이 사용하는 과정을 조사할 필요가 있다. 학생들이 자신이 소유한 과정을 통해서만 의사소통할 수 있는 것이 아니라 다른 상황에도 적용할 수 있고 그 과정을 배우는 동안 다른 학생들을 지원할 수 있다.

정보 전이와 일반화 극대화하기

한 상황에서 정보를 다른 상황으로 전이(transfer)할 수 있다는 것은 정보를 더 깊이 이해한다는 것을 보여 준다. 예를 들어, 어린 학생들은 처음에 엽록소가 나무에 녹색 잎을 내는 데 어떤 역할을 하는지에 대해 들을 수 있다. 이것은 1학년 또는 2학년 때 할 수 있다. 엽록소에 관한 이야기를 다시 들으면 학생들은 모든 녹색 식물에 관해 이야기할 가능성이 있다. 바라는 것은 학생들이 나무에 있는 녹색 잎과 관련하여 엽록소에 대해 배운 것을 다른 식물의 녹색 잎으로 적용할 수 있기를 바라는 것이다. 그렇다면 학생들은 정보를 새로운 맥락으로 옮기고 나무의 정보를 다른 녹색 식물로 설정하고 일반화했다. 교사의 관점에서 전이와 일반화를 가장 성공적으로 만드는 것은 어떤 지식도 고립되어 유지될 수 없다는 것을 기억하는 것이다. 그것이 더 큰 개념에 연결되어 있고 다른 상황, 맥락, 관계와 상호 연관된 것으로 증명될 때, 학생과의 관련성을 더 많이 갖게 될 것이다. 그래서 UDL을 염두에 두고 설계된 프로젝트 기반 학습(Project-Based Learning: PBL)이 매우 성공적일 수 있다.

PBL은 복잡한 과제를 중심으로 설계되어 현실적인 제품, 이벤트 또는 프레젠테이션을 제공하여 프로젝트에 의해 안내된 학습 구조이다. 이 제품들은 교과과정과 직접적으로 연관되어 있다. 각 프로젝트는 부문의 개념이나 교육과정과 관련된 질문에 의해 관리된다. PBL에 참가한 학생들은 지식 구축, 연구, 조사, 그리고 해결에 관여하면서 그들의 일을 설계하고 관리한다. PBL에 참여한 학생들은 연구자들이 전통적인 학습에 참여하는 학생들에 의해 얻어지는 것과 동등하거나 더 우수하다고 생각하는 사실적인 지식을 얻고 있다(Thomas, 2000: Vega, 2012). 다른 연구원들은 장기간의 보유, 기술 개발, 그리고 학생과 교사의 만족도가 전통적인 교수 환경에서보다 PBL환경에서 더 높다는 것을 발견했다(Strobel & van Barneveld, 2009).

PBL 외에도 학생들이 이 재료와 더 강력하게 관련되도록 도와주는 데 사용할 수 있는 전략이 있다. 이전의 지식이나 익숙한 경험 그리고 현재의 경험을 바탕으로 배우는 것이지만, 더 깊은 연관성은 학생들이 이전의 경험이나 현재의 지식에 어떻게 영향을 미치는지 말할 수 있을 때 생긴다. 하지만 학생들은 자연스러운 관련을 인식하지 못할 수도 있다.

만약 학생들이 예술 수업에서 서체에 대해 배운다면(문자의 크기와 모양이 공유되는 정보와 그 정보를 읽는 사람 모두에 영향을 미치는 방법 이해), 학생들의 취미와 좋아하는 경험을 표현하기 위해 이름 문자를 만들게 할 수 있다. 예를 들어, 'Violet'이란 이름 안에 있는 'o' 자가 자전거의 바퀴일 수도 있고 'I'가 클

라리넷일 수도 있다. 이것은 학생들이 활자체의 개념과 목적을 이해할 수 있도록 명시적인 연습을 할 수 있게 해 줄 것이다.

그 목적은 그리스와 로마의 공식화된 글에서 오늘날의 웹사이트의 디자인에 이르기까지 학생들이 시대를 통틀어 미디어의 중요성에 대해 배울 때, 전이와 일반화가 이루어지도록 하는 것이다. 만약 미술과 사회 과목 교사가 협업한 경우, 사회과 교사는 미술 프로젝트를 다시 참조할 수 있다. 그러면, '어휘와 기호의 뜻을 명료하게 하기' 체크포인트를 이용하여, 사회 교사는 '활자체'라는 단어의 유형을 공부하기 위해 단어를 분해할 수 있고, 학생들이 교실에서 다른 글꼴이 어디에 있는지를 보게 한다.

전이와 일반화는 1년 이내에 또는 몇 년에 걸쳐 일어날 수 있다. 그들이 이전에 배웠던 것과 정보를 관련시킬 기회를 찾는 것이 필요할 것이다. 다른 지원으로는 기억술 장치, 다른 기억 전략들, 그리고 특정한 연습을 위한 기회들을 사용하는 것이 포함된다.

재능 있는 학습자: 킴 케네디와 학습전략

킴은 가장 지혜롭고 재능 있는 학습자는 서로 돕고 정보를 일반화하는 사람이라고 믿는다. 킴은 3학년 학생들이 이런 수준에 도달할 수 있도록 돕기 위해, 전략을 보여 주고, 학생들이 궁극적으로 그들 자신과 협력 활동하는 동안 그러한 전략을 활용할 수 있도록 연습을 한다. 다른 지원으로는 기억술 장치 사용, 다른 기억 전략 사용, 그리고 특정한 실행을 위한 기회들이 포함된다.

언어 · 수식 · 기호의 다양한 선택 제공

문자는 문자 이상을 포함한다. 어떻게 그 문자들이 조합되어 언어를 만들어 내는지는 명확한 설명이 필요하다. 이 지침은 콘텐츠 영역(예: 영어, 수학, 과학)과 언어(예: 영어, 스페인어, 일본어)에 걸쳐 전송된 언어의 구성요소를 분류한다.

정보 전달: 킴 케네디와 교수 도전과제

학생들은 예에서 개념을 받아들이고 적용하는 데 어려움을 겪고 있다. 킴은 3학년 학생들에게 예각 및 둔각의 개념을 가르치기 위해 학생들의 관심을 끌 뿐만 아니라 학생들이 사용할 수 있는 기억에 남는 문구를 배우도록 돕기 위해 노래하는 것 같은 소리, 신체 행동 및 운을 사용하여 기억을 불러일으킨다. 킴은 학생들에게 예를 들어 주고, 같은 동작을 하고, 같은 목소리를 사용하여 참여하도록 한다. 예를 들어, 엄지손가락과 손가락을 90도 이하의 각도로 잡고 있을 때, 높은 음조로 "예각이고 90도 이하"라는 말을 한다. 학생들은 킴의 움직임과 목소리를 따라 한다. 그러고 나서 양손을 가슴 한쪽에 모으고 똑바로 섰다. 아주 낮은 목소리로 "둔각"이라는 말을 하면서, 가슴을 내밀고 팔을 크게 벌린다. 학생들은 킴의 움직임과 목소리를 다시 밝게 따라 한다. 킴은 정보를 기억할 수 있도록 학생들이 필요할 때 이런 움직임과 목소리를 사용하도록 격려한다. 점차 학생들은 말과 움직임을 사용하지 않아도 개념에 익숙해진다. 킴은 다른 수학 수업 시간에 기호보다 크고 작은 '예각이고 90도 이하'를 기억하는 학생들에게 그 지식의 전달을 보여 주었다.

어휘와 기호의 뜻 명료하게 하기

이 체크포인트는 학생들이 어휘 및 기호에 연관 짓고 어휘 또는 기호의 복잡한 분류가 어떻게 분류되는지 살펴보고 텍스트에서 어려운 참조를 이해할 수 있도록 지원한다. 배경 지식을 활용하는 이 체크포인트는 학생들이 새로운 어휘와 기호에 대비할 수 있게 하도록 수행하는 사전학습을 다룬다. 그러나 이런 사전학습이 반드시 수업 시작점에서만 일어나는 것은 아니다. 사전학습은 새로운 개념, 단어 또는 기호를 소개할 때마다 발생하며, 모든 학생이 이해하고 있는지 확인하려고 한다.

상징보다 더 위대하고 덜 위대한 것에 대한 강의에서, 교사들이 이 상징을 입으로 부르고 숫자를 나타내기 위해 쿠키 같은 물건들을 사용하는 것을 보았다. 한 곳에 세 개의 쿠키와 다른 곳에 다섯 개의 쿠키를 담은 후에, 교사는 학생들에게 쿠키를 좋아하고 더 많은 쿠키를 원한다면 쿠키의 어떤 면을 생각해야 하는지를 묻는다. 수업은 계속해서 깊이가 더해 가지만, 교사는 학생들에게 수학적 상징과 개념을 소개하기 위해 친숙한 두 개의 표현을 사용한다.

복잡한 어휘는 모든 언어에 존재한다. 복잡한 단어를 고려하는 것은 당연하지만(즉, 학생의 이해 범위 또는 현재 개인적 언어 영역을 넘어서는 단어), 이것의 체크포인트는 우리가 숙어, 비유적 언어, 구어체와 같은 단어의 집합을 고려해야 한다는 것이다. 이 같은 집합들은 수학과 과학에서도 일어날 수 있고, 방정식, 속성, 그리고 원리의 형식을 취한다. 학생들에게 이러한 분류에 익숙해질 기회를 제공하는 것이 중요하다. 학생들을 위해 이 언어를 단순한 단어와 기호로 분해하여 어휘를 만들 수 있다. 학생들이 이러한 개념, 단어 및 집합을 함께 살펴볼 수 있도록 하는 것은 매우 중요하다. 종종, 학생들 사이의 대화는 교사의 설명보다 더 많은 이해를 끌어낼 수 있다.

어휘 습득과 사용에 관한 2학년용 핵심교육과정 K−5 언어 표준을 다룰 때, 이 체크포인트를 고려하는 것이 도움이 될 것이다. 이 표준은 "2등급 읽기 및 콘텐츠에 기초하여 알려지지 않은 복수 의미 단어와 구에 대한 의미를 파악하거나 명확히 하여 일련의 전략에서 유연성을 선택한다."라고 쓴다. 표준은 다음과 같이 추가로 지정된다. "(c) 같은 어근을 가지고 있는 알 수 없는 단어의 의미에 대한 단서로 어원을 사용한다.[예: 추가(addition), 부가적인(additional)]"(National Governors Association Center for Best Practies & Council of Chief State School Officers, 2010, p. 27)

〈표 4−1〉에는 학생들이 먼저 어원을 확인하고 그 단어의 의미를 파악하도록 안내할 수 있는 여러 가지 방법이 나와 있다. 활동의 목적도 제시하고 있다.

〈표 4-1〉 단어 뜻

활동: 학생들에게 복잡한 단어 옆에 단어의 어근(root)을 보고 듣을 기회를 준다. **목적**: 배경 지식
활동: 보드에 단어를 한 가지 색으로 쓴다. 다음으로, 강조된 어원(root word)을 다른 색, 다른 글꼴 또는 다른 크기로 쓴다. **목적**: 배경 지식
활동: 자석이나 테이프를 사용하여 보드나 벽에 어원을 붙인다. 어근으로 어원을 강조한다. 접두사 또는 접미사를 보드 또는 벽에 붙여 학생들에게 더 복잡한 단어를 보여준다. 학생들에게 어떤 단어가 어원인지 말해 보라고 한다. **목적**: 배경 지식
활동: 접두어 또는 접미사가 붙은 노트 카드와 잘린 어원 종이를 함께 전달한다. 학생들이 책상 위에 단어를 배열하게 한다. 빠른 확인을 위해, 그들은 복잡한 단어의 의미를 행동이나 그림 또는 말로 설명할 것이다. 학생들은 두 개의 메모 카드를 다시 함께 묶어 다른 학생과 교환하여 활동을 반복한다. 이 활동을 여러 번 반복하면 최소한의 준비로 실습을 제공할 수 있다(학생 수만큼의 복잡한 단어 쌍의 수를 만들어야 한다). **목적**: 표준으로 이동
활동: 복잡한 단어(예: 사자가 먹이를 향해 맴돌고 있을 때)를 사용해 문장의 의미를 보여 주는 사진이나 비디오를 게시한다. 학생들이 '먹이'라는 단어를 이해하고 있는지 확인한 다음, '원'의 어원인 '원을 그리다'를 파악하고 이 두 단어를 관련짓게 한다. 다른 예를 반복한다. **목적**: 표준으로 이동

마지막으로, 테크놀로지는 이 체크포인트에 유용하다. 학생들이 정의에 연동하고, 다른 집합을 찾아보고, 학급 웹사이트나 학교 기반 소셜 네트워킹 사이트를 통해 이 정보를 공유하는 것은 그들이 이해하는 데 도움을 준다. 학생들이 테크놀로지를 현명하게 사용하도록 돕는 것은 필수적이다. 양질의 정보를 제공하는 적절한 웹사이트를 찾도록 안내하는 것이 학습자로서 독립성을 키우는 데 도움이 될 수 있다(Eagleton, Guinee, & Langlais, 2009).

글의 짜임새와 구조 명료하게 하기

구문론은 언어의 규칙(즉, 문법 또는 문장 구조)과 관련이 있고, 이것들은 언어와 수학 모두에 존재한다. 앞서 설명한 것처럼, 언어가 표현되는 다른 방법[예: 시각적 표상, 이야기(narratives)]이 존재할 수도 있다. 이것의 체크포인트는 구조적 관계를 명확하게 하고 이를 이전에 학습한 자료에 명확하게 연결하는 데 초점을 맞춘다. 필자에게 있어서, 체크포인트의 일부는 마이크로와 매크로이다. 마이크로는 학생들이 실제 문법적 또는 수학적 규칙을 학습할 때 발생한다. 예를 들어, 학생들이 전치사구와 분사구의 차이를 배우기 전에, 그들은 전치사와 분사가 무엇인지를 배워야만 한다. 그것이 마이크로 부분이다. 이제 정보를 얻었으므로 구문 구조에 대해 배울 수 있다(전치사 또는 분사로 시작). 하지만 매크로 명령을 실행하기 위해서는 앞서 학습한 정보가 강조되어야 한다. 여러분은 물리적으로 전치사나 분사된 독특한 문자를 강조하고 밑줄을 치고 또는 쓰면서 이 체크포인트를 다른 것들과 섞게 될 것이다. 이전에 배웠던 부분을 매우 의도적으로 지적할 것이다.

이 체크포인트는 또한 언어 또는 수학 공식 내의 구조적 관계를 가리키고 그 관계 내에서 관계를 명확하게 만든다. 이는 개념도나 다른 시각적인 구성요소가 도움이 될 수 있는 다른 예이다. 이 체크포인트에서는 개념 간의 연결을 식별하는 것이 매우 중요하다.

문자, 수식, 기호의 해독 지원하기

문자, 숫자, 기호 또는 점자 형식의 정보를 해독하는 능력은 광범위한 연습이 필요하다. 일부 경우에는 주요 개념을 파악하는 것에서부터 음성 지원에 이르기까지 다양한 범위의 추가 지원이 필요하다. 오늘날의 공학은 이러한 많은 음성을 지원하고 있다. 노트북과 데스크톱에서 사용할 수 있는 텍스트 음성 지원 기능이 크게 향상되었다. 그러나 이는 태블릿과 스마트 폰을 포함한 다른 휴대용 테크놀로지를 포함하지 않으며, 일부 사용 가능한 프로그래밍은 디지털 수학 기호(산술 맥스라 불림)로 음성을 제공할 수 있다. 다른 프로그래밍은 텍스트를 지원하기 위해 사람의 목소리를 녹음하는 것에 사용된다.

테이프와 테이프 리코더(recorder)에 접근할 수 있는 경우 낮은 기술 옵션은 자신이나 다른 사람이 학생들을 위해 읽은 정보를 기록하는 것이다. 첨단 기술을 사용하지 않는 옵션은 정보를 큰 소리로 읽어 들이는 것이다. 읽어 주는 친구들(reading buddies)은 교실에서 강력한 도구가 될 수 있고, 다음과 같은 시나리오처럼 수학을 잊지 않는 것이다.

마이크(Mike)의 5학년 교실은 수학 수업 중이었다. 학생들은 모둠을 지어 자기 앞의 워크북을 열고 교사의 시범에 주의를 기울이고 있었다. 교사는 오버레이 타일을 사용하여 학생들이 책상에서 수행할 활동과 같은 활동인 분수와 소수를 보여 주고 있었다. 교사는 학생들이 소규모 모둠에서 이야기할 핵심 개념, 단어, 기호를 강조했다. 학생들은 소리를 내서 용어를 함께 읽었다(예: 교사가 해당 숫자를 가리키면서 '분자'와 '분모'를 말했다. 그런 다음 학생들이 그 숫자를 가리킬 때 교사와 같은 행동을 하였다). 소집단으로 활동할 때가 되었을 때, 교사는 각 모둠의 특정 학생들에게 수학 표기법을 포함하여 문제를 큰 소리로 읽어 달라고 했다. 교실 안의 어떤 학생은 저시력 학생이거나 전맹 학생일 수 있지만, 마이크는 모든 학생이 수학적 표기법을 듣고 0.20, 1/5, 5개의 조각 중 하나가 음영으로 표시된 원그래프 사이의 유사성을 경험하는 이점을 갖기를 원했다. 일단 리더들(leaders)이 몇 가지 문제를 읽은 후, 과제는 모둠의 다른 학생들에게 돌아갔다. 학생들은 분수와 소수점에 대하여 말로 발음하면서 서로를 지지했다. 그는 학생들이 말로 해독하는 것을 지원하기 위해 돌아다니며 지도하였다.

범언어적인 이해 증진시키기

우리 중 많은 사람이 영어를 모국어로 사용하지 않는 학습자들(예: 영어 학습자, 청각 장애 학생들)과 함께 한 경험이 있다. 대부분 영어 학습자를 경험하지만, 두 집단 모두 번역 도구와 상황-내용-영역 특정한 단어에 접근하는 것을 포함하여 유사한 도움이 필요하다. 예를 들어, 유치원생들은 색깔의 이름을 배운다. 학생들에게 영어 단어와 함께 모국어로 색깔의 이름을 제공하는 것은 지식 격차를 좁히는 데 도움이 된다. 나중에 이야기를 읽고 이야기 안에 색깔이 쓰인 경우(예: 노란색 버스가 학교에 있는 경우) 노란색 형광펜으로 '노란색'이라는 단어를 강조 표시하여 해당 색상과 연관된 기억을 촉발하고 단어와 연관시킬 수 있다. Furner, Yahya와 Duffy(2005)는 이 체크포인트에 따라 영어 학습자 및 학습 관련 장애가 있는 학생들에게 도움이 될 수 있는 다음과 같은 내용을 제공하였다.

- 어휘는 구체적인 물체와 시연을 통해 가르친다.
- 수학 문제와 어휘를 배경 지식과 연관시킨다.
- 일상생활에 문제를 적용한다.
- 문제를 구체화하기 위해 교구를 사용한다.
- 단어 문제를 해석하고 시각화할 수 있도록 그림을 권장한다.
- 영어 학습자/장애 학생이 컴퓨터/협동 활동을 하기 위해 일반 학생들과 짝을 이루도록 한다.
- 지시를 명확하게 설명하고 핵심 용어를 반복한다.
- 협동 학습을 하는 동안 학생들을 이질적인 집단으로 만든다.
- 학생들이 수학에서 배우는 것과 학제 간 연관성을 갖도록 한다.
- 수학을 가르칠 때 학생들을 위한 문화적 연계를 만든다.
- 단어 문제를 간단한 용어로 고쳐 쓴다.

- 단어 목록을 표로 만들어 교실에 걸어놓는다.

다양한 학습 방식을 위해 청각, 시각 및 운동감각적 접근법을 사용하면 교사는 전통적인 직접 교수 또는 지필 훈련 및 연습 형태보다 더 많은 학생에게 접근할 수 있다(Furner et al., 2005).

이러한 일반적 인구 집단을 모두 지원하는 몇 가지 전략이 있지만, 영어 학습자에게 더 세심한 주의가 필요한 분야가 있다. 수학과 관련하여 미국과 국제 환경 사이에는 몇 가지 차이점이 있다. 돈과 미터법은 중요한 부분이다. 미국 사람들은 마침표(.)를 사용하여 소수점을 식별한다. 남아메리카와 다른 여러 유럽 국가에서는 쉼표(,)를 사용하고 그 반대의 경우도 마찬가지이다(Furner et al., 2005). 예를 들어, 4와 100분의 36($4\frac{36}{100}$)에 대한 표기법은 4.36이다. 다른 곳에서는 4, 36으로 쓰일 것이다. 추가적인 조언은 〈표 4-2〉에 요약되어 있다.

이 제안은 일반 교육 환경에서 영어 학습자에게 효과적인 것으로 알려진 연구 전략에서 나온 것이다. 청각장애인 공동체는 모범 사례를 확인할 수 있는 그들의 문화를 가지고 있고(Easterbrooks & Stephenson, 2006), 청각장애 학생은 개인의 다른 문화적 배경(흑인과 청각 장애인, 히스패닉과 청각 장애인, 아메리카 인디언과 청각 장애인, 아시아 태평양계와 청각 장애인)에 따라, 학습에 대한 정서적인 부분을 이끌어낸다(Fletcher-Carter & Paez, 2010). 표의 형식과 관련하여, 일부 전략은 이 체크포인트 범주를 벗어나므로, 세 번째 열에는 제안된 전략에서 다루는 UDL 체크포인트를 제시한다.

〈표 4-2〉 영어 학습 전략

전략: 학생들의 책상에 직접 가서 비공식 지원(학생과 상호작용하는 교사)을 제공하는 것과 같은 대화형 지원방법을 사용한다(Curtin, 2005).
관련 결과: 학생들은 더 많이 인정받고 참여했다고 느낀다.
UDL 체크포인트: 참여의 원리/지속적인 노력과 끈기를 돕는 선택 제공

전략: 내용을 설명하기 위해 여러 가지 예제를 사용한다(Curtin, 2005).
관련 결과:학생들은 더 많이 인정받고 참여했다고 느낀다.
UDL 체크포인트: 표상의 원리/이해를 돕기 위한 다양한 선택 제공, 언어 · 수식 · 기호의 다양한 선택 제공

전략: 교사는 천천히 말하고 약간의 지시를 한다(Curtin, 2005).
관련 결과: 학생들은 더 많이 인정받고 참여했다고 느낀다.
UDL 체크포인트: 표상의 원리/이해를 돕기 위한 다양한 선택 제공, 언어 · 수식 · 기호의 다양한 선택 제공, 인지 방법의 다양한 선택 제공

전략: 다문화의 영향은 교육과정을 통해 엮어진다(Craighead & Ramanathan, 2007; Gay, 2000; Nieto, 2004).
관련 결과: 학생들은 개인적인 경험과 새로운 내용을 연관 짓는다.
UDL 체크포인트: 표상의 원리/언어 · 수식 · 기호의 다양한 선택 제공

전략: 다문화 자원과 언어를 풍부하게 사용하여 학생들의 문화와 언어를 검증한다.
관련 결과: "…영어를 배우는 학생 중에 영어가 모국어가 아닌 학생들에게 그들의 모국어를 사용하는 것은 영어 습득 속도를 높이고 영어 실력을 향상시키면서 학교 과목을 계속 배울 수 있게 한다."(Tse, 2001, p. 44)
UDL 체크포인트: 표상의 원리/언어 · 수식 · 기호의 다양한 선택 제공

전략: 학생의 모국어로부터 기본 인사말과 대중적인 말을 익히는 것은 좋지만, 유창하지 않아도 된다.
관련 결과: 학생들에게 자신의 언어를 인정하게 한다(Ovando & Collier, 1998).
UDL 체크포인트: 표상의 원리/언어 · 수식 · 기호의 다양한 선택 제공

전략: 학생의 모국어로 된 텍스트 라이브러리를 사용한다.
관련 결과: 모국어의 가치를 명확히 한다(Ovando & Collier, 1998).
UDL 체크포인트: 표상의 원리/이해를 돕기 위한 다양한 선택 제공, 언어 · 수식 · 기호의 다양한 선택 제공

출처: Craighead & Ramanthan(2007).

다양한 매체를 통해 의미 보여 주기

이 체크포인트는 다른 버전의 텍스트 정보와 함께 정적 텍스트(교과서에서 찾은 텍스트) 정보를 표시하여 지원하는 것을 제안한다. 그것은 그림에서부터 움직임이 있는 것(여러분을 포함하여)까지 다양하다. 무엇보다 중요한 것은 연결이 명확하게 이루어져야 한다는 것이다. 어떤 예를 사용할지 고려할 때 명시적인 것은 매우 중요하다.

요점/본문의 초점/텍스트 기반 정보를 식별하는 것이 정보를 상징적으로 표현하는 방법을 결정하는 데 도움이 될 것이다. 이렇게 하면 사용할 매체를 선택할 수 있다. 사진, 다이어그램, 차트, 그래프, 그래픽 표현, 표 및 1차원 또는 3차원 모형 모두 생각해 볼 수 있다. 테크놀로지를 적용하여 움직이는 온라인 자원을 활용한 사진, 비디오, 다이어그램 또는 그래픽을 통해서 텍스트를 생생하게 표현할 수 있다. 여기서 생각할 것은 교실의 대부분 정보가 여전히 텍스트를 통해 전달된다는 것을 인식하는 것이다. 만약 학생들이 잘 이해할 수 있도록 힘쓰고 있다면, 그 시점이 학생들에게 다른 선택권을 제공하는 중요한 시기이다.

인지 방법의 다양한 선택 제공

우리는 지각에 대해 종종 눈에 보이는 것으로 제한하지만 사실, 지각은 훨씬 더 넓다.

- 지각은 우리가 생각하는 이미지, 물리적 환경에서 느끼는 방식, 경험으로 느끼는 방식, 직관을 경험할 때, 그리고 사물을 통해 생각하는 능력을 포함할 수 있다.

이 광범위한 정의에 따라 이 지침의 체크포인트는 이 정의의 깊이를 더 자세히 정의하고 구조화하는 데 도움이 된다. 다음 예에서 필자는 기초공학과 테크놀로지 기반 아이디어를 모두 강조한다.

안내된 정보 처리: 킴 케네디와 시각적 촉구

킴은 오전 회의에서 게시된 수업 목표 및 시각적 촉구를 통해 학생들의 행동과 수업 참여를 안내한다. 이러한 지원을 제공함으로써, 킴은 협력적 · 협동적인 교실 안에서 3학년 학생들이 더 재능 있고(resourceful) 아는 것이 많은 학습자가 되기 위해 성장할 수 있도록 지원할 수 있다. 이러한 활동은 언어적·시각적 단서와 함께 학생들이 주변 정보를 사용하여 해당 환경 내에서 성공적으로 활동할 것이라는 기대를 하게 한다.

정보의 제시 방식을 학습자에게 맞게 설정하는 방법 제공하기

정보 표시를 학습자에게 맞게 설정할 때 크기, 모양, 색 및 밝기에 대해 고려해야 한다. 표시되는 항목이 1차원의 항목으로만 표시되는지 3차원으로 표시될 수 있는지를 생각해야 한다. 이 체크포인트에서는 정보가 제공되는 속도, 정보의 배치, 강조 표시 방법도 고려하게 된다.

기초공학 수준의 예로는, 다른 색상의 마커, 분필, 펜 또는 연필을 사용하여 다른 단어, 숫자 또는 기호를 강조하는 것이다. 칠판에 문장을 쓰고 전치사 구를 강조하고 싶다면, "말이 라인을 따라 달렸다."라는 문장에서 '말이 달렸다'는 한가지 색상으로 쓰고 '라인을 따라'는 다른 대조적인 색상으로 쓴다. 이와 같은 방식으로 문장을 쓰는 것은 일부 학생들에게 추가적인 단서나 지원을 제공한다. 이 예제에서 글자를 더 굵게 만들거나 단어의 크기를 변경하거나 글자의 모양을 변경하여도 비슷한 결과를 얻을 수 있다(예: 음영 기술, POP 문자, 글자를 강조하는 밑줄 사용). 색맹이거나 색과 문장 구조 사이의 연관성을 인지하지 못하는 학생을 위해서는 글꼴의 크기 또는 글꼴을 강조하는 것이 더 나은 선택이 될 수 있다. 이 경우, 차이를 상당히 유의미하고 미묘하게 만들고 싶을 것이다.

텍스트나 숫자 이외의 것에 적용할 때는 표시하는 그래픽을 고려해야 한다. 그래픽에는 다음 예와 같이 지도, 표, 다이어그램, 그래프 또는 악보가 포함될 수 있다.

타미(Tami)의 학생들은 4분음표, 2분음표 및 온음표로 이루어진 악보를 기반으로 리듬 치는 방법을 배우고 있었다. 학생 중 일부는 악보에서 4분음표와 2분음표의 차이를 이해하는 것에 상당한 어려움을 겪고 있었다. 잠시 수업을 멈추고, 타미는 "학생들은 4분음표, 2분음표 및 온음표를 사용한 리듬을 들려줄 것이다."라는 수업 목표(제6장에서 논의)를 되돌아보았다. 학생들이 악보를 잘못 읽은 것이 아니라는 것을 확인하기 위해, 타미는 8.5×11인치 오선지에 4분음표를 그렸다. 같은 크기의 오선지에는 2분음표를 그렸다. 교사는 세 번째 오선지에 온음표를 그렸다. 교사는 2분음표를 들어 올린 후 학생들에게 악보에서 2분음표를 가리키도록 하였다. 그런 다음 학생들은 손뼉을 치며 그 음의 길이를 세는 연습을 했다. 교사는 다른 두 리듬의 표현들에 대해서도 이와 같은 과정을 반복했다. 교사는 4분음표, 2분음표, 온음표에 관한 학생들의 지식 이해 수준을 높이기 위해 더 많은 것을 하였지만, 음표의 더 큰 표상을 만들기 위해 이 체크포인트를 사용하였다.

테크놀로지 영역에서 다른 하드웨어 및 소프트웨어를 이용하는 것은 이러한 체크포인트를 적용하는 데 도움을 줄 수 있다. 많은 교육 기업이 이러한 기능을 하드웨어 및 소프트웨어에 적용하였다. 학생들이 교과서나 인쇄된 문서를 읽게 하는 대신, 유연성(예: 다른 색, 굵은 글자, 글자 크기)이 적용된 읽기 교재를 통해 정보에 접근하는 것은 본문에 생동감을 불어 넣을 수 있다. 학생들이 접근할 수 있도록 PDF 파일을 온라인에 게시하는 것은 PDF 파일의 정보 표시 방식이 종이 한 장에 정보가 표시되는 방식과 같으므로 이 체크포인트를 반영하지 않았다고 할 수 있다. 이 체크포인트에서 선택한 테크놀로지를 확인하려면 텍스트, 그래픽 또는 색상을 변경할 수 있는지, 정보를 백라이트할 수 있는지 또는 정보를 강조 표시할 수 있는지를 고려해야 한다.

청각 정보의 대안 제공하기

청각 정보는 들을 수 있는 정보이다. 난청 또는 농 학생일 경우 자동으로 고려하는 지원 방법들이 있다. 지원 방법의 예로는 자막, 글로 옮기기, 미국식 수화, 촉각 지원(예: 청력이 정상인 사람이 리듬을 연주하는 동안 청각 장애 학생은 타악기를 잡는다), 소리의 시각적 표현(예: 음악을 나타내는 이미지) 또는 정보의 시각적 표현(예: 차트, 그래프)이 있다. 청력에 이상이 없는 학생이라도 이러한 지원 또는 그 밖의 다른 지원들로 인하여 이득을 볼 수 있다. 청력에 이상이 있는 학생들은 정보가 구두로만 제시될 때 어려움을 겪는다(〈표 4-3〉 참조). 구두로만 강의하는 사람이 드물기는 하지만 오직 언어로만 제공될 수 있는 많은 행동이 교실 환경에 남아 있다.

경력교사라면 이전 제안에서 주제를 보았을 가능성이 크다. 첫째, 일관성은 처음 세 가지 예시에서 언급되었다. 체계적이고 일관된 학습 환경을 설계하면 학습자에게 도움이 될 것이다. 책상 배열을 변경하고, 학생들이 다른 학생들과 협동 학습을 하게 하고, 교실 전체에 걸쳐 서로 다른 영역에 배치할 수 있지만, 효과적인 학습자가 되기 위해 학생들이 매일 알 필요가 있는 정보를 고려해야 한다. 이것은 다른 지침에 영향을 미치지만 필요한 정보를 시각적으로 게시함으로써 학생들이 정보에 접근할 기회를 향상시키고 있다. 둘째, 여러분은 정보 옆에 자리 잡고 있었다. 이것은 난청 또는 농 학생에게 이익을 주는 최고의 사례이지만, 모든 학생에게 정보를 강조하는 것이다.

〈표 4-3〉 언어에서 시각으로

시나리오: 학생들은 교실을 돌아다니며 휴식을 취하고 있다.
요청: "오늘 쉬는 시간 후 체육관으로 모이세요."
시각적으로 제공하는 방법: 게시판에 그 날의 일정이 적혀 있다. 게시판으로 이동하여 일정의 변화를 가리킨다. 더 많은 도움이 필요한 학생들을 위해, 사진을 사용하여 일정을 표시하고 휴식 후에 사진을 배치하는 곳에 체육관을 나타내는 사진을 배치한다.

시나리오: 종례가 끝난 뒤 학생들이 짐을 싸고 있다.
요청: "영화 관람 비용은 내일까지 내세요."
시각적으로 제공하는 방법: 게시판의 한 공간을 공지 영역으로 지정한다. 공지 사항이 항상 있는 것은 아니다. 따라서 공지 영역 옆에 서서 새로운 공지 사항을 가리킨다. 더 많은 도움이 필요한 학생들을 위해, 이 정보가 담긴 밝은색의 종이를 공책 사이나 가방 안에 넣는다.

시나리오: 수업이 시작되고 학생들이 가방에서 교과서와 폴더를 꺼낸다.
요청: "교과서 17쪽을 펴세요."
시각적으로 제공하는 방법: 학생들이 정보를 어디서 찾아야 하는지를 알 수 있도록, 페이지 번호를 오버헤드나 칠판 상단의 일관된 위치에 쓴다.

시나리오: 학생들은 TPS(Think-Pair-Share) 토론 활동(그들은 주어진 주제나 질문에 대해 혼자 생각하고, 두 사람이 짝이 되어 자신들의 생각을 주고받는 토론을 하며, 학급의 모든 학생에게 자신들의 생각이나 해답을 발표하여 공유한다. 목적은 타인의 관점을 얻고 지식을 구성하는 것이다)에 참여한다.
요청: "짝꿍과 서로 신뢰할 수 있도록 짝꿍의 완전한 답변을 적어 두세요."
시각적으로 제공하는 방법: 여러분이 계획한 활동에 포함된 요청인지 또는 추가적인 요청인지에 관계없이, 각 학생 쌍에게 활동 관련 정보가 제시된 활동지를 제공한다. 종이 문서로 한계가 있다면, 교사는 지침을 칠판에 적고 학생들이 정보를 큰 소리로 읽으면서 보게 한다.

시각 정보의 대안 제공하기

초기 질문은 이 체크포인트가 '정보 제시 방식을 학습자에게 맞게 설정하기' 체크포인트와 어떻게 다른지에 대한 내용일 것이다. 우리는 정보를 학습자에게 맞게 설정할 때, 제공된 텍스트나 그래픽을 사용하여 정보를 변경한다. 이 체크포인트에 따라 시각적 정보를 전달하고, 그 가능성을 높이기 위한 다른 유형의 방법을 고려할 수 있다. 이러한 방법은 청각 신호, 구체적 사물 또는 설명일 수 있다.

필자가 어렸을 때, 부모님은 작은 음반과 함께 나오는 작은 페이퍼백(문고판) 책을 사 주셨다. 음반을 틀고 그 이야기를 들었지만, 내가 가장 좋아하는 부분은 페이지를 넘겨 달라고 말한 종소리였다. 이것은 청각 신호의 한 예이다. 글을 처음 읽었기 때문에, 본문의 단어들을 읽을 수도 있고 그렇지 않을 수도 있었지만, 종소리를 들었을 때 페이지를 넘겨야 할 시간이라는 것을 깨달았다.

청각 신호를 사용하여 글로 작성된 지침(예: 활동의 시작 또는 종료, 교실 내의 공간 변경, 공간 출입, 대화의 시작 또는 중단)에 포함될 수 있는 전이 시간을 알릴 수 있다. 이런 제안 중 일부는 교실 관리 아이디어에 집중되어 있지만, 일부 학생들이 전이할 때가 되었음을 깨달을 수 있도록 도와주는 추가 단서가 필요한 경우에 해당된다.

구체적 사물은 아이디어가 교차하는 방식이나 의미가 무엇인지를 보여 줄 때 도움이 될 수 있다. 예를 들어, 동물학 강의에서 다음과 같은 체크포인트를 사용할 수 있다.

브라이언(Brian)의 학생들은 개구리에 대한 소개로서 양서류에 관해 읽고 있다. 학생들은 약 일주일 후에 이 개구리들을 해부할 것이며, 교사는 이 동물 종이 속해 있는 강 분류군의 일반적인 특성을 학생들이 이해하기를 원하였다. 학생들은 이러한 특성을 읽을 수 있지만, 시각적으로 검토하는 것이 더 중요하다고 생각한다. 다행히도, 그는 4종의 양서류 표본(주문)을 이용할 수 있다. 학생들은 이 네 가지 표본 사이에서 공통적인 요소를 기록하거나 토론할 기회를 얻게 된다. 이러한 구체적 사물은 몇몇 학생이 유사점을 식별하는 데 도움을 준다.

구체적 사물은 학생들이 공간 관계를 더 잘 이해할 수 있도록 도와준다. 비록 여러분이 공간 또는 공간에 물품이 어떻게 어울리는지를 글로 표현된 훌륭한 설명을 제공할 수 있지만, 조작할 수 있는 이미지 또는 모형을 제공하는 것이 이해에 도움이 될 수 있다. 골프공, 테니스공, 야구공, 농구공 등 구의 개념을 전달하기 위한 간단한 무언가가 이 체크포인트를 다룬다.

마지막으로, 우리는 "사진 한 장이 천 마디 단어를 말한다."라는 속담을 들어왔지만, 학생들이 그 단어를 언급하지 못하는 데에는 많은 이유가 있다. 메시지를 전달하기 위해 이미지, 그래픽 또는 영상을 사용하는 경우에는 설명과 함께 그런 매체를 지원하는 것이 학생들에게 다가갈 수 있도록 도움을 준다. 세 명의 토론 참석자가 있는 만화를 생각해 보자. 메시지를 전달하기 위한 행동이 있지만, 경험의 차이로 인해 교사에게 전달되는 내용과 학생들에게 전달되는 내용이 다를 수 있다. 문자 또는 음성 언어를 사용하여 메시지를 명확하게 할 수 있다. 학생들이 교사가 구독한 주간 학생 신문의 그림을 보고 있다고 가정해 보자. 그림이 텍스트를 지원하기 위해 있지만, 학생들이 문서를 좀 더 이해할 수 있도록 텍스트 또는 음성 설명을 추가로 제공해야 할 수 있다.

결론

표상의 원리는 공유하는 정보의 설계 측면에서 교사를 안내하기 위한 것이다. 모든 학생에게 다양한 방법으로 개념이나 정보를 이해할 기회가 주어질 때, 학생들은 그 지식을 얻고 유지할 가능성이 더 크다. 가장 중요한 것은, 학생들은 결국 그 지식을 학습과 삶의 다른 분야에서 사용할 수 있다는 것이다. 이것은 이 원리에 따라 교사로서 우리가 추구하는 궁극적인 목표이다.

앤서니의 수업 다시 살펴보기

앤서니의 수업은 정수의 합에 관한 내용이었다. 주제를 다루는 첫날이었기 때문에, 그는 등장인물들이 숫자로 이루어진 짧은 만화 비디오를 찾아냈고, 정수가 무엇을 의미하는지에 대해 이야기하였다. 그 영상은 정수들을 수직선 위에 배치시키고 덧셈을 통해 어떻게 합쳐지는지 보여 주었다. 그는 각 학생에게 사용할 수 있는 수직선을 주고 폴더에 넣어 둔 다음에 활동지를 작성하게 했다. 학생들은 독립적으로 과제를 수행하였으며, 그는 질문이 있는 학생이 있는 경우 그 학생의 책상으로 갔다.

이것은 마치 UDL 수업처럼 들리지 않는가? 앤서니는 만화 비디오를 사용하였으므로 학생들은 참여할 수 있었다. 여기에 그들의 자리에서 수직선의 사용을 추가하였고, 학생들에게 정보를 보여 주고 있었던 것이 틀림없다. 그런 다음 활동지를 작성했다. 그것이 표현이다. 맞지 않은가? 이것은 UDL 수업임에 틀림없다.

다음은 이 수업에 관한 앤서니와의 인터뷰 내용이다.

루 이: 안녕하세요? 앤서니! 당신의 수업에 대한 몇 가지 질문에 답해 줘서 고맙습니다.

앤서니: 천만에요!

루 이: 왜 비디오 영상을 선택했는지 궁금합니다.

앤서니: 우리는 모두 아이들이 만화 비디오를 좋아한다는 것을 알고 있으며, 저는 그 만화가 정수를 소개하기에 적합하다고 생각했습니다.

루 이: 학생들이 아주 재미있어하던 것 같던데요. 당신은 곧이어 추가적인 지도를 하였고, 이후 학생들은 활동지를 풀었습니다. 왜 그런 활동을 선택했는지 말씀해 주시겠습니까?

앤서니: 음, 저는 항상 영상을 토대로 강의를 끌어냅니다. 그렇지 않으면, 저는 가르치지 않는 거나 마찬가지입니다, 그렇죠? 학생들이 제가 가르치는 것을 듣고 봐야 합니다. 그렇지 않으면, 저는 일을 하지 않는 것이지요, 그러고 나서, 저는 학생들이 그것을 이해하고 있는지 확인하고 싶어서, 그들에게 활동지를 주었습니다. 저는 성적표를 작성하기 위해 점수가 필요했고, 그 점수는 개인 점수여야 했습니다. 이렇게 하면 저는 학생들이 어디에서 시작했는지, 정수에 대해 학습한 이틀 동안 학생들이 얼마나 많이 성장했는지 알 수 있습니다. 모둠 활동을

하다 보면 모든 학생에게 공평하지 않을 수 있으므로 모둠 활동에 대한 점수를 주지는 못 합니다.

표상의 원리를 이용한 수업 성찰

앤서니의 수업에서 수업 내용을 소개하기 위해 비디오 영상을 사용했지만, 영상의 질을 아는 방법은 없다. 우리가 바라는 것은 정수가 무엇인지, 그리고 음수 기호가 있거나 없는 것에 따라 수직선에 배치되는 위치를 영상이 명확하게 설명해 주는 것이다. 만일 그렇다면, 앤서니는 청각적 · 시각적 정보에 대한 대안을 제공(인지 방법의 다양한 선택 제공)했을 가능성이 있다. 우리가 이 수업에서 볼 수 없었던 것은 정수를 음수에 관한 이전 대화에 어떻게 연결했는지와도 관련이 있다. 학생들은 어떻게 그 지식에 얻게 되었고, 어떤 계기로 음수를 생각나게 했는가(예: 팔을 위로 들고 몸 앞으로 팔꿈치를 구부려서 엑스를 표시함으로써 음수 부호를 나타낸다)? 학생들은 이런 방법을 이용하여 물리적인 수직선을 만들 수 있다.

또 다른 가능성은 바닥에 그어져 있는 숫자가 없는 수직선일 수 있다(털실과 마스킹 테이프로 이렇게 할 수 있다). 학생들은 모든 숫자가 적힌 종이를 받고 긍정적인지 부정적인지에 대해 말한다. 부정적인 숫자를 가진 학생들은 부정적인 표시로 그들의 팔을 들고 선 위에 선다. 이 물리적 상호작용은 일부 학생들이 수직선의 개념에 대해 이해하도록 도울 수 있다(언어, 수식, 기호의 다양한 선택 제공).

표상의 원리에 대한 앤서니의 수업을 검토함으로써, 우리는 다양한 방법들이 있다는 것을 알 수 있다. 앤서니가 이미 사용할 어떤 도구와 자원을 이용할 수 있는지를 알고 있는 한, 그는 더 넓은 범위의 학생들을 위한 더 많은 학습의 기회를 만들기 위해 세 가지 지침에 알려진 전략과 도구 및 자원을 일치시킬 수 있다.

제5장

행동과 표현

일종의 평가를 통해 학생들이 배운 것을 나에게 보여 줄 수 있을 때 성공적인 UDL 기반 수업을 했음을 알 수 있습니다. 그것이 지필평가든 테크놀로지를 통한 것이든 상관없이 최종 산출물이 있습니다. 테크놀로지 기반이건, 구술이건, 연극 또는 파워포인트이건 상관없이 그것을 설명할 수 있는데, 테스트도 마찬가지입니다. 그들이 무엇을 배웠는지를 보여 줄 수 있도록 그 문을 열어 주려고 합니다. 또한, 학습에 어려움을 보이는 학생이 그와 같은 방법을 통해 무엇인가를 해냈다면, 나는 내가 그들의 학습 욕구를 충족시켰기 때문에 성공했음을 알 수 있지요. 이와 같은 모든 일이 일어났을 때 나는 그것이 여러 가지 방법으로 제시되었고 학생들은 그것을 학습했다는 것을 알게 됩니다.

—Kim Kennedy, 초등학교 3학년 교사

우리는 학생들이 자신의 지식을 증명할 때 기분이 좋다. K–12, 중등교육 환경, 혹은 전통적인 교실 밖에서의 교수든 상관없이, 학생들이 '아하!'라는 순간을 경험하고 새로운 지식을 흥분하면서 표현할 때, 여러분은 만족스러움을 경험한다. 그것은 가르침이 주는 성취감 중의 일부이다. 하지만 때로는 여러분이 학생들의 지식을 입증할 수 있는 기회 또는 방법의 수를 제한하고 있음도 알게 된다. 여러분이 그러한 선택과 기회를 더 많이 줄수록, '아하!'하는 순간을 더 많이 목격하게 될 것이다. 학생들이 알고 있는 것을 나타내는 것을 허용할 때, 학생들은 전략적이고 목표 지향적인 학습자가 되는 방향으로 나아가게 된다(Meyer, Rose, & Gorden, 2013).

행동과 표현의 중요성: 로리 마틴(Laurie Martin)

로리는 행동과 표현의 원리가 교실에서 왜 중요한지를 안다. 그녀는 표상의 원리는 교사에 의해 수행되고, 행동과 표현의 원리는 중학생들에 의해 생성된 작품으로 본다. 원리에 대한 해석은 그녀로 하여금 학생들의 이해 수준과 수업 목표와의 관련성 여부를 알 수 있게 한다.

행동과 표현의 원리는 목표 설정, 계획, 전략 수립, 정보 및 자원의 구성 및 사용, 그리고 이러한 영역에서의 진전도를 모니터링하는 데 있어 학생들에게 기회를 제공하는 것이다. 행동과 표현은 교사가 신체적 상호작용, 첨단공학 및 기초공학 혹은 무공학 모두를 사용하는 것, 그리고 학생들이 자기통제를 통해 자신의 지식을 완벽하게 증명할 수 있도록 이끌어가는 구조를 포함한다. 또한 행동과 표현은 학생들에게 다양한 행동이나 창작물을 통해 그들이 알고 있는 것을 보여 줄 수 있는 기회를 제공하는 것에 관한 것이다. 여기에는 물리적 동작, 매체, 목적 설정, 쓰기가 포함될 수 있다.

제2장에서 필자는 교사가 학습환경을 설계한다고 언급하였다. 행동과 표현의 경우, 환경 설계는 형성 그리고/또는 총괄 평가를 포함할 수 있다. 형성평가(formative evaluations)는 진행 과정을 보여 주고 학생이 정보를 학습하고 있는지 여부를 파악하여 적극적으로 수업 상황을 변경하도록 하기 위해 설계

되었다. 하지만 일부의 경우 평가는 수업 혹은 단원의 마지막에 한정해 실시되기도 한다. 이는 해당 정보에 대한 학생들의 학습여부를 확인하기 위한 방법이다. UDL을 사용하여 설계된 환경에서의 평가는 학생들의 이해한 부분에 대한 정보를 교사에게 제공하고 학생들이 정보를 성공적으로 얻을 수 있도록 학습 환경을 변경하는 데 사용된다.

평가 유형

평가는 피드백이다. 실시되는 평가 유형과 후속 정보의 사용 방법에 따라 평가 과정은 '피드백 루프(feedback loop)'를 생성할 수 있다. 가장 일반적으로 의사소통의 일부로 간주되는 피드백 루프는 어떤 정보가 공유되었으며, 관련된 모든 사람이 정보를 유사하게 해석했는지 여부를 확인시켜 준다. 교실 상황에 적용하면, 여러분이 수업을 설계하고 구현하는 방법에 따라 학생들이 배워야 할 기회가 결정된다. 여러분이 만든 학습 환경에 피드백 루프가 포함되어 있는 경우, 평가는 수업을 조정하는 데 사용할 수 있는 중요한 정보를 제공하며 학생들은 자신의 노력을 조정하는 기술을 습득한다. 이와 같은 두 단계를 통해 교사와 학생 모두 원하는 결과를 얻을 수 있다. 피드백 루프는 형성평가를 실현하는 요소이다.

형성평가

평가가 학생 그리고 교사 모두에게 증거로 사용될 때 형성평가가 된다. 학생들은 자신의 학습 정도를 파악하기 위해 이것을 사용하고, 교사는 학생들의 요구를 충족시키는 위해 사용한다(Andrade, Huff, & Brooke, 2012; Brookhart, 2007; Clark, 2010; Harlen & James, 1997). 형성평가는 학생과 교사가 해당 평가 결과에 따라 적응하는 피드백 루프이다. 이러한 유형의 평가는 학생들이 진전을 위한 작은 발걸음을 내딛고 있거나 혹은 작은 실수를 저지르고 있음을 보여 준다. 이와 같은 작은 단계를 평가함으로써 교사는 스캐폴링 설정, 교수전략 재수립 그리고 피드백을 사용하여 학생들을 다시 지도할 수 있다. 동일한 정보를 이용하여 평가하는 것은 학습만큼이나 중요하다.

형성평가는 모든 유형(예: 구술형, 필기형, 선택형, 논술형, 게임형)을 사용할 수 있다. 만약 학생들이 가르쳐 준 것을 학습하지 못한 것으로 드러나면, 교사는 현재 수업, 후속 수업을 조정하거나 다른 후속 지원을 제공할 것이다. 그러나 이러한 행동이 수반되지 않는다면 형성평가의 활동은 완전한 것이 아니다(Black & Willian, 1998).

효과적으로 설계하고, 철저히 관리하며, 완성 지향적 피드백(mastery-oriented feedback)을 사용하여 후속 조치를 시행할 때, 형성평가는 학생이 현재 습득한 지식을 보다 정확하게 측정할 수 있다(Harlen & James, 1997; Brookhart, 2012). 그러나 특정 요소들은 고려되어야 한다. 잘 설계된 형성평가는 학습 환경 내 다양한 학습자들의 요구, 선호도 및 강점을 고려한다. 또한 형성평가는 학생들이 현재 배우는 내용을 기반으로 하지만, 시간의 경과에 따른 학생의 노력과 진전도에 대한 평가도 포함할 수 있다. 학생들의 개인적 요구와 학습 행동이 고려되므로 격려와 구체적인 지침이 제공될 수 있다. 즉, 선택형 평가를 한 번 실시하는 것이 아니라, 학생들이 알고 있는 것을 보여 줄 수 있는 서로 다른 유형의 간략한 평가를 수업 과정 전반에 걸쳐 실시하여야 함을 의미한다.

총괄평가

총괄평가(summative assessment)는 학생들이 상당한 양의 정보를 파지하고 이것을 평가의 질문이나 촉구에 맞게 조작하는 능력을 보여 준다. 이것은 학생들이 과정 또는 주제와 관련된 내용을 완전히 이해했는지 여부를 측정하고, 그러한 이해를 증명할 수 있는지 여부를 파악하는 전통적인 방법이다. 총괄평가 역시 형성평가와 마찬가지로 모든 유형(예: 구술형, 필기형, 선택형, 논술형, 게임형)을 사용할 수 있지만, 지필평가에 초점을 맞추는 경향이 있으며, 경우에 따라서는 온라인으로 실시하기도 한다.

대규모 총괄평가는 전형적으로 학생의 성취도를 범주화할 목적으로 표준화되고 누적되도록 설계되며, 수업, 단원, 채점 학기(grading term), 학기 또는 장기간의 수업 마지막에 실시하는 경향이 있다. 이 정보는 교육자와 정책입안자가 교육과정 및 교육 관련 결정을 내리는 데 사용된다(Andrade et al., 2012). 체제의 한 부분으로 볼 때, 형성 및 총괄 평가는 교육자와 정책 입안자들에게 방향을 제시할 수 있다(Andrade et al., 2012). 이 부분이 UDL에 대한 토론이 적합한 곳이다.

대부분의 사람들은 '표준(standard)'이라는 단어를 K-12 학생들에게 주어지는 주 전체 또는 전국적인 시험과 연관지어 생각한다. 그러나 교실에서의 평가는 모든 학생이 같은 방식으로 같은 질문에 답하도록 되어 있으며, 학생들은 표준화된 방식으로 참여하고 있다. 다음 절에서는 UDL이 어떻게 학생들에게 다양한 평가 설계와 도구, 자원, 전략의 다양성을 통해 그들이 알고 있는 것을 보여 줄 수 있는 기회를 제공하는가에 대해 살펴볼 수 있다. 그러나 필자는 "시험 준비를 어떻게 시켜야 합니까?"와 "그들이 할 수 있음을 보여주기 위해 반드시 표준화된 시험을 치러야 합니까?"라는 질문을 들어왔다. 달리 표현하자면, 이 모든 것을 어떻게 맞물리게 할 수 있는가라는 것이다.

UDL과 표준화된 시험: 로리 마틴과 학생 준비

로리에 따르면, 주 전체의 표준화된 시험을 성공적으로 마친 중학생과 UDL 사이에는 관련이 있다. UDL 프레임워크를 사용하는 표준 기반 수업을 만듦으로써 교사는 학생들이 표준과 관련된 기술을 습득할 수 있는 여러 경로를 제공한다. 로리의 경험에 비추어 볼 때, UDL 프레임워크를 사용하면 학생들이 훈련과 암기를 하지 않고도 향후 평가를 준비할 수 있도록 해 준다.

UDL과 평가

학생들은 표준화된 시험의 구조와 레이아웃, 그리고 시험을 치르는 동안 사용된 전략을 이해함으로써 이득을 얻지만(예: 먼저 완전히 틀린 것으로 알고 있는 답을 제거하고 나서, 남아 있는 답에 대해 의사 결정을 내리기 위해 맥락적인 단서를 사용한다), 능력은 이전 질문의 핵심이다. 즉, 학생들은 정보를 알아야 하고, '또한' 시험에 필요한 정보를 사용할 수 있어야 한다.

이것은 참여의 원리 하위에 존재하는 '자기조절 능력을 키우기 위한 선택 제공', 그리고 표상의 원리 하위에 존재하는 '이해를 돕기 위한 다양한 선택 제공' 지침과 연결된다. 첫 번째 지침은 학생들이 개인적인 대처 능력을 사용하고 그들의 학습에 대해 성찰하는 능력을 강조하는 것이다. 두 번째 지침은 학생들이 그들의 배경 지식, 즉 그들이 인식하는 패턴, 주요 특징, 목적 및 관계를 식별하고 사용하기, 정보 처리 · 시각화 · 조작, 선수 학습 정보를 다른 배경이나 주제에 적용하기 등을 사용할 기회를 가질 것을 제안한다. 이와 같은 것들은 총괄평가 과정 중에 활성화되어야 하는 기술이다. 또한 학생들은 실행 기능을 활성화해야 하는데, 이에 대해서는 이 장의 후반부에서 다룬다. 이것이 교실 기반이든 주 또는 국가 차원의 평가이든, 학생들이 총괄평가에서 성공하기 위해 사용하는 기술이다.

형성평가를 자주 실시하는 환경으로 전환하는 것은 어려울 수 있다. 라샌드라(LaSandra)의 수업에 대한 다음 시나리오는 원래는 총괄평가였던 것을 형성평가로 사용하는 방법을 보여 준다.

라샌드라가 담당하고 있는 6학년 학생들은 마야 문명에 대한 시험을 볼 것이다. 모든 학생은 객관식과 빈칸 채우기 질문 및 연대표에 관한 동일한 평가를 받고 있다. 그녀는 이 시험을 표준화된 총괄평가로 사용할 수 있지만 형성평가로 실시하기로 하였다. 일단 시험을 마친 후에, 학생들에게 짝을 이루거나 작은 모둠을 구성하여 공부하도록 한다. 학생들은 2인 1조로 혹은 소모임에서 공부하는 것에 익숙해져 있고, 그녀와 학생들은 함께 교실에서 행동 기대치를 확립하였다. 또한, 학생들은 일년 내내 증거를 뒷받침하는 개념에 대해 연구하고 있다. 이 조각들을 섞어서 활동에 활용한다.

라샌드라는 학생들에게 줄이 그어진 공책의 종이 한 장을 꺼내 반으로 접도록 한다. 그러면 종이는 가운데 줄이 있는 표로 바뀐다. 그녀는 모둠이 다음 지침에 따라 사용할 지침서를 만들었다.

알림: 이것은 협력적인 활동입니다. 우리는 각자의 학습을 존중하고 수용하며 장려하는 연습을 하는 것입니다. 우리가 서로를 대하는 방식은 우리가 배우는 정보만큼이나 중요합니다.

지시사항: 모둠의 리더(leader)가 각각의 질문을 큰 소리로 읽을 것입니다. 각 학생은 자신이 쓴 답을 공유할 수 있는 기회를 갖게 됩니다. 학생들은 교실 기반 자료를 사용하여 정답을 찾아낼 것 입니다. 시험에서 틀린 답을 제시한 모든 문제는 공책의 왼쪽에 써야 합니다. 정답과 뒷받침되는 증거는 노트의 오른쪽에 써야 합니다.

라샌드라는 학생들에게 개선의 필요성을 검토하고 토론하고 확인할 수 있는 기회를 제공하면 자신의 업무에 대한 더 많은 소유권을 확보할 수 있음을 알게 되었다(Andrade et al., 2012). 학생들이 메모 및 기타 자료를 사용하여 시험에 대한 답을 토론하면 학습에 집중해야 하는 부분을 발견한다. 라샌드라는 작업 수행 행동을 지원하고, 질문에 답하고, 학생들에게 지원 증거를 작성하도록 안내하기 위해 교실을 돌아다녔다. 샌드라는 학생들이 공부하는 데 필요한 올바른 정보를 가지고 있는지를 확인하기 위해 학급 친구들과 함께 정답을 검토하도록 한다. 추후에 치러질 시험은 동일한 방식으로 구성하되 마야 문명과 관련한 다른 질문이 주어진다.

이와 같은 15분짜리 활동을 수업에 추가함으로써, 그녀는 학생들이 다가오는 시험을 위해 공부해야 할 항목들을 파악하도록 하고, 표준화된 총괄평가에서 형성평가에 가까운 방향으로 나아가기 위한 첫 단계를 밟았다.

라샌드라의 수업 예시는 엄격하고 표준화된 총괄평가 방식에서 형성평가 과정으로의 전환을 보여 주지만, 학생들의 다양한 요구를 충족시킬 수 있는 방법에 대해서는 다루지 않았다. 제2장에서 논의했듯이, 학습자가 학습하고 배운 것을 최대한 표현하고자 한다면 학습자의 다양성에 대해 인식하고 있어야 한다. UDL은 모든 학생이 배울 수 있다는 추정적인 견해를 취하고 있지만, 교사가 학습과 표현의 장벽을 최소화함으로써 모든 종류의 학생들의 요구에 도달할 수 있는 학습 환경과 수업을 설계할 때만 가능하다. 우리가 왜 행동과 표현의 원리 안에서 학습자의 다양성을 인식하고 설계해야 하는지 이해하기 위해, 전략적 네트워크에 대해 살펴보도록 하자.

전략적 네트워크

어떤 행동을 계획하고, 그 행동을 실행하고, 해당 행동을 관찰할 때, 여러분은 전략적 네트워크를 사용하고 있는 것이다(Rose & Meyer, 2002). 전략적 네트워크는 매우 복잡하며 우리가 하는 모든 일에 관련되어 있다. 예측에서부터 정리에 이르기까지 심사숙고에서부터 산출에 이르기까지, 우리는 각각 우리의 전략적 네트워크를 이용해서 정보를 받아들이고, 구성하고, 그것으로 무엇인가를 한다. 여기서 멈추지 않고 전략적 네트워크는 우리가 하는 일을 모니터링하고 새로운 정보 또는 추가 정보를 기반으로 변화를 시도하는 데에도 도움을 준다. 이 정보는 배경 지식에서 나올 수도 있고, 새로 도입된 정보일 수도 있다.

전략적 네트워크는 학생들이 알고 있는 지식 조각들을 모아 시연하는 것을 가능하게 한다. 여러분은 학생들이 어떻게 새로운 정보에 사전 지식을 연결했는지 알아보기 위해 전략적 네트워크를 활용해야 한다. 전략적 네트워크는 학생들을 지식의 소유자, 합성자, 그리고 공급자가 되도록 한다(Meyer et al., 2013).

원리, 지침, 체크포인트

행동과 표현의 원리는 다른 두 원리만큼이나 풍부하다. 이 원리는 평가와 신속하게 관련될 수 있지만, 이 지침에는 훨씬 더 깊이가 있다([그림 5-1] 참조). 대학, 군대, 직장 등 중등교육 이후의 기회는 개인이 목표를 파악하고 달성하도록 요구한다. 근무 분야나 고용 유형에 상관없이 그들이 기여할 수 있는 전략을 세우고 그 기여를 향한 단계를 밟을 수 있는 사람들이 직장에서 가장 효과적이다. 학생들은 이러한 기술을 습득하기 위해 성숙 정도에 따른 지원과 지도가 필요하다. 행동과 표현의 원리 하위에 존재하는 지침 및 체크포인트는 다음과 같은 이점을 제공한다.

- 실행 기능을 위한 다양한 선택(option) 제공: 목표 설정, 계획, 정보 관리 및 과정 모니터링과 관련된 학생들의 능력 향상을 위한 옵션
- 표현과 의사소통을 위한 다양한 선택 제공: 학생들이 정보를 주고받을 수 있도록 지원하는 옵션
- 신체적 표현 방식에 따른 다양한 선택 제공: 정보, 도구 및 자원에 대한 신체적 접근을 위한 옵션

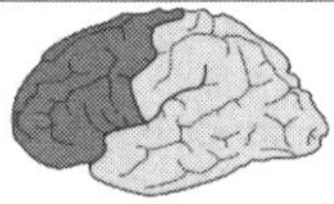

다양한 **행동과 표현** 방식 제공

전략적이고 목표 지향적인 학습자

실행 기능을 위한 다양한 선택 제공
- 적절한 목표 설정에 대해 안내하기
- 계획과 전략 개발 지원하기
- 정보 및 자료 관리를 용이하게 돕기
- 학습 진행 상황을 모니터링하는 능력 증진시키기

표현과 의사소통을 위한 다양한 선택 제공
- 의사소통을 위한 여러 가지 매체 사용하기
- 작품의 구성과 제작을 위한 여러 가지 도구 사용하기
- 연습과 수행을 위한 지원을 점차 줄이면서 유창성 키우기

신체적 표현 방식에 따른 다양한 선택 제공
- 응답과 자료 탐색 방식 다양화하기
- 다양한 도구와 보조공학기기 이용 최적화하기

[그림 5-1] CAST의 행동과 표현의 원리

출처: Meyer, Rose, & Gordon(2013). *Universal design for learning theory and practice*. Wakefield, MA: National Center on Universal Design for Learning. 허가를 받아 수정함.

실행 기능을 위한 다양한 선택 제공

이 지침은 학생들이 전략적이고 목표 지향적인 학습자 수준에 도달하기 위해 구축해야 하는 기술에 중점을 둔다(Meyer et al., 2013). 체크포인트를 읽을 때, 필자는 중등교육 과정 이후의 환경(예: 대학, 직업학교, 직장, 군대)과 관련하여 체크포인트를 반영해 볼 것을 권장한다. 각각의 경우에, 이 지침에 따른 기술의 적용에 더 강한 학생들이 될수록, 중등교육 이후의 환경에서도 더욱 성공적일 수 있다.

적절한 목표 설정에 대해 안내하기

목표 설정은 성공적인 사람들의 기술로 존경받고 우리 사회에서 주안점을 두고 있는 것이지만 연습과 지도를 필요로 한다. 우선, 학생이 목표 달성을 원해야 한다. 참여의 원리와 밀접하게 연관되어 있으며, 학생들이 구체적인 결과를 원하지 않는 한, 목표 창출이 차이를 만들지는 않는다. 학생들이 무엇인가를 성취하고 싶을 때, 우리는 그들이 성취하고 싶은 것과 거기에 도달하기 위해 취해야 할 조치를 정의하는 것을 도와야 한다. 이것은 아마도 스캐폴링 설정과 모델링을 포함할 것이다. 학생들은 다음 시나리오에서와 같이 개별 목표를 포함하는 수업 차원의 목표를 만듦으로써 목표 설정에 대해 배울 수 있다.

어느 월요일 오후, 발레리(Valerie)의 3학년 학생들은 한 달 동안 수준에 맞는 책을 선정하여 가장 많은 페이지를 읽은 학급에 대해서는 피자 파티를 할 것이라는 교장의 발표에 상당히 고무되었다. 학생들은 읽은 페이지를 기록하고 성인과 함께 그 페이지에 대해 이야기하거나 디지털 또는 스프링 제본된 저널에 글을 써야 했다. 학생들이 매번 답해야 할 세 가지 질문이 있었다. 읽은 페이지에 어떤 인물이 연관되어 있는가? 등장인물들은 무엇을 하였는가? 그들이 다음에 무엇을 할 것이라고 생각하는가?

발레리는 학생들이 피자 파티를 원한다는 것을 알고 있었지만, 목표 달성을 위해서는 지원이 필요하다는 것도 알고 있었다. 그래서 첫째로, 학생들이 도전과제와 관련해 집에 갖고 갈 편지를 쓰는 것을 도왔는데, 부모들에게 집에서 학생들이 그들 수준에 적합한 책을 읽고 자녀들이 읽은 페이지 수를 기록할 수 있도록 도와줄 것을 요청하였다. 다음으로, 각 학생은 학교와 집에서 정상적으로 읽는 페이지 수를 어림하였다. 발레리는 '책 막대 시트(Book Bars Sheet)'라는 것을 만들었다([그림 5-2] 참조). 그것은 세로에 숫자를 적고, 각 막대 그래프 아래에 요일(월요일부터 일요일까지)을 적고, 성인이 사인을 할

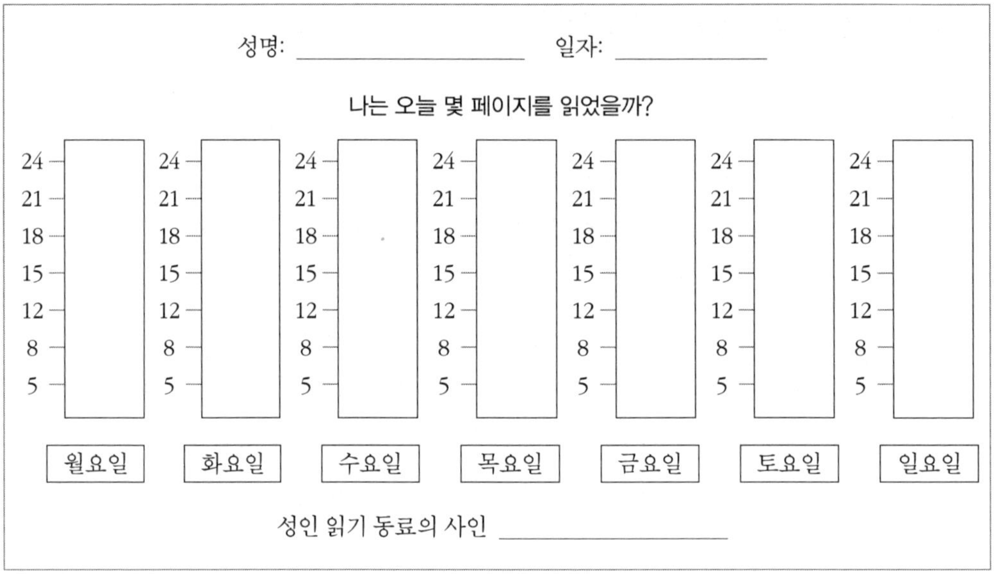

[그림 5-2] 책 막대 시트

수 있는 빈 칸과 함께 해당 주의 각 요일에 대한 수직 막대 그래프가 있는 종이였다. 학생들은 각각의 막대 그래프 아래에 날짜를 적었다. 그런 다음 월요일에 그들이 읽은 분량의 페이지 수까지 막대를 칠하였다. 학생들은 그 다음 남은 주 동안 매일 읽은 페이지 수에 대한 합리적인 목표가 무엇인지 논의하였다. "20번!"이라고 외치는 학생들도 있고, "안 돼! 너무 많아."라고 외치는 학생들도 있었다. 그것은 개성과 '합리적인' 의미에 대한 토론으로의 완벽한 입장이었다. 그런 다음 학생들은 페이지 상단에 읽을 페이지 수에 대한 개별 목표를 작성하였다.

화요일의 하루 일과가 끝날 무렵, 그들은 화요일 막대에서 그날 읽은 페이지 수를 음영 처리하고 세 가지 질문에 대한 답을 완성하였다. 발레리는 구두로 보고하고 싶어 하는 학생들을 위해 디지털 녹음기를 사용하여 교실에 응답 코너를 설치하였다. 학생들은 헤드셋을 쓰고 녹음 버튼을 누른 후, "당신의 이름을 말해 주세요, 날짜를 말해 주세요, 과제의 이름을 말해 주세요, 각 질문을 읽은 후, 그다음에 당신의 대답을 말해 주세요, 다 끝나면 멈추세요." 와 같은 읽어 주는 지시사항을 따랐다.

학생들 중 일부는 서류 관리에 능숙하지 못해 막대그래프를 학교에 두고 갔다. 그녀는 개인적으로 그 학생들에게 부모가 활동에 대해 알 수 있도록 서명한 부모의 편지를 다시 가져올 것을 요청하였다. 매일 아침 그녀는 게시판에 글을 올렸고, 학생들에게 전날 밤에 읽은 페이지로 책 막대 시트를 업데이트하고 일지를 채울 것을 상기시켰다.

다음 주 초에 발레리는 학생들에게 막대그래프를 꺼내도록 하였다. 학생들은 자신들의 페이지가 동일하게 유지되었는지, 줄었는지, 늘었는지를 알기 위해 자신들의 페이지를 보았고, 합계 페이지 수를 기록하였다. 피자 파티의 꿈에 이미 동기 부여를 받은 학생들은 목표 달성을 위한 체계를 제공받았다. 발레리는 모든 학생이 읽은 페이지 수를 합산하여 피자처럼 보이는 원그래프에 그 양만큼 색칠하였다.

읽기에 어려움을 보이는 학생들을 위해, 발레리는 학생과 그들의 부모가 적절한 책 목록을 가지고 있는지 확인하였다. 교장의 목표는 학생들이 수준에 맞는 책을 읽고, 읽은 내용에 대해 이야기하거나 글을 쓰게 하는 것이었다. 발레리의 추가 목표는 학생들이 개인 목표를 설정하고, 충족하고 혹은 초과하는 능력을 키우는 것이었다. 더 큰 수업 목표를 위해 개별 학생의 목표 그래프 용지를 사용하고 확인 가능한 더 큰 목표를 더 짧은 부분으로 나누는 것은 다음 체크포인트를 반영한다.

이 이야기에서 발레리는 학생들이 목표 달성을 향해 나아가고 있는지 여부를 알 수 있는 기본적인 방법을 만들었다. 그들은 막대그래프와 상호작용하고, 수업 전반에 걸쳐 토론을 했으며, 그들의 참여로 인해 수업이 어떻게 진행되었는지 알 수 있었다. 또한 개인으로서 그들은 어떻게 수업의 더 큰 목표와 연관이 있는지를 볼 수 있었다.

계획과 전략 개발 지원하기

이 체크포인트는 학생들이 수업 시간에 계획을 세우고 전략을 세울 때 그들을 지원하기 위해 촉구, 코치, 멘토의 이용을 장려한다. 학생들은 계획을 세우고 전략을 세우는데 도움을 주기 위해 일관성 있고, 작고, 의미 있는 조언이 필요하다. 이것은 학생들이 교실에 들어올 때 과정에 대한 단계를 기술한 게시판을 확인하라는 구두 메시지(발레리 응답 코너의 예처럼)이든 혹은 프로젝트를 위한 완성된 지침(예: 루브릭, 체크리스트)이든, 지원은 학생들의 독립성 수준을 높이도록 설계되어야 한다. 제한된 시간 내에 그들의 작업을 지원하는 것은 또 다른 예이며, 이 장 후반부에 설명되어 있다. 궁극적으로 학생들은 자신만의 모니터가 되어야 하고 자신에게 가장 도움이 되는 것으로 발견된 장치를 사용해야 한다.

실행 기능 촉진: 로리 마틴과 질 높은 산출물

로리는 8학년 학생들이 과제를 수행하는 데 도움이 되는 루브릭 및 기타 도구를 사용한다. 특히 프로젝트가 며칠 동안 진행될 때 그렇다. 그녀는 이 연령층이 구두 및 서면 구조가 모두 필요한 경우가 많다는 것을 알고 있다. 그녀는 학생들이 특정 단계를 따라갈 수 있도록 루브릭에 대해 다시 논의한다. 이를 통해 프로젝트를 성공적으로 수행할 수 있다. 그녀는 동료의 비평도 강조한다. 학생들은 자신의 파트너를 선택하는 것이 무작위적이라고 생각할 수 있지만, 그녀는 어떤 학생들이 다른 학생에게 가장 강한 피드백을 제공하는지에 대해 심사숙고한다. 이것은 또한 학생들의 사회정서적 요구와도 관련이 있다. 로리는 학생들이 서로에게 피드백을 제공할 때 도움을 줄 수 있는 확고한 구조를 제공해야 한다는 것을 알고 있다. 그렇지 않으면 과제에서 산만해지고 사교 및 선발 과정에 관심을 갖게 된다.

데이브(Dave)의 학생들은 연극 수업 중 시간을 측정하는 수단으로 주방용 타이머를 사용하는 것을 좋아하게 되었다. 학생들이 개인 또는 집단 활동을 할 때 데이브는 활동 목표를 발표하고 타이머를 설정한다. 타이머가 꺼지면 그는 "항상 그 시간 동안 성취한 것에 대해 어떻게 생각하세요? 다음 번에는 목표를 달성하기 위해 다르게 할 일이 있습니까?" 때로는 학생들의 대답에 대해 논의하는 경우도 있지만 사적인 생각을 자극하기 위해 질문을 사용하였다.

앞서 제시한 예시에서 데이브가 했던 것처럼 학생들이 자신이 하고 있는 일에 대해 생각하게 하거나, 다음 단계를 고려하게 하거나, 다음 단계에 대한 촉구를 듣게 하려면, 여러분은 이 체크포인트를 실행하게 된다.

정보 및 자료 관리를 용이하게 돕기

매일 학생들에게는 정보와 자료들(즉, 서적, 디지털 도구, 기계 또는 과학 도구)이 넘쳐나고, 때로는 압도적일 수 있다. 학생들이 모든 정보를 체계화할 수 있도록 돕는 것은 중요하다. 그것은 템플릿(template), 그래픽 조직자(graphic organizer), 차트의 형태를 취할 수 있다. 또는 구두로 안내할 수도 있다. 특히 중등교육 환경과 같이 특별한 환경에서 콘텐츠는 콘텐츠 강의에 크게 의존하기 때문에 학생들의 노트 필기는 중요하다. 이러한 학생들 중 많은 학생들이 관련 정보를 식별하고 기록하는 데 도움이 필요하다는 것은 놀라운 일이 아니다(Boyle, 2011). 이 체크포인트는 노트 필기를 위해 구조를 사용할 것을 제안한다.

하나의 구조는 2열 학습일지이다. 학생은 종이를 세로 선으로 나눈다. 그런 다음 학생은 강의나 본문의 사실을 왼쪽 열에 쓰고, 오른쪽 열에는 그 사실이 왜 관련이 있는지를 쓴다. 물의 순환에 대한 비디오를 통해 기록된 노트는 물의 순환이 바다, 호수 그리고 하천에서 대기 중으로 물을 보낸다는 사실을 포함할지도 모른다. 증발된 물은 구름으로 변하고, 그 구름은 비를 만들어 내고, 다시 땅으로 내려온다.

학생에게 과정에 대한 시각적 다이어그램을 제공한 다음 노트 페이지의 왼쪽에 해당 다이어그램을 그리게 할 수 있다. 학생은 정보를 보고 "물이 있는 곳에서만 비가 내리나요?" "사막은 어떻습니까?" "물이 있는 곳에서 비가 내리지 않도록 하려면 어떻게 해야 합니까?" "우리 엄마는 테라리엄(terrarium)을 가지고 있어요. 그것도 물 순환과 같은 건가요?"와 같은 질문을 시작한다. 이 전략은 필기 과정을 구조화할 뿐만 아니라 학생들이 정보를 좀 더 깊이 조사하도록 장려한다. 또한 학생들이 항상 정확하고 최종적인 대답을 찾아야 한다는 가정에 초점을 맞추기보다는 질문을 하는 중요한 능력에 집중할 것을 장려한다.

또 다른 방법은 채우기 방법을 포함한다(즉, 특정 단어 또는 구를 공백으로 남겨두고 학생들이 강의 또는 읽기에 기초하여 그 정보를 기입하게 한다). 이 전략을 계획하는 것은 페이지 상단에 단어 은행(word bank)을 추가하는 것이다. 추가적인 스캐폴딩 설정은 노트 내의 구획에 따라 단어 은행을 범주화하는 것을 포함한다.

학습 진행 상황을 모니터링하는 능력 증진시키기

모든 과제는 과정 내에서 우리가 무엇을 하고 있는지 모니터링할 것을 필요로 한다. 우리가 좋아하지 않는 것을 하고 있든 우리가 좋아하는 것을 하고 있든, 우리는 반드시 우리가 하는 것을 모니터링해야 한다. 오히려 우리가 현재 하고 있는 일이 얼마나 빨리 끝날지 모니터링하고 있지만(예: 시계 보기), 우리는 학생들이 시계만 쳐다보는 것이 아니라 성찰하는 장소로 옮겨 가기를 바란다. 여기서 장소란 현재의 과정과 관련된 강점과 요구 사항을 명확하게 파악하고 그러한 강점이나 요구 사항에 대한 구체적인 피드백을 구할 수 있는 곳을 의미한다. 학생들이 이러한 수준의 자기 모니터링을 촉진하는 환경으로 오지 않는다면 그들은 앞으로 나아가기 위해 구조와 지원이 필요하다.

이것은 학생들이 진행 상황을 차트나 그래프에서 시각적으로 볼 수 있을 때 도움이 된다. 전후 상태를 보여 주는 모든 옵션은 학생들이 과정 내에서 자신의 진행 상황을 이해하는 데 도움이 될 수 있다. 발레리의 예에서, 그녀가 막대그래프를 사용하는 것은 학생들이 자신의 성취나 요구에 주의를 기울이게 하기 때문에 이와 같은 체크포인트에 대응하는 것이다. 막대그래프는 그 자체로는 충분하지 않으며 학생들의 학업의 질을 다루고 있지도 않다. 기억할지 모르겠지만, 학생들이 해결해야 할 세 가지 질문이 있었다. 발레리는 학생에게 양질의 피드백을 제공하기 위해 그 정보를 어떻게 활용할 것인지 전략을 세움으로써 학생 스스로 평가할 수 있도록 해야 한다.

표현과 의사소통을 위한 다양한 선택 제공

이 지침은 학생들이 그들이 알고 있는 것을 우리에게 전달할 수 있는 모든 방법을 고려하도록 한다. 학생들에게 그들의 지식을 입증하는 한 가지 방법만 허용될 때, 우리는 그들이 학습한 것을 깨닫지 못하고 여전히 존재할 수도 있는 격차를 알지 못하는 위험에 처한다.

의사소통을 위한 여러 가지 매체 사용하기

학생들에게 무엇인가를 구성해 보라고 할 때, 우리는 이야기를 쓰는 것이나 종이, 가위, 풀, 잡지 페이지 혹은 다른 그러한 것들을 포함하는 프로젝트로 눈을 돌리는 경향이 있다. 이 체크포인트는 우리가 다른 영역으로 이동하도록 권장한다. 학생들이 이용 가능한 매체와 상관없이 자유롭게 작문을 할 수 있게 되면, 그들이 만드는 것은 놀라울 정도이다. 이 체크포인트에는 손으로 그린 만화 및 스토리 보드에서 디지털 세계의 블로그 및 토론 포럼에 이르기까지 학생들이 자신의 작품을 보여 주기 위해 사용할 형태를 포함하고 있다.

구성을 넘어서서, 이 체크포인트는 또한 여러 전략을 사용하여 문제를 해결하도록 장려한다. 학생들이 실제 생활이든 교육 구조이든 문제를 자신의 방식으로 겪도록 허용하면 참여의 원리에 따라 '자기조절 능력을 키우기 위한 선택 제공'이라는 지침에 연결되는 풍부한 토론과 자기평가의 문을 열 수 있다. 각각의 경우에, 여러분은 학생들이 의미 있는 문제들을 해결하고 그들에게 발달적으로 이치에 맞는 방식으로 문제를 해결할 수 있는 기회를 설계하고 있다. 그들이 접근 방식의 어려움을 경험할 때, 그들은 왜 자신의 계획을 유지하거나 다음 번에는 접근 방식을 바꾸고 싶어 하는지 생각할 수 있다.

작품의 구성과 제작을 위한 여러 가지 도구 사용하기

모든 학생은 작문을 할 때 때때로 도움이 필요하다. 우리는 철자 맞히기 게임과 단어 예측 소프트웨어(즉, 스마트폰, 태블릿 PC 또는 컴퓨터에 입력하는 단어를 추측하는 소프트웨어)로 직행한다. 기타 디지털 옵션에는 텍스트 음성 변환 소프트웨어에서 그래픽 계산기, 음악 작곡 소프트웨어, 컴퓨터 지원 소프트웨어에 이르는 모든 것이 포함된다. 이 장치가 학생의 아이디어를 종이, 화면 또는 다른 형태로 옮기는 데 도움을 줄 수 있다면 이 체크포인트에 포함될 것이다.

또한 이 체크포인트는 학생들이 작문을 시작하는 것을 돕기 위한 방법들을 다룬다. 4학년 교사는 문장 스타터로 알려진 '이야기 조각(story strips)'을 우리에게 주었는데, 이것은 글쓰기를 시작하는 것을 도와주었다. 문장 스타터를 사용하여 단어를 정확하게 사용하는 한 우리가 원하는 어떤 이야기도 쓸 수 있다. 다음 부분은 아마 필자가 가장 좋아하는 부분이었다. 그녀는 우리를 2인 1조로 나눴고, 우리는 다른 사람의 이야기를 적어서 다시 읽었다. 파트너로서, 우리는 상대방의 어휘 사용에 관해 질문해야 하며, 이야기 흐름에 대해 질문할 수 있다. 이 예는 체크포인트와 잘 연계되지만, 참여의 원리 중 '지속적인 노력과 끈기를 돕는 선택 제공' 지침과도 관련된다.

연습과 수행을 위한 지원을 점차 줄이면서 유창성 키우기

행동과 표현의 원리가 평가에만 초점을 두고 있는 것은 아니다. 이는 또한 연습을 위한 활동을 개발할 때 필요한 지침을 제공한다. 학생들이 지식의 사용과 적용을 연습하는 동안 성공을 경험하면, 학업 성취 결과는 직접적인 영향을 받는다(Bandura, 1997; Usher & Pajares, 2006). 자기효능감이라고 하는 이 개념은, 학생들이 학습 능력에 자신이 있다고 생각할 때, "더 열심히 공부하고, 더 자주 발전을 평가하며, 성공을 촉진하는 자기규제 전략에 참여하는 것"(Usher & Pajares, 2006, p. 7)으로 알려져 있다. 이러한 결과는 모두 행동과 표현 그리고 목표 지향적인 학습자의 궁극적인 목표와 일치한다(Meyer et al., 2013).

학생들에게 주제나 개념에 대한 지식을 입증할 수 있는 다양한 방법을 제공하면, 학생들의 정보 소유권은 확장된다. 스캐폴딩 설정이 제공되는 연습—다양한 멘토 · 게스트 또는 모델을 통한 지도, 숙달 지향 피드백, 실제 또는 새로운 상황에 대한 적용—을 통해 학생들은 브랜든(Brandon)의 교실에서 했던 것처럼, 다음의 예시에서 보여지듯이 목표를 향해 이동할 수 있는 기회를 갖는다.

브랜든이 담당하고 있는 중학생들은 협업 집단과 팀에서 일하는 것에 익숙하다. 그들은 또한 수업에서 다른 학생들과 함께 과제를 해결하는 데도 익숙하다. 사회윤리 수업 중 소집단으로 나누어졌을 때, 각 집단에는 지역사회의 초대 손님이 있었다. 브랜든은 경찰관, 상담사, 정신과 의사, 사회복지사, 시민 변호사 및 지역 노숙자 쉼터의 관리자를 초대하였다. 전날, 학생들에게 특정 시나리오와 관련하여 공정성, 존중과 관련된 윤리적 의사 결정에 관한 문제를 개략적으로 설명하였다. 그들은 초대 손님들에 대한 특정 질문을 준비했으나 누구에게 말할 것인지와 그 사람의 직업에 대해서는 알지 못하였다.

초대 손님들은 학생들에게 개요에 나와 있는 문제들과 실생활을 관련지어 제공하였다. 집단 토론 후, 브랜든은 집단이 대화 전에 가정한 사항과 그들이 배운 새로운 정보를 요약하는 검토 과정을 실시하였다. 그런 다음 브랜든이 전날 그 주제를 소개하기 위해 사용했던 사회윤리 모델을 재검토하여 그날 배운 것이 해당 모델과 어떻게 부합하는지 조사하였다.

브랜든은 학생들에게 사회윤리 개념을 사용하여 연습할 수 있는 기회를 제공하였다. 집단 토론, 초대 손님의 진술, 복습 그리고 사회윤리 모델 재검토를 통해 학생들은 추상적 주제에 대한 지식을 연습하고 강화시켰다. 이러한 연습이 그들의 정보 연결을 돕고 주제에 대한 지식에 더 자신감을 갖게 해 주었다.

신체적 표현 방식에 따른 다양한 선택 제공

UDL의 지침들 내에서, 신체 활동은 학생들이 지식을 표현하기 위해 제공되는 방법을 살펴본다. 일부 학생들은 장애로 인해 물리적 도구(예: 테크놀로지를 다루는 데 있어 마우스 대신 스위치를 사용)를 필요로 하며, 다른 학생들은 토론에 대한 참여를 향상시킬 수 있는 테크놀로지를 사용할 수 있다(예: 학생 대응 시스템). 이 지침은 다음과 같은 사항을 필요로 한다.

- 작업을 완료할 수 있는 시간 제공
- 정보에 반응하는 방법
- 참여 혹은 반응 방법

응답과 자료 탐색 방식 다양화하기

이 체크포인트 내의 '내비게이션(navigation)'이라는 용어는 학생의 응답을 위해 제공되는 옵션(예: 펜으로 작성해야 하는지, 컴퓨터, 테이프 레코더 또는 다른 조작 도구를 사용하여 동일한 정보를 공유할 수 있는지) 및 시간 요구 사항에 대한 옵션(예: 주어진 시간이 10분밖에 안 되는지, 추가 시간을 줄 수 있는지)에 대해 다룬다.

예를 들어, 베아트리체(Beatrice)는 7학년 학생들이 지진에 대해 공부할 때 고려할 수 있는 틱택토(Tic-Tac-Toe) 전략을 세우고 있다. 옵션 중 왜 대륙성 판이 움직이고 그것들이 지구상에 어떤 변화를 일으키는지를 보여 주는 포스터를 만드는 것이다. 원래 42×48인치 포스터 용지를 사용해 과제를 만들었지만 수업설계 고찰을 통해 포스터의 크기가 목표와는 상관이 없음을 언급하였다. 그녀는 필수적인 정보를 포함하고 학생들이 시각적으로 그 정보를 어떻게 표현하기를 원하는지 선택할 수 있도록 하는 루브릭을 포함하도록 수업을 수정한다.

이 체크포인트는 일부 학생이 컴퓨터나 다른 디지털 기기(예: 키보드, 적응형 키보드, 단일 스위치, 조이스틱)를 사용하는 데 필요할 수 있는 추가 하드웨어를 고려한다. 궁극적으로, 여러분은 교실에 있는 모든 학생이 그 정보에 반응하고 정보에 따라 움직일 수 있는 기회를 가지고 있다는 것을 확신하게 된다.

다양한 도구와 보조공학기기 이용 최적화하기

이것은 테크놀로지를 직접적으로 다루는 유일한 체크포인트이다. 학생이 하드웨어(예: 마우스, 키보드, 터치 패드 화면의 사용자 정의)에 대한 대안이 필요한지 여부를 결정하고 추가되는 하드웨어와 사용되는 소프트웨어 간의 인터페이스를 고려해야 한다. 장애학생에 대해서는 기록 교사(teacher of record)와 상의한다. 학생이 이미 사용하고 있는 기기나 도구 또는 다른 대안이 필요한지에 대해서는 부모와 직접 상의할 수도 있다. 다른 학생들은 보편적인 지원이 수업과 과제에 집중하는 데 도움이 된다는 것을 알게 된다. UDL을 사용하여 설계된 환경에서는 이와 같은 형식이 모든 학생에게 접근을 제공하기 위해 제공된다.

결론

행동과 표현의 원리는 학생들에게 그들이 알고 있는 것을 보여 줄 수 있는 기회를 제공하는 데 초점을 맞추고 있다. 체크포인트는 학생들이 알고 있는 것과 그들이 시연하고 있는 것 사이의 간극을 메우는 방법에 대한 구체적인 예를 제공한다. 학생들에게 그들의 지식을 보여 줄 수 있는 방법을 선택할 수 있는 옵션이 주어지면, 그들이 평가 또는 과제에 참여할 가능성은 더 높다.

> 여러분은 학생들이 숙제를 할 때 선택과 옵션으로 시작할 수 있습니다. 여러분이 학생들에게 선택권을 주면 그들이 숙제를 하기 시작할 것이라는 것을 알게 될 것입니다. 그들이 뭔가를 골라서 할 가능성이 있거든요. 그러면 교실의 역학관계가 바뀔 것입니다.
>
> —Kandice Castillo, 초등학교 교사

앤서니의 수업 다시 살펴보기

앤서니의 수업은 정수의 합에 관한 내용이었다. 주제를 다루는 첫날이었기 때문에, 그는 등장인물들이 숫자로 이루어진 짧은 만화 비디오를 찾아냈고, 정수가 무엇을 의미하는지에 대해 이야기하였다. 그 영상은 정수들을 수직선 위에 배치시키고 덧셈을 통해 어떻게 합쳐지는지 보여 주었다. 그는 각 학생에게 사용할 수 있는 수직선을 주고 폴더에 넣어 둔 다음에 활동지를 작성하게 했다. 학생들은 독립적으로 과제를 수행하였으며, 그는 질문이 있는 학생이 있는 경우 그 학생의 책상으로 갔다.

이것은 마치 UDL 수업처럼 들리지 않는가? 앤서니는 만화 비디오를 사용하였으므로 학생들은 참여할 수 있었다. 여기에 그들의 자리에서 수직선의 사용을 추가하였고, 학생들에게 정보를 보여 주고 있었던 것이 틀림없다. 그런 다음 활동지를 작성했다. 그것이 표현이다. 맞지 않은가? 이것은 UDL 수업임에 틀림없다.

다음은 이 수업에 관한 앤서니와의 인터뷰 내용이다.

루 이: 안녕하세요? 앤서니! 당신의 수업에 대한 몇 가지 질문에 답해 줘서 고맙습니다.

앤서니: 천만에요!

루 이: 왜 비디오 영상을 선택했는지 궁금합니다.

앤서니: 우리는 모두 아이들이 만화 비디오를 좋아한다는 것을 알고 있으며, 저는 그 만화가 정수를 소개하기에 적합하다고 생각했습니다.

루 이: 학생들이 아주 재미있어하던 것 같던데요. 당신은 곧이어 추가적인 지도를 하였고, 이후 학생들은 활동지를 풀었습니다. 왜 그런 활동을 선택했는지 말씀해 주시겠습니까?

앤서니: 음, 저는 항상 영상을 토대로 강의를 끌어냅니다. 그렇지 않으면, 저는 가르치지 않는 거나 마찬가지입니다, 그렇죠? 학생들이 제가 가르치는 것을 듣고 봐야 합니다. 그렇지 않으면, 저는 일을 하지 않는 것이지요, 그러고 나서, 저는 학생들이 그것을 이해하고 있는지 확인하고 싶어서, 그들에게 활동지를 주었습니다. 저는 성적표를 작성하기 위해 점수가 필요했고, 그 점수는 개인 점수여야 했습니다. 이렇게 하면 저는 학생들이 어디에서 시작했는지, 정수에 대해 학습한 이틀 동안 학생들이 얼마나 많이 성장했는지 알 수 있습니다. 모둠 활동을 하다 보면 모든 학생에게 공평하지 않을 수 있으므로 모둠 활동에 대한 점수를 주지는 못 합니다.

행동과 표현의 원리를 이용한 성찰

앤서니의 학생들은 수업 중에 자신의 지식을 입증할 기회가 있었다. 그는 "학생들이 지식을 습득했는지 알고 싶었다." 그래서 그는 활동지를 제공했다. 형성 및 총괄 평가에 대한 논의로 돌아가서, 이 표준화된 활동지(그의 모든 학생이 동일한 활동지를 받았다고 가정)는 학생들에게 유연성을 제공하지 못했다.

교실에는 활동지 사용이 여전히 널리 퍼져 있지만, 학생들이 지식 습득을 연습할 수 있는 다른 방법이 있다. 이 날은 정수 수업의 첫날이기 때문에 성적을 받는 것은 일부 학생을 좌절시킬 뿐이다. 단원을 공부하는 과정에서 진보 정도를 보여 줄 필요가 있다면, 학생들은 과제의 목적을 이해하고, 여러분은 정서(예: 평가에 응시하는 학생들의 기분)와 인지 능력(예: 평가) 사이에는 높은 연관성이 있다는 것은 인식하여야 한다(Immirdino-Yang, 2007). 학생들을 2인 1조로 작업하게 하고 정수로 게임을 하게 하는 것(예: 정수로 적힌 카드를 그리고 수직선으로 가는 곳을 찾아내는 것)은 신뢰와 지식을 구축하기 위한 좋은 첫 단계이다. 그들은 나중에 다른 팀과 게임하기 전에 서로의 지식을 지원할 수 있다. 수직선의 개념에 여전히 어려움을 겪고 있는 학생들을 위해, 여러분은 카드의 음수 끝과 음수 부호를 강조 표시할 수 있다. 이것은 표상을 위한 지침인 '이해를 위한 다양한 선택 제공'이다. 학생들이 숫자 순서를 개념화하는 데 어려움이 있다면, 주차 공간에 대해 생각해 보라고 하라. 해당 공간에 자동차를 주차하면 그것은 0이다. 만약 그것이 뒤로 물러서면, 다시 돌아와야 하는 길이는 증가한다. 그것들은 음수이다. 앞으로 당기면 길이 또한 증가한다. 그것은 양수이다(이해를 위한 다양한 선택 제공). 만약 성적표나 다른 자료 수집 자료가 있다면 앤서니는 여전히 형성평가 정보를 수집할 수 있다.

앤서니가 활동지를 사용하도록 강요받았다면, 학생들에게 쌍 또는 작은 모둠으로 작업하게 하여 활동지를 완성하게 할 수 있다. 정수를 사용하여 이야기 문제를 설계하는 각 모둠의 작업을 추가함으로써, 그는 학생들의 정보에 대한 깊은 지식을 활용하는 것이다. 더 많은 관심을 갖기 위해 그는 학생들에게 최고의 이야기 문제를 가지고 앞으로 과제, 퀴즈 또는 시험에 사용할 것이라고 말할 수 있다. 그는 교실을 돌아다니면서 그들의 이해에 대한 초기 사정 자료를 얻을 수 있으며 그 정보를 사용하여 다음 날 수업을 계획한다. 숙제는 정수를 사용하여 두 개의 이야기 문제를 더 만들어 내는 것을 포함할 수 있다. 이것은 앤서니가 개별적인 평가 정보를 수집하는 것을 가능하게 한다.

앤서니가 행동과 표현의 원리 하위에 존재하는 지침을 사용하면 학생들이 배운 내용과 그것을 어떻게 사용할 수 있는지를 보여 줄 더 많은 기회를 만들어 낼 것이다. 학생들은 자신의 시간과 학습을 체계화하는 방법을 배울 수 있지만, 그러한 기술을 시도할 기회가 주어질 때만 가능하다. 여러분이 학습 환경과 수업을 어떻게 구성하는가가 이 모든 잠재적인 기회를 형성할 것이다.

제3부

계획에서 수업까지

> UDL을 사용하여 교사는 의도적으로 엄격하고 타당하며 선택과 다양성을 제공하는 수업을 설계합니다. 이것은 그곳에 있는 것이 행복하고 행복함을 얻고 있는 행복한 아이들을 이끌어냅니다.
>
> –Libby Arthur, 고등학교 사회 교사 겸 사회 교과부장

리비(Libby)의 교실을 방문했을 때, 필자는 세 가지를 발견했다. 수업 목표는 칠판에 적혀 있었고, 수업 시간의 과제도 칠판에 쓰여 있었으며, 모든 학생은 소집단 학습 활동을 하고 있었다. 학생들은 독립전쟁에 대해 이미 알고 있는 사실을 공유하고 있었고, 단원의 끝부분에서 알아야 할 어휘를 공동으로 정의하였다. 어떤 학생들은 이 정보를 공책에 적었고, 일부 학생은 두 대의 교실 컴퓨터 중 한 대를 사용하고 있었다. 학생들은 같은 활동을 하고 있었지만, 문서에 답을 입력하고 있었다. 수업이 끝날 때까지 각 모둠은 다가오는 프로젝트에 대한 모둠원별 역할과 작업 일정을 결정했다.

다음 날 같은 교실에 간 필자는 칠판에 적힌 같은 수업 목표와 새로운 과제를 발견하였고, 학생들이 책을 읽고 있는 것을 보았다. 하지만 학생들은 혼자서 읽을 필요가 없었다. 일부 학생은 독립적으로 일반 서적을 읽고 있었다. 다른 학생들은 같은 iPOD에 헤드폰을 연결하여 교재의 내용을 듣고 있었다. 두 학생이 동시에 강조된 단어들을 볼 수 있도록 컴퓨터를 통해 교재의 내용을 듣고 있는 동안, 또 다른 몇몇 학생은 둥글게 모여서 서로 책을 소리 내어 읽고 있었다. 필자는 두 학생이 책의 내용을 소리 내어 읽지는 않았지만, 그들이 모둠의 일원이라는 것을 알았다. 이 활동을 20분 동안 지속하였고, 학생들은 모둠으로 돌아와 어휘를 업데이트하고 수업 시작 전에 소개된 프로젝트 계획을 세우기 시작했다.

가장 인상적인 것은 이 각각의 날들이 완전히 다르게 구성되어 있다는 점이다. 연속적인 부분이 목표였다. 학생들의 학습을 뒷받침한 것은 환경이었다. 두 가지 안에는 학생들이 접근할 수 있는 수업의 설계, 안내된 과제, 다양한 자원들이 얽혀 있었다. 이 세 가지 구성 요소가 합쳐져 리비는 활기차고 생산적인 환경을 조성하였다.

UDL은 본질적으로 설계에 관한 것이며, 그것이 바로 제3부에서 다루는 내용이다. 즉, 공간을 설계하고 그 공간 내부에서 일어나는 일을 처리하는 데 필요한 자료에 관한 내용을 다룰 것이다. 제6장에서는 여러분이 이용할 수 있는 자료 또는 자원을 다룬다. 여러분이 이미 무엇을 소유하고 있고, 그것을 어떻게 사용하는지에 대해 생각하는 것이 권장된다. 더 많은 학생의 요구를 충족시키기 위해 이러한 활용을 확대할 수 있는가? 이 장에서는 학습 환경에 대해 더욱 철저하게 논의한다.

제7장은 목표 작성이라는 주제로 시작한다. 목표는 여러분이 학생들을 위해 발견한 결과물과 수업을 이끌어 주기 때문에 주의를 기울인다. 목표를 명확히 함으로써 능률적인 수업을 보다 효율적이고 효과적으로 제공할 수 있다. 또한 수업 계획을 시작할 수 있다. 수업 계획 형식이 많으므로, 이 교재에서는 필수적인 학습 단원, 왜 그것들이 중요한지, 계획하는 동안 해결할 수 있는 수업의 장애물에 중점을 둔다. 수업 계획 설계를 원하는 사람들을 위해 CAST의 UDL 변환, 특히 수업 계획 설계 도구에 대해 논의하고자 한다.

제3부에서는 프레임워크, 원리, 지침 및 체크포인트에 대한 지식과 실제 수업을 향상시키거나 개선하는 데 사용할 수 있는 방법에 관해 설명한다. UDL 수업을 설계하고 있는지 또는 'UDL 방식'으로 수업을 진행하는지를 측정할 수 있는 도구가 없으므로 "내가 그것을 하고 있는지 어떻게 알 수 있는가?"라는 질문은 "내가 UDL을 최대한 사용하고 있다는 것을 어떻게 알 수 있는가?"로 바뀐다. UDL 프레임워크를 사용하여 수업을 설계할 때 자신과 다른 사람들에게 물어볼 수 있는 일곱 가지 성찰 질문을 제시하였다.

제6장

학습을 고려한 설계

> 저는 책의 모든 것과 정보가 가능한 파일을 가지고 있고, 그 모든 것들 속에서 길을 잃곤 했습니다. 이제 제가 가지고 있는 것과 제가 사용하고 싶은 것에 대해 생각해 보았습니다. 저는 학생들이 어떻게 그것을 경험하고, 어떻게 표상하고, 어떻게 알고 있는지를 나에게 보여 주기를 원합니다.
>
> –Kathy Denniston, 초등학교 5학년 교사

이용자가 직접 자원을 파악하면 환경을 설계하든, 수업을 설계하든, 아니면 여러분이 가진 자원에 다른 자원의 추가를 고려하든 관계없이 선택과 기회를 줄 수 있다. 최고 학습이 이루어질 수 있도록 모든 학생이 학습에 접근할 수 있는 학습 환경을 설계해야 한다. '학습 환경'이라는 용어는 학습이 발생하는 공간을 말하며, 이용 가능한 도구, 자원 및 계층을 사용하여 공간의 방향을 지정하고 구성한다. 더불어, 이러한 것들은 UDL의 이행을 뒷받침한다. 학습의 장벽은 환경에서 비롯될 수 있다. 여러분의 학습 환경과 수업은

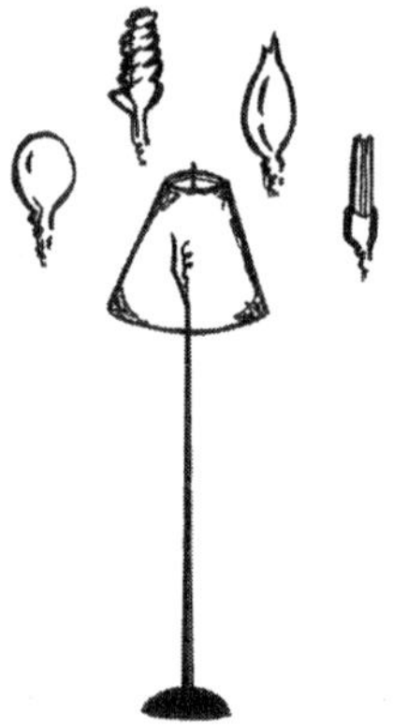

여러분이 이용하는 도구, 자원, 전략만큼만 풍부할 것이다. 여러분의 공간과 공간 설계는 어떻게 구성되는지를 살펴보겠다.

만약 방을 밝게 하고 싶다면, 전등을 하나 사야 한다. 그것을 방의 어느 곳에 놓을지, 어떤 모양일지, 그리고 당신이 원하고 필요한 만큼의 빛의 양을 결정해야 한다. 하지만 전등이 제대로 켜지려면 올바른 전구를 선택해야 한다. 전구를 잘못 끼우면 너무 많은 열이 나서 전등의 갓이 손상되거나 공간에 빛이 거의 들어오지 않을 수 있다. 그러나 알맞은 전등에 끼워진 알맞은 전구는 매력적이고 실행 가능한 환경을 만들 수 있다.

당신의 설계 결정이 적절하게 맞춰진 전등과 전구를 잘 확보하는 것처럼, 설계 결정은 접근과 도구, 전략 및 자원의 사용을 통해 설계된 학습 환경의 구안을 보장한다. 도구, 자원 및 전략은 학습 환경에 추가되거나 학습 환경에서 제거되기 때문에 설계의 중심에 무엇이 있는지 파악하는 것은 매우 어렵다.

사용 가능한 항목 고려

다음 몇 분 동안, 여러분의 집에 있는 음식 저장실을 고려하라. 그곳에 무엇이 있고, 마지막으로 재고를 조사한 것이 언제인가? 여러분들 중 몇몇은 극도로 조직적이지만, 우리 대부분은 아마 그렇지 않을 것이다. 식료품 저장고가 한곳에 있건 아니건 간에, 여러분이 쓰지 않는 종이 팩이 주방 곳곳에 펼쳐 있건 간에, 여러분이 가지고 있는 것을 아마 기억하지 못할 것이다. 물건들은 먼지를 뒤집어쓴 채 구석에 몰려 있고, 잊힌다. 콩 통조림, 마시멜로 봉투, 그리고 파스타 상자가 그늘진 장소에서 오랫동안 있었던 것처럼 보인다.

그것들은 여러분이 페인트칠을 하거나, 부엌을 재정비하거나, 여러분이 갈망하는 달콤하거나 짭짜름한 간식을 찾을 때 드러난다. 그러나 잊어버린 물건을 발견하자, 그것으로 할 수 있는 요리에 대한 아이디어가 떠오른다. 당신은 선택의 폭을 넓힐 것이다.

교실에 어떤 자원이 있는지 아는 것이 훨씬 더 가치 있다. 만약 여러분이 한동안 교직에 있었다면, 아마도 책, 바인더, 그리고 오래된 수업 계획서로 가득한 파일들을 가지고 있을 것이다. 아이디어, 회의 자료, 기사와 게임들이 서랍, 캐비닛, 그리고 책장 위의 일반 서적들 뒤에 놓여 있다. 여러분이 가르치는 것에 처음이라 할지라도, 여러분은 한 학기 동안 받게 되는 교과과정 자료 및 자원을 가지고 있을 것이다. 주방의 식료품 저장실과 유사하게, 이런 것들이 당신이 교실을 이동하거나 여름 학습을 위해 물건들을 싸야 할 때까지 다시 드러나지 않지만, 일단 그것들을 발견하면, 그것들은 금광에 비견된다.

자원 매핑(mapping)(Center for Mental Health, 2006)이라 불리는 활동은 여러분이 가지고 있는 것과 접근할 수 있는 것을 알아내는 것으로서 선택권을 제공할 것이다. 자원 연결은 일반적으로 학교 또는 지역 수준에서 이루어진다. 시간이 지나면서, 한 집단의 사람들이 어떤 자원(즉, 비용, 사람, 프로그램, 서비스, 시설)이 현재 사용되고 있는지를 확인하고, 그 자원들이 어떻게 사용되고 있는지를 목록이나 지도로 작성한다. 확인된 필요성에 기초해, 특정 자원이 사용되는 방법을 변경할 필요가 있는지, 특정 자원 뒤의 목적이 도구, 자원 및 전략을 쓰고 있는지 여부를 결정한다. 지금은 이러한 것들을 모두 함께 묶어서 자원이라고 부르겠다.

만약 여러분이 자원을 조사한다면, 학습 환경과 수업을 위한 새로운 선택을 고려할 수 있어야 한다. 학습 환경 내에서, 여러분의 정체된 욕구는 일관적이고 영속적인 접근성이다. 교육 계획 내에서 확인된 필요성은 환경 및 교육을 설계할 때 매핑이 실행된다는 것이며, 자원 이용자가 작년에 산 학생용 디지털 기기와 방문 전문가가 포함될 수 있다는 점을 잊지 말아야 한다.

자원을 나열하는 데 사용하는 형식은 의사 결정 방법, 가르치는 등급 수준, 가르치는 데 적합한 수준에 따라 달라진다. 또한, 이것은 1년 정도의 시간이 걸릴 것이다. 그 자유를 자신에게 주어야 한다. 이 활동의 목적은 여러분이 무엇을 가졌는지를 알고 학습 환경과 수업을 설계하는 데 있다.

여러분이 가지고 있는 것을 나열할 때, 여러분은 자신이 원하는 대로 구체적이거나 넓게 할 수 있다. 여러분 중 일부는 책과 기사 제목, 바인더 라벨링, 그리고 아이템과 같은 그룹화를 함께 나열하는 것으로 갈 것이다. 모든 것이 방에 퍼져 있고, 여러분이 가르치는 것으로 생각하는 방식에 잘 맞는다. 어느 쪽이든 좋고, 어떤 쪽도 다른 쪽보다 낫지 않다. 이 책은 UDL에 관한 것이며 우리가 운영하는 방식에 따라 다양하기 때문에, 자원 매핑에 관한 이 장은 여러분의 도구, 자원 및 전략을 확인 · 관리하는 방법에 대한 제안을 제공한다. 궁극적으로 자원을 구성하고 참조할 수 있는 가장 좋은 방법을 선택한다.

〈표 6-1〉 〈표 6-2〉 및 〈표 6-3〉은 소유하고 있는 것을 식별할 방법과 보관 위치에 대한 몇 가지 아이디어를 제공하는 세 가지 양식을 보여 주고 있다. 다시 한 번 강조하지만, 자원을 식별하고 구성하는 방법은 사용자 자신이 선호하는 것이다. 항목의 설계나 그룹화에 동의하지 않을 수 있다. 한 장의 종이

〈표 6-1〉 초등학교 매핑

구분	영어/ 언어	수학	과학	사회	건강	휴식	특정 위치 (예: 책거리)
참고자료							
교수전략 관련 책들							
개인 소유의 소프트웨어							
전원 연결이나 배터리가 필요한 것							
특별한 조작을 필요로 하는 과목							
학생 소유의 테크놀로지							
기타 자원							

〈표 6-2〉 중학교/고등학교 매핑

구분	주제/기간	주제/기간	주제/기간	주제/기간	주제/기간	주제/기간	주제/기간
참고자료							
교수전략 관련 책들							
개인 소유의 소프트웨어							
전원 연결이나 배터리가 필요한 것							
특별한 조작을 필요로 하는 과목							
학생 소유의 테크놀로지							
기타 자원							

〈표 6-3〉 교실 매핑

제안된 아이템		당신의 아이템	교실에서의 위치
관련 자료들	특별한 주제: 특별한 전략:		
교수 책들	특별한 주제: 특별한 전략:		
개인 소유의 소프트웨어	특별한 주제:		
전원 연결이나 배터리가 필요한 것	오디오(예: 테이프 레코드) 비주얼(예: 오버헤드) 태블릿 노트북 계산기 기타 등등		
주제 특정 전략	1. 2. 3.		
학생 소유의 테크놀로지	1. 2. 3		좋아하는 것들 폴더/드라이브/USB
웹 기반 자료들	이름 이름 이름 이름		

에 물건을 나열하는 것이 더 쉬울 수도 있다. 새 파일 체계를 생성할 수 있다. 무언가를 찾았으면, 잊지 않을 수 있어 적어 놓을 필요가 없을 수도 있다. 이 실행은 ① 원래 정의된 사용에 대해 생각할 수 있게 하려고 알고 있어야 하며, 자료가 학습자에게 장벽을 만들어 주는지, 아니면 ② 자원에 필요한 다양한 방법을 제공한다.

사용 중인 도구와 자원을 명확하게 파악하고 원하는 전략을 알면 해당 학습 환경의 설계에 영향을 미친다. 현재 교육 환경을 개선하고 있다면 교육 환경이 이미 만들어졌거나 변경되지 않았을 수 있다. '완벽한 환경'이라고 말하지 않았다는 것에 주목하라. 완벽한 환경이란 없기 때문이다. '완벽한'의 의미는 완성되었다는 것을 의미하며, UDL의 실행은 절대 끝나지 않는다. 이것은 제2장에서 설명한 다양한 학습자 개념으로 거슬러 올라간다. 일부 항목(예: 공간, 특정 벽 포스터, 교실 컴퓨터의 배치)은 제자리에 남아 있지만, 학생들에게 사용하도록 요청하는 '방법'과 '왜' 사용하는지는 변경될 것이다.

선택된 자원은 어떤가

많은 교사, 특히 일반적인 교육 환경에 있는 교사는 자신의 부서, 학년 수준 또는 팀에 의해 채택되는 교과목을 갖추고 있다. 이런 자료들은 흔히 교과서에 첨부된 형태로 나온다. 이러한 준비된 교육과정은 대안적인 아이디어를 무시하거나 현재 및 역사적 인물, 장소, 활동 및 사건에 대한 관련 표상을 제공하도록 하는 역사적 · 사회적 · 문화적 맥락에서 유래한다. 그들은 특정한 개념이나 교육적 방법을 배울 수 있으며, 대부분은 개혁에 기초한 표준이나 실행에 따른다(Beyer & Davis, 2011).

이러한 각각의 말들은 여러분이 어떻게 교과과정을 진행하는지에 영향을 미친다(Cohen & Ball, 1999). 또한, 이러한 자원을 해석하기 위해 자신의 신념, 경험 및 지식을 사용한다(Beyer & Davis, 2011; Brown, 2009; Remilard, 2005). 여기에 앞서 설명한 자원의 초과가 추가되고, 이에 따라 여러분과 채택된 자료 사이의 관계가 변화한다. 채택된 재료를 강화하고, 늘리고, 깊게 할 수 있기 때문에 이러한 관계는 협력 관계 대 규범 관계가 된다(Beyer & Davis, 2011). 이러한 협력 관계는 UDL 프레임워크 사용자가 사용하는 전제 조건이다.

한때 교사는 단순한 전달자로 여겨졌다. 이제 교사는 적극적인 의사 결정자, 계획자, 설계자로 인식되고 있다. 특정 방법으로 특정 교육과정을 따라야 하는 환경에서도 다른 자원을 통합하여 해당 교육과정을 강화할 수 있다. 이것은 어떻게 자원을 선택하고 학습 환경을 설계하는지에 초점을 맞춘다.

만약 학생이 있을 때 다른 교사들의 교실을 방문할 기회가 있었다면, 여러분은 밖에서 다양한 환경을 보았을 것이다. 우리는 모든 학생이 우리가 하는 방식으로 학습하는 것에 우리의 학습 선호도를 예시하지 않을 수 없다. 일단 우리가 개인적인 구조물 밖으로 나가게 되면, 학습 세계는 학생들을 위해 열릴 수 있다.

학습 환경

> 당신은 먼저 학습 환경을 만들어요. 일단 그걸 이루고 나면, 그 안에서 수업이 진행될 것입니다. 학습 환경은 여러분이 각각의 수업의 목표를 충족할 수 있게 해 줄 것입니다.
>
> —George Van Horn, 특수교육 관리자

제2장에서는 학습이 이루어지는 물리적 위치, 학생이 이용할 수 있는 자원, 그리고 수업 설계를 포함하는 학습 환경을 정의하였다. 좀 더 명확히 하기 위해서 널리 사용되는 뷔페의 예를 들어 보자.

완벽한 뷔페라고 생각해 보자. 가격이 적당하고, 음식이 신선하고 맛있으며,

그 식당은 행복한 사람들로 가득하다. 의자와 부스는 편안하고, 뷔페에서 앞뒤로 움직일 수 있는 테이블이 많으며, 직원들이 환영하고 있고 주변 환경도 쾌적하게 둘러볼 수 있다. 여러분이 싫어하는 음식도 있지만, 당근과 상추 같은 음식과 마카로니, 고기 혹은 여러분의 입맛을 사로잡는 많은 음식을 발견할 수 있다.

여러분은 좋아하는 음식을 선택할 수 있고 싫어하는 음식은 건너뛸 수 있다. 여러분은 건강 목표를 알고 있기 때문에, 한 번 또는 두 번 정도는 현명한 선택을 할 수 있다. 특정한 음식에 알레르기가 있거나 민감한 반응을 보인다면, 자신이 알고 있는 것을 피하고, 다른 것을 가려내기 위해서 웨이터에게 물어본다. 그것이 뷔페이기 때문에, 당신은 낮이나 주중의 다른 시간에 올 수 있고, 이 체험과 당신이 가장 좋아하는 음식인 그곳에 있을 것이라는 것을 알 수 있다.

뷔페 형식의 비유는 접근과 개인적인 목표 설정 및 의사 결정의 문제를 보여 준다. 더 중요한 것은, 뷔페의 비유가 좋은 학습 환경을 보여 준다는 것이다. 왜냐하면 그것은 매일 같은 방식으로 같은 다양한 선택권과 지원을 제공하기 때문이다. 이것들은 제공된 음식이나 음식을 구매하는 손님에 따라 만들어지는 개조나 숙소가 아니다. 뷔페는 걸어 들어오는 모든 고객이 최상의 경험을 하고 돌아가고 싶게 하려고 이런 식으로 만들어졌다. 다음 단계는 이것을 여러분의 교실로 옮기는 것이다. 교실을 세 가지 구성 요소로 나누었다. 적응하는 것, 선택하는 것, 그리고 여러분이 필요로 하는 것이다.

적합성

적합성은 정서적 네트워크, 즉 참여의 원리와 관련이 있다. 여러분이 거기에 적응할 때, 여러분은 자신이 있는 곳에 관심이 있고, 여러분이 있는 곳에 있는 것을 즐기고, 무엇을 하고 싶어 한다. 현재의 활동에 완전히 참여할 수 있기 때문에, 여러분은 그곳에 있기를 원한다. 자신이 임무를 수행하지 않을 때와 목표를 고수하거나 관심을 지속하는 데 도움이 될 만한 것을 알아차리면서 자신의 중재 정도를 측정한다. 여러분이 환경에 적응할 수 있다고 느끼는 것은 여러분으로 하여금 배우도록 만든다. 여러분의 뇌는 준비가 되어 있다(Rose & Meyer, 2002).

제3장에서 더 많이 논의되는 정서적 네트워크는 학생들이 경험하고 있는 것이나 배우고 있는 것을 해석하는 방법에 대해 협상한다. 학생들의 학습 능력은 그들 자신의 감정, 욕구 및 기억에 직접적인 영향을 준다. 그렇기 때문에 정서적 네트워크와 관련하여 학습 환경의 설계에 세심한 주의를 기울이는 것이 중요하다.

뷔페의 예로 돌아가면, 여러분이 가장 좋아하는 음식이 있고, 그 음식은 신선하고 맛있게 준비되었다. 여러분은 배가 고프기 때문에 그곳에 있지만, 음식의 질과 식당 분위기는 여러분이 머물지 않을지에 결정적인 영향을 미친다. 만약 식당이 음식의 질, 청결, 소음 수준, 직원들의 친근함과 편안함에 대한 요구를 만족시키지 못한다면, 여러분은 아마도 떠날 것이다. 그것이 문제가 될 수 있는 뷔페의 한 가지 부분이다.

여러분 앞에 이 모든 음식이 놓여 있고, 여러분이 원하는 것을 모두 먹어 치울 수 있다. 당신은 아마도 건강에 대해 염려하거나, 육류나 알레르기 혹은 특정 음식에 대한 민감성 때문에 제한된 식단을 가지고 있을 수도 있다. 여러분은 너무 많은 특정한 종류의 음식이 여러분의 복통을 일으킬 수 있다는 것을 알고 있다(비록 당신이 그것의 맛을 좋아하더라도). 여러분은 자신을 안내하기 위해 자신의 고유한 추동체(drivers)를 사용해야 한다. 여러분이 뷔페에 있을 때, 이미 알고 있는 정보에 기초하여 선택해야 하고, 어떻게 접근(예: 영양 도표 또는 성분 목록을 직원에게 질문하는 것)하는지를 이해해야 한다. 자신의 건강에 대해 긍정적인 선택을 하면 할수록, 건강한 몸을 만들기 위해 더 많은 힘을 가지게 된다.

여러분이 능력 있는 선택을 하고 싶다고 해보자. 뷔페에 갈 것임을 알기 때문에, 이번에는 식이 목표를 지원해 주는 친한 친구를 초대하고, 그는 매번 식사할 때마다 훌륭한 영향력을 행사할 것이다. 몇 달 후면 여러분은 올바른 결정을 내리는 데 도움이 되는 일련의 기술이나 내장 드라이버를 얻게 될 것이며, 심지어는 잘못된 결정을 내리는 사람도 눈앞에 있을 것이다.

앞의 예는 참여의 원리와 관련하여 예상되는 결과를 보여 준다. 학생들이 어떤 환경에 적응할 기회를 받도록 학습 환경을 설계할 때, 그들은 훈련된 연습과 지원을 통해 자기 규제에 대해 이해를 하게 된다.

스캐폴딩은 학생들이 처음에 새로운 기술을 연마할 때 도움을 주는 임시적 지원에 사용되는 용어이다. 이 앞 문장에서 가장 중요한 단어는 임시적이라는 것이다. 만약 스캐폴딩 설정이 장기적이거나 영구적이 되면, 학습자는 스캐폴딩에 의지하게 되고 그 또는 그녀의 기술을 습득하지 못할 것이다. 하지만 스캐폴딩은 빨리 떼어 낼 수 없고, 학생들의 기량도 향상되지 않는다.

칸디스(Kandice)의 이야기

나는 네가 가르치면서, 학생들이 너에게 무엇을 줄 것인지, 너에게 무엇을 줄 수 있는지 재빨리 알게 될 것으로 생각한다. 이상향에서는 "여기에 당신의 계획이 있어요."라고 말하면 그들이 그렇게 할 것이다. 하지만 그것은 한 번도 그렇게 된 적이 없다.

9주 초에 학생들에게 독후감을 쓰도록 하였다. 독후감을 9주 후에 제출하기로 하였다. 큰 목표는 그들이 수준 높은 기업가 책을 성공적으로 읽고 그 책에 대한 정보를 공유하는 것이었는데, 이는 그들이 상황을 이해할 수 있게 해 주었다. 나는 학생들에게 그들의 독후감에 다양한 선택 사항들을 주었다. 그리고 우리는 각각의 학생들이 그 과제를 이해하고 적절한 책을 선택하도록 하는 것에 대해 회의를 가졌다([그림 6-1] 참조).

독립적인 독서를 할 수 있는 시간도 있었고, 시간을 낭비할 수도 있었지만, 집에서 책을 읽을 필요가 있었다. 집에서는 그런 일이 일어나지 않을 것이고, 나는 다른 교사와 팀을 이루었고, 그녀는 그의 책을 읽는 모습을 녹화할 수 있었다. 독립적인 독서를 하고 있을 때, 그는 독립적으로 테이프를 들을 수 있었다, 그래서 그는 여전히 그 내용을 얻고 있었다. 심지어 책이나 프로젝트도 그렇다. 나는 이 스캐폴딩을 그가 성공적이고 큰 아이디어를 낼 수 있도록 만들어야 한다고 생각하였다.

그는 여전히 그 프로젝트와 관련한 지도가 필요하였다. 그는 구성요소(diorama)를 하고 싶어 하였다. 다시 한 번 말하지만, 그가 집에서 해내지 못할 것이고 재료에 접근하지 못하리라는 것을 알고 있다. 나는 그에게 신발 상자, 하드보드지를 제공했고, 그는 그가 이야기에서 배운 것을 사용해서 구성요소를 만들게 했다. 그는 배에 집중하기를 원했고, 그래서 나는 그것이 물 때문에 푸른색을 가졌는지 확인하였다. 그는 책을 읽고 재료를 구하기 위해 도움이 필요했지만, 그러한 자료들을 가져가 거기서 떠나는 것은 그의 몫이었다. 그가 생각하게 하기 위해서 나는 그를 약간 도와주었다. 그것은 그에게 성공하기 위한 발판이었다.

프로젝트 기한이 되었을 때, 학생들은 프로젝트에 대한 자부심, 책임감, 그리고 소유권을 갖게 되었다. 그들이 원하면 참석할 수도 있고 통과할 수도 있었지만, 모두가 그들이 한 일을 발표하고 싶어 하였다. 이 남학생 역시 자신의 것을 발표하였다.

독후감

초등학교 5학년 1학기를 끝으로 학생들은 9주 동안 읽은 책에 대한 독후감을 완성하게 된다. 학생과 교사는 이 프로젝트를 위해 읽을 수 있는 책에 동의할 것이다.

요구 사항: 학생들은 보고서를 완성하기 위해 읽기 수준의 책을 읽어야 한다. 책은 2012년 11월 1일까지 정해져야 한다.

독후감 마감일은 2012년 12월 14일이다.
독후감은 100점을 받을 가치가 있다(읽기 등급의 15%).

- 프레젠테이션(요구, 단어들, 정확하게 쓰인 단어들, 프로젝트에서 발견된 책의 제목, 프로젝트가 책에 대한 정보를 표시하고, 프로젝트는 책 읽는 것의 이해를 증명함) 50점
- 세 가지 본질적인 질문에 답하기(문제에 대한 완벽한 답변 제공) 20점
- 창의성 10점
- 선택한 프로젝트에 대해 모든 요건을 충족함 10점

- 완성 5점
- 책 읽기 수준 5점

학생은 다음 질문에 답해야 한다.

1. 무슨 책을 읽었고, 왜 읽었는가.
2. 어떤 프로젝트를 선택했는가? 그리고 그 이유는?
3. 가장 좋아하는 장은 무엇이었는가? 책에서 나온 페이지 번호와 특별한 예를 사용하여 설명하시오.

단계별로 다음 옵션 중 하나를 사용하여 선택한 책을 나타내는 프로젝트를 산출한다.

1. 게시판/포스터 보드를 만들어 책의 다양한 이벤트를 표시한다(등장인물 이름, 설정 및 이야기 구성이 포함된 범주 포함).
2. 모든 이야기의 주요 사건들을 기록하는 연대표를 만든다(이야기의 등장인물과 설정 포함).
3. 이야기의 주요 설정 중 한 가지의 구성요소를 만든다(이야기의 주요 구성요소와 함께 대화 상자에 등장인물을 넣어라. 구두 상자 또는 작은 편지 상자를 사용한다).
4. 퀴즈 게임을 만든다(뒷면에 답이 있는 이야기, 등장인물, 설정 등에 대한 질문을 하는 조각과 기타 카드로 게임 보드를 만든다).
5. 모든 이야기를 요약한 인형극을 만든다. 인형을 만들어 이야기의 등장인물을 보여 준다. 줄거리는 책의 배경 중 하나를 보여 주는 배경을 포함한 책의 사건들을 통합할 필요가 있다).
6. 노래나 랩을 만들어서 처음부터 끝까지 이야기를 요약한다(주요 등장인물/설정/문제/해결을 포함하여 이야기의 사건에 관해 설명하는 노래를 하거나 랩을 한다).
7. 책 읽기로부터 주요 구성 요소를 공유하는 모바일을 만든다(이야기에서 사건을 설명하는 노래를 부르거나 랩을 한다(이야기의 등장인물, 설정 및 주요 사건 포함).
8. 그 책을 위한 새로운 책 표지를 만든다(책의 등장인물, 배경, 주요 사건을 포함).
9. 여러분의 책을 위한 자신의 증강된 독자 시험을 만든다(자신의 책에 대한 20개의 객관식 질문을 포함. 세 가지 선택이 있는데 한 가지 선택이 정답임).
10. 자신이 읽은 책에 대한 보고서를 쓴다(보고서는 손으로 직접 수정하거나 적어도 두 쪽 이상 입력할 수 있으며, 책의 저자, 등장인물, 설정, 줄거리, 문제 및 해결책을 책에 포함해야 한다).

[그림 6-1] 칸디스의 수업 예시

칸디스의 예는 프레임워크에 대한 몇 가지 정확한 연결을 제공하고, 다양한 학습자가 자신의 환경을 어떻게 접근할 수 있도록 설계되었는지를 보여 준다. 그녀의 수업 계획과 다소 중복되는 부분도 있지만, 그녀의 이야기에는 환경의 유연성을 보여 주는 핵심 요소들이 있다.

비록 이 이야기가 한 남학생의 요구에 초점을 맞춘 것이었지만, 그는 학습 장애가 있는 것으로 알려진 남학생은 아니었다. 대신에 칸디스는 이 학생이 재구성된 책과 교과서를 바탕으로 한 책을 비교할 수 있는 융통성이 필요하다고 결정하였다. 그녀에게 이것이 수정되어야 한다고 제안하는 개별화 교육계획이 없었다. 이 결정은, 학생들이 이 단원의 목표에 부응하기 위한 동등한 욕구와 필요성에 기초하여 내려졌다. 그는 그 목표를 달성하기 위해 다른 방법이 필요했지만, 이 동료들에 대해 요구되는 수준의 이해력을 보여 주기 위해서는 인내가 필요하였다. 이것은 표상의 원리 중 '언어 · 수식, 기호의 해독 지원하기'와 연결된다. 또 이 남학생이 임무를 완수하지 못할 것을 알면서 임무 수행에 경험했을지도 모르는 위협을 줄였다.

다음으로, 그녀는 학생들이 그들의 일반 서적을 읽을 수 있는 시간을 수업 시간 동안 제공하였다. 이 남학생은 그 시간 동안 책의 내용을 들을 수 있었다. 그녀는 5학년 학생들이 자신의 실행 기능을 중심으로 체계를 구축하는 것(즉, 시간을 적절히 사용하여, 가용한 자원을 사용하고, 그들 자신의 발전을 모니터링할 수 있는 도구를 그들에게 제공하는 목표 설정)이 필요하다는 것을 깨달았다.

또 다른 예는 칸디스가 그 회의를 이용하는 것이다. 이런 식으로 그녀는 학생들의 결정을 감시하고, 그들이 그들의 수준에서 책을 선택했는지, 그리고 그들이 독후감에 필요한 자원(자료)을 가졌는지를 확인하고, 그들의 프로젝트를 진척시킬 수 있다. 여기서도 칸디스는 학생들이 그들의 실행 기능을 기반으로 구축하는 것을 돕는 데 행동과 표상의 원칙을 적용하였다.

비록 그의 동료들은 그가 구두시험을 지지할 필요는 없었지만, 이 남학생은 그의 동료들과 동등하다는 것을 알면서도 그 환경 안에서 기능할 수 있었다. 그는 그렇게 하도록 지지받았기 때문에 학업적 · 사회적으로 모두 적합하였다. 칸디스는 인쇄물에 접근하는 스캐폴딩을 제공했지만, 목표를 변경하지는 않았다. 이 젊은이가 했던 것처럼, 만약 여러분의 학생들이 사회적 지원을 통해 어울리는 소속감을 경험한다면, 그들은 목표를 세우고 교육적 가치를 공유할 가능성이 더 크다(Dotterer & Lowe, 2011).

선택

선택은 모든 뇌 네트워크와 원리를 포함한다. 학생들이 자신의 학습(즉, 참여 및 정서적 네트워크)과 연결하는 방법에 대한 선택권을 받고, 지식을 소비하고(즉, 표상 및 인지적 네트워크), 그들의 지식을 보여 주며(즉, 행동과 표현 및 전략적 네트워크), 더욱 반응하게 된다(Rose & Meyer, 2002). 선택의 개념은 교사들이 고려하기 어려울 수 있다. 우리는 우리가 가르치고 교실을 관리하고 학생 수에 대해 생각하기 시작한다. 환경을 설계할 때 이러한 패턴이 어떻게 접근하기 쉬운지를 확인할 수 있으며, 학습 환경을 설계할 때 그러한 구조를 포함할 수 있다.

예를 들어, 여러분은 교실에서 공간(station)을 사용하는 것을 즐길 수도 있지만, UDL 프레임워크와 이러한 학습 장소의 설계를 비교할 때 학생들이 듣기 장소에서 학습에 장벽을 경험하고 있다는 것을 발견할 수 있다. 듣고 말하지 않는 것이 규칙이라고 하자. 이 설계는 몇몇 학생에게 방해가 된다. 이 이야기를 이해하기 위해 추가적인 도움이 필요한 학생들은 그들의 동료 학생들에게 질문할 수 없다. 대신, 그들은 기다려야 하므로, 그들을 학습 및 정보에서 분리해야 한다. 공간의 기본 구조를 변경하지 않고는, '질문을 하거나 할 수 없다.'는 규칙을 추가할 수 있다. 학생들은 테이프 리코더와 스티커 메모에 접근하여 즉석에서 질문하거나 쓸 수 있다. 이런 식으로, 학생들은 자신들의 질문을 다른 사람들과 토론을 제공할 수 있는 대화 장소로 가져갈 수 있다. 이것은 선택권을 지원할 뿐만 아니라, 학생들이 이 이야기를 듣고 있을 때 이 문제에 대해 생각하고 학생들이 주도하는 토론에 참여하도록 장려한다.

뷔페로 돌아가서, 선택을 할 수 있는 능력은 당신이 돌아갈 수 있는지 혹은 아닌지에 있어서 매우 중요하다. 음식들은 명확하게 라벨이 붙어 있고, 여러분은 자신의 식단과 잠재적인 알레르기 혹은 민감성 요구를 체크할 수 있고, 여러분은 좋아하는 음식만을 선택할 수 있을 것이다. 안내판을 읽을 수 없다면, 친절한 직원이 음식을 설명해 줄 수 있다. 하지만 음식을 고르는 것 외에, 여러분은 원하는 두 번째 것을 선택할 수 있다. 그리고 여러분이 선택하는 음식은 학생이 어떤 과목에 대해 배우는 데 사용할 전략, 도구 혹은 자원을 선택하는 것과 유사하며, 배우는 데 사용할 개인적인 목표이기도 하다.

다른 주제의 관점으로부터 선택을 보자. 비록 이 예에서는 특정한 수업에 관한 것이지만, 제공되는 선택을 환경에 통합하고 모든 수업을 제공하는 방법에 대해 생각해 보자.

대수학 수업에서 목표는 학생들이 FOIL(First, Outside, Inner, Last) 방식을 사용하여 두 개의 용어를 곱하는 방법에 대한 그들의 이해력을 보여 주는 것이다. 이 시점에서 학생들은 정수(즉, 양 또는 음의 정수)와 두 개의 종료된 다항식[예: (x+4) (x+2)]에 익숙하다. 표상의 원칙을 살펴보고 현재의 패턴을 강조하면서 정보를 제시하고 설명할 수 있는 다양한 방법을 찾는 것이 중요하다는 것을 알게 된다. 여러분은 또한 일부 학생들이 수업을 더 좋아한다는 것을 알고 있다. 그들은 그것을 분석하기 위해 당신이 무슨 말을 하는지 여러 번 들어야 한다. 이러한 학생들에게는 한 단계씩 기록된 노트와 함께 수업 테이프 녹화 자료를 제공하게 된다. 색 분필이나 마커를 사용하여 FOIL 방법의 여러 단계를 반복할 수 있다. 학생들에게 같은 것을 할 수 있다는 것을 상기시켜 주고, 이 색깔들이 학생 노트에 통합되어 있는지 확인하도록 한다. 학생 지도 교수들은 추가적인 도움이 되는 정보를 제공하는 것으로 밝혀졌다. 만약 여러분이 플립 카메라를 가지고 있고 수업 웹사이트에 정보를 올린다면,

여러분은 노트를 거기에 올릴 수 있다. 만약 학생들이 인터넷에 접속할 수 있다면, 그들은 Kahn Academy 같은 장소에 접근할 수 있다. 이 모든 것은 동시에 또는 시간에 걸쳐 선택과 지원을 제공할 수 있다는 것을 보여 주기 위한 것이다. 그 지원이 학생들이 선택할 수 있는 뷔페가 되고, 그때 그 지원이 수업 시간에 단일한 지원보다 교실 운영 방식의 자연스러운 부분이다. 여러분은 UDL을 사용하여 설계된 환경을 만들게 된다.

행동과 표상: 로리 마틴과 프로젝트를 통한 선택

로리는 행동과 표상의 맥락에서 선택의 중요성을 인식하였다. 이것은 그녀가 8학년 학생들이 그들의 지식을 충분히 증명할 수 있도록 하는 데 도움을 준다. 학생들이 지식을 증명할 수 있는 다양한 방법을 제공함으로써 로리는 학생들이 가장 편하고 자신감 있게 느끼는 방법을 선택해야 하는 환경을 만들어 낸다. 이러한 행동을 통해 그녀는 그들이 의사를 결정하는 데 있어 좀 더 전략적으로 되도록 돕고 있다. 그녀는 "만약 내가 그들에게 이렇게 해야만 해."라고 말한다면, 그것은 그들에게 선택의 여지가 있는 만큼 그렇게 재미있지도 않을 것이고 그들에게 의미 있는 것이 아닐 것이다. 그래서 나는 항상 그들에게 선택권을 주는 것을 좋아한다.

요구사항 달성

필요한 것을 얻는 것은 접근에 관해 이야기하는 또 다른 방법이다. 제2장에서 정의한 대로, "접근은 접근 가능한 교수 자원(Accessible Instructional Material: AIM) 및 유연한 자원을 참조할 수 있다. 접근은 학생이 배우고 있는 정보에 간단하게 연결할 수 있다." 이 시나리오에서, 연결이 가능한 경우 물리적 구성 요소를 사용해야 한다.

뷔페의 예는 뷔페로 갔다 올 수 있기 때문에 테이블과 테이블 사이의 공간을 선호한다는 것을 말하는 것이다. 여러분은 원하는 음식에 다가갈 수 있다. 또는 친절한 직원 중 한 명이 여러분을 도울 것이다. 물리적인 측면을 넘어 예산에 들어맞는 가격이고, 원한다면 두세 번까지 갔다 올 수 있다. 그 친절한 직원들은 그 음식에 대한 당신의 질문에 대답할 준비가 되어 있고, 만약 당신이 필요로 한다면 다른 접시를 가져다줄 준비가 되어 있다.

학습 환경이 학생들이 필요로 하는 것을 얻기 위해 구조화되었을 때, 여러분은 그들을 수단이 좋고, 지식이 풍부하고, 전략적이고, 목표를 설정하고, 목적을 추구하며, 학습자를 궁극적인 위치로 이동시키기 시작할 수 있다(Meyer, Rose, & Gordon, 2013). 이런 접근 방식은 개방적이고, 초대받고, 고무적인 분위기를 조성한다. 당신이 이런 종류의 접근을 허용하지 않을 때, 학생들은 이런 특징에서 성장을 경험할 수 없고 제한적인 환경을 경험할 수 있을 것이다.

연구는 학생들의 긍정적인 교실 학업 성적에 대한 인식 사이의 관계를 보여 준다. 이것은 학생들이 그들이 경험하고 있는 환경 안에서 배울 수 있고 그들의 학습 요구에 맞는 방식으로 배움을 탐험할 수 있다는 것을 감지하는 것이 중요하다는 것을 의미한다. 학생들은 필요한 것을 찾을 때 UDL 프레임워크에서 지원하는 것 중 하나를 지원받을 수 있다는 것을 알지 못한다.

예를 들어, 학생들에게 세포 분열에 관한 이론을 뒷받침해 줄 수 있는 자료를 찾아 달라고 요청하였다. 당신의 통합 연구팀은 또한 적절한 인터넷 사용에 관한 한 팀을 이끌고 있으며, 이는 이번 달 당신의 모든 수업에 포함되어 있다. UDL에서 원하는 결과 특성을 활용하기 위해 해당 학생의 자원과 관련하여 보고자 하는 내용을 구체적으로 설명하는 규칙을 만들었다(예: 자원 수, 품질 및 자원 위치). 학제 간 팀은 인터넷 사용을 장려하기 위한 지침서를 만들었고, 학생들은 직접적인 교육을 받고 연습을 했으며, 루브릭에 접근할 수 있었다. 그들은 또한 온라인 검색 엔진을 사용하는 방법에 대해 질문할 수 있다는 것을 알고 있다. 이러한 지원과 기대를 만들어 학생들이 학습 환경에 적합하다는 것을 알게 하고, 접근과 선택을 감지하고 경험하게 하였다. 그들은 자원 탐사를 시작할 가능성이 더 높다.

중학교 자기조절 기법: 타마라와 자원 봉사 장려하기

타마라는 교수 환경의 설계를 통해 자원을 장려한다. 그녀는 학교의 첫 며칠 동안 교실의 절차를 설정하였고 이러한 절차들은 일 년 내내 일관적으로 유지된다. 이 교실 구조들은 그녀에게 수업할 시간을 주고 학생들의 소유권을 늘린다. 그녀의 중학생들이 교실 환경에서 좀 더 독립적으로 되면서, 그녀는 도움이 필요한 학생들에게 제시간에 지원할 수 있는 더 많은 시간을 가지게 되었다. 하루 일정을 게시하는 것부터 보충 작업 센터를 운영하는 것까지, 그녀는 모든 학생이 필요로 하는 도구와 정보에 접근할 수 있는 사려 깊은 학습자로 성숙하기를 희망한다.

여러분의 학습 환경 설계는 환영하고, 매력적이고, 자극적인 공간을 만들 기회이다. 대부분 우리는 우리가 소유한 것, 교사용 매점에서 살 수 있는 것, 그리고 우리의 또래들이 그들의 교실에 무엇을 가졌는지에 기초해서 우리의 교실을 설계한다. 아니면 아마도 우리가 흥미롭다고 생각하는 교실의 사진을 잡지나 인터넷에서 볼 수도 있다. 이러한 것들은 모두 훌륭한 영감의 지점이 될 수 있지만, 만약 여러분이 모든 학생이 진정으로 접근할 수 있는 환경을 만들고 싶다면, 여러분의 설계 이면의 목적을 조사하기 위해 UDL 프레임워크를 사용하여야 한다. 그렇게 하면 당신의 수업을 되살리는 데 도움이 될 것이다.

결론

이 장에서는 교실 수준에서 자원 매핑 개념을 사용하였다. 여러분이 배우는 환경을 조사할 때 여러분에게 기회와 선택을 할 수 있도록 한 것은 힘들고 압도적인 일로 보일 수 있다. 접근성 개념으로 돌아가 모든 학습자에게 도달하고, 자신이 무엇을 가졌는지를 알고, 어떻게 그리고 왜 사용하는지를 선택하면 더 자유롭게 수업을 설계할 수 있다. 이제 여러분의 학습 환경은 학생들에게 진정한 배움의 기회를 제공하도록 고안되었다. 여러분은 수업의 세부사항에 집중할 수 있을 것이다. 잘 구성된 학습 환경에서 여러분과 학생들은 명확하게 정의된 학습 목표를 달성할 준비가 되어 있고, 학습 성과를 이룰 더 많은 기회를 가질 것이다.

제7장

목표와 수업

> 여러분이 매일, 그리고 매 수업 시간에 무엇을 해야 할 것인지에 대하여 명확하게 이해하고 있다면, UDL이 무엇인지 보다 잘 이해할 수 있을 것입니다. 이제 여러분은 그것을 가르치는 방법을 알아낼 수 있습니다.
>
> –Matt Roberts, 중학교 1학년 수학 교사

필자는 제6장에서 수업 목표에 관하여 "목표는 모든 수업의 핵심이다. 그리고 모든 활동, 사용된 학습 자료, 최종 학습결과물은 목표에 기반을 두어야 한다."라고 말하였다.

매트(Matt)가 말한 것처럼 여러분이 가르치고 싶은 것을 명확하게 정의함으로써 UDL 프레임워크를 자유롭게 사용할 수 있으며 수업을 어떻게 구성할 것인지를 결정할 수 있다. 또한, 여러분이 학습 환경을 설계하였다면, 목표를 보다 효율적으로 달성할 수 있다.

수업 목표

"이 책 역시 다른 좋은 수업들과 마찬가지로 목표하는 바가 있다. 그것은 독자가 효과적인 수업을 개발할 수 있도록 UDL에 대한 확고한 이해를 제공하는 것이다."(이 책의 p. 11). 이 책의 목표는 독자가 어떻게 그 이해에 도달할 것인지를 말하지 않는다. UDL 프레임워크와 함께 가장 효과적으로 사용되는 목표는 결과를 염두에 두고 진술되더라도 그 결과에 어떻게 도달할 것인지에 대해 명시하지 않기 때문이다. 즉, 수업의 목적(내용)은 구체적으로 진술하지만, 목표 달성을 위한 수단(방법)은 포함하지 않는다(Coyneet, et al., 2009). 목표에 명확한 성취 수단(방법)이 포함되게 되면, 교사는 특정 전략이나 도구 사용에 제한을 두게 되므로 사용 가능한 자원의 다양성, 발생할 수 있는 자연스러운 스캐폴딩 설정, 추가적인 강화에 의한 가능성을 무시하게 된다.

목표에 방법을 포함해야 한다면 '어떻게' 해야 할까? 일부 학군, 교장, 그 밖의 사람들은 교사에게 목표를 달성하는 방법에 관하여 제시하라고 요구한다. 교사는 '시연' '작문' '그림'과 같은 폭넓은 설명자(descriptor)를 사용함으로써, UDL 수업에서 필요한 융통성과 선택의 여지를 제공할 수 있다. 제2장의 〈표 2-1〉은 제안된 설명자를 보여준다. 다른 목록은 이 장의 후반부에 있는 '올바른 용어 선택(Choosing the Right Words)'에 제시하였다.

목표에 관한 철저한 논의를 위하여, 이 장의 첫 번째 절에서는 CCSS를 예로 들어 목표의 역할과 설정 방법에 대하여 설명하고, 목표가 학습에 대한 학생 소유권(student ownership of learning)을 촉진하는 방법에 대한 논의로 마무리한다. 먼저, 동화 속 이야기를 살펴보자.

왕의 도로 설계자

옛날에, 강으로 가는 새로운 길을 원했던 왕이 있었다. 그는 자신의 왕국에서 가장 좋은 길을 만드는 도로 설계자를 불러 모아 "나가서 강으로 가는 최고의 길을 만들라."라고 말했다.

도로 설계자는 자신의 작업장으로 돌아가 도로 제작 도구를 모으고 작업을 시작했다. 그들은 한 달 만에 임무를 완수했다. 한 도로 설계자는 정밀하게 작업을 추진하였다. 그는 나침반을 사용하여 최단거리의 경로를 만들었다. 다른 설계자는 아름다움을 주제로 하는 작업을 추진하였다. 그녀는 길을 따라 꽃이 만개한 초원에 대해 알고 있었고, 꽃이 만개한 구불구불한 길을 만들었다. 세 번째 설계자는 신체적인 도전을 주제로 하는 작업을 추진하였다. 그녀는 가파른 경사와 경사가 심한 비탈길에 대해 알고 있었고 산악인에게 어울릴 만한 길을 만들었다.

한 달이 지나자 왕은 설계자들을 모두 불러 모았다. 그들은 왕을 기다리는 동안 이야기를 나누었다. "내가 설계한 길이 가장 빠른 도로이기 때문에 왕은 내가 설계한 길을 좋아할 것이라고 확신합니다."라고 첫 번째 설계자가 말했다.

"나는 당신의 생각이 틀렸다고 확신합니다." "왕은 아름다움을 즐기십니다. 매일 강가를 산책하면서 왕국의 아름다운 자연경관을 보는 것보다 더 좋은 일은 없을 것입니다."

세 번째 설계자가 그들의 말에 동의하지 않고 말하였다. "당신들은 모두 틀렸습니다. 왕은 도전과 격렬한 활동을 즐기는 강력한 사람입니다. 그래서 왕은 내가 설계한 길을 최고의 길로 선택할 것입니다."

왕이 도착했을 때, 이런 문제는 해결되었다. "나는 오늘 아침에 각 길을 살펴보기 위해 시간을 보냈으며, 여러분의 사려 깊음, 공학, 창의력, 끈기에 고마움을 표시하려 합니다. 강을 오고 가는 세 가지 방법이 있다는 것에 대해 기쁘게 생각합니다. 내가 평의회와의 회의를 위해 되돌아올 필요가 있거나 시간이 촉박할 때는 최단거리 경로를 가진 길을 선택할 수 있습니다. 내가 생각에 잠겨 있거나 내 주변에 아름다운 것들이 있기를 원할 때, 나는 구불구불한 길을 걸어갈 수도 있습니다. 내가 동요하거나 체력을 발휘하고 싶은 날에는 도전적인 도로를 선택할 수 있습니다."

"하지만 폐하, 우리 중 우승자는 누구인가요? 우리 중 누가 가장 좋은 길을 만들었습니까?"라고 왕에게 도로 설계자들이 질문하였다.

"여러분들이 아시겠지만 나는 여러분에게 가능한 한 최고의 길을 만들어 달라고 요청하였습니다. 여러분은 도구, 선물, 비전을 사용하여 나를 같은 장소로 가게 하는 세 가지 다른 길을 만들었습니다. 이 점에 대해 감사드립니다. 왜냐하면, 여러분은 여러분의 차이점 안에서 강한 유사성을 발견했기 때문입니다. 여러분 모두 자신만의 방식으로 같은 목표를 달성했습니다."

목표의 역할

왕은 도로 설계자들에게 가능한 한 최고의 도로를 만들어 달라고 요청했다. 이 이야기에서 왕은 도로 설계자들이 최고의 작품을 만들기 위하여 최고의 기술을 사용할 수 있는 환경을 조성하였다. 이것이 UDL이 교실에서 우리에게 지시하는 부분이다.

수업 목표의 주된 역할은 교사와 학생 모두에게 수업과 관련된 방향을 제시하는 것이다. 또한, 잘 작성된 목표는 교사가 수업을 분석할 수 있게 해 준다(Hattie, 2009; Jansen et al., 2009).

목표는 수업을 시작하는 관문이자 수업의 효과를 결정하는 계획이다. 잘 정의된 수업 목표를 작성하면 수업 내용과 목표 사이의 조화와 학생들의 목표 달성을 검토하고 다음 수업 진행을 위해 필요한 수정 작업을 진행할 수 있다(Hattie, 2009; Morris, Hiebert, & Spitzer, 2009). 이 세 부분은 이어지는 각 절들에서 살펴본다.

연계

자동차가 정렬되면 도로를 따라 부드럽게 주행한다. 바퀴가 올바른 각도로 설정되어 있어 타이어는 고르게 마모된다. 바퀴는 한쪽 또는 다른 방향으로 꺾이지 않고 직선 방향으로 움직이고, 타이어 접지면(tire tread)은 효과적으로 도로 면에 접하게 된다. 수업 내용이 목표와 일치할 경우, 수업은 계획된 경로를 유지하게 된다. 목표는 수업의 중심선이 된다.

여러분의 활동이나 평가가 너무 한쪽으로 치우치게 된다면, 수업이 요점에서 벗어난 것이기 때문에 효과적이지 못할 것이다. 수업의 구체적인 요점을 정의하는 것에 의해, 복잡한 활동을 구조화하고, 학생들이 좀 더 높은 수준의 사고를 할 수 있도록 하며, 여러분이 궁극적인 목표에서 벗어나지 않았다는 것을 알 수 있게 된다. 여러분은 모두 함께 길을 내려가면서 학생들의 학습을 지도하고 있다. Stiggens(2008)는 목표를 "나는 ~를 할 수 있다."와 같이 표현할 것을 제안하였다. 이것은 교사가 학생들이 원하는 결과에 집중할 수 있도록 도와주며, 학생들이 자신의 숙달 수준을 결정할 수 있도록 도와줄 수 있다. 지원 안내 및 구조의 사용을 통해 학생들은 특정 목표를 벗어날 때 도움을 구하는

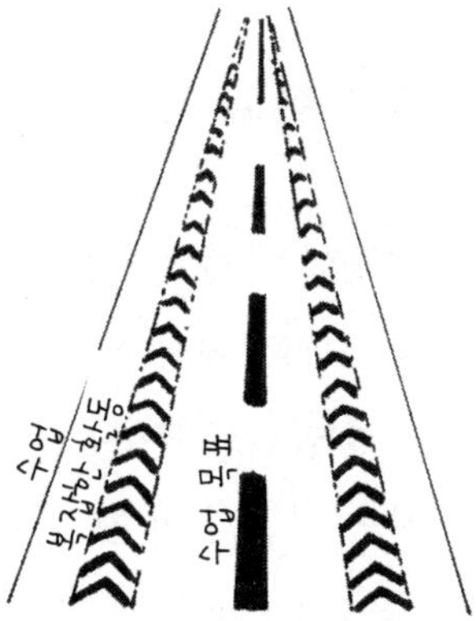

〈표 7-1〉 구체적인 목표 개발

특정 사항: 학생들은 다양한 측정 장치 중에서 다양한 항목의 길이를 측정하는 장치를 선택한다. 비특정 사항: 학생들은 측정에 대해 배울 것이다. 참조된 핵심교육과정: CCSS. 수학. Content. 2.MD.A.1
특정 사항: 학생들은 운율이 맞는 용어 쌍을 인식한다. 비특정 사항: 학생들은 각운을 공유하는 용어(rhyming words)를 연습할 것이다. 참조된 핵심교육과정: CCSS. ELA-Literacy. RF.K.2a
특정 사항: 학생들은 다양한 출처에서 수집한 정보를 결합하고 공동으로 설계된 옵션을 사용하여 해당 정보를 포괄적으로 공유한다. 비특정 사항: 학생들은 다양한 자료를 읽고 그들의 생각을 결합할 것이다. 참조된 핵심교육과정: CCSS. ELA-Liuteravy. SL.6.2

데 필요한 지침을 얻게 된다(Jones, Jones, & Vermette, 2011).

목표를 강화하기 위해 사용하는 전략과 상관없이 중요한 점은 수업 내용, 학생들이 수행할 학습 활동, 학생들의 수업 내용 이해에 도움이 되는 증거를 안내하는 것이다. 몇 가지 예를 제시하기 위하여, 〈표 7-1〉에 특정 사항과 비특정 사항을 식별하는 목표를 수록하였다. 각각의 목표는 CCSS와 연관되어 있다.

학업성취도 평가

학생들의 학업 성취도를 조사할 때, 우리는 평가에 관하여 생각하는 경향이 있다. 제5장에서 살펴본 행동 및 표현의 원리에 따라, 학생들의 성장을 조사하는 방법으로 학생들에 대한 모든 정보를 고려하는 것은 여러분의 목표를 검토하는 데 도움이 될 것이다. 학생들의 비공식적인 수업 관련 피드백을 수업의 목표와 비교하면 수업을 통해 어떤 영향을 받았는지 알 수 있다.

- 목표: "학생들은 선택된 해결책으로 몰 농도를 계산할 것이다." 순회지도(quick walk-through of the room)는 일부 학생들이 몰 농도를 계산하는 과정의 같은 시점에서 어려움을 겪고 있음을 알려 준다. 수업에 참여하기를 원하는 학생들을 위해 다른 접근 방식과 예를 사용하는 작은 규모의 토론식 수업을 교실의 한쪽에서 제공한다.
- 목표: "학생들은 식이요법이 기분에 어떤 영향을 미치는지에 대한 조사를 시작할 것이다." 학생들이 기분과 음식에 대해 생각할 때 머릿속에 떠오르는 것을 작성한 종이 한 장을 뽑는 '갑자기 떠오르는 생각(Pop idea)'을 유도한다. 아이디어를 검색한 후, 여러분은 학생들이 식이요법이 기분에 어떤 영향을 미치는지를 표현하기 위해 용어나 그림을 사용할 수 있다는 것을 보게 된다.
- 목표: "학생 모둠은 펠로폰네소스 전쟁이 아테네의 정치 구조에 미치는 영향을 표현할 것이다." 각 학습 모둠과의 소규모 회의는 프로젝트 과정에서의 위치, 모둠의 학습 활동 진행 수준, 학습 과제를 끝마친 학생, 추가적인 지원이 필요한 학생을 파악할 수 있다. 몇몇 모둠은 높은 수준의 지식을 보여 주지 않고 있다. 다음 학습 시간에 고려해야 할 추가 질문 및 제안 사항을 학생들에게 제시한다.

모자: 당신에게 학생들이 무엇을 배우기를 원하는지 정확하게 알려 드릴 것을 약속 드립니다.
베일: 학생들이 배워야 할 것을 배웠는지 여부를 알려 드리겠습니다.

각각의 사례는 우리가 지속적으로 수행하는 비형식적 평가의 유형을 보여 준다. 그러나 이러한 비형식적인 평가 과정에서 수집된 정보는 수업 목표에 반영될 때만 가치가 있다. 수업 목표와 짝지어질 운명의 평가를 생각해 보자.

목표의 요점을 숙지한 상태에서 수

〈표 7-2〉 서약

목표	학생들에게 새로운 주제, 기능, 개념을 가르치겠다고 약속합니다.
평가	주제, 기능, 개념을 습득하였는지 평가할 것을 약속합니다.
목표	주제, 기능, 개념에 대한 학생들의 지식을 넓히겠다고 약속합니다.
평가	주제, 기능, 개념에 대한 확장된 지식을 평가할 것을 약속합니다.
목표	나는 그들이 가지고 있는 지식을 사용하도록 안내할 것을 약속합니다.
평가	지식을 전이하고 적용할 수 있는 능력을 평가할 것을 약속합니다.
목표	주제에 대한 학생들의 견해를 바꿀 것을 약속합니다.
평가	나는 수업을 시작할 때 가지고 있던 입장을 평가하고 마지막에 바로 잡을 것을 약속합니다.

업의 구성을 시작한다면 형식적 평가와 비형식적 평가 둘 다 더 쉽게 구성될 것이며, 더 나은 정보를 제공할 것이다(〈표 7-2〉 참조).

수업을 설계할 때 할 수 있는 추가 질문은 다음과 같다.

- 수업을 설계할 때, "학생들이 목표를 달성하였는지 어떻게 알 수 있는가?"라고 질문하시오.
- 수업을 진행하는 동안, "학생들이 목표를 향해 움직이는 모습을 보여 주고 있는가?"라고 질문하시오.
- 수업을 마친 후, "내 학생들이 내가 수업을 위해 결정한 목표를 달성했는가?"라고 질문하시오.

세 가지 단계 모두에서 또는 그 사이의 시간에, UDL 프레임워크에 주의를 기울이는 것은 형식적 평가이든 또는 비형식적 평가이든, 그리고 형성평가이든 또는 총괄평가이든, 평가 방법 및 문항을 개발하는 데 도움이 될 수 있다. 예를 들어, 수업을 진행하는 동안 상황은 변하기 마련이다. 어쩌면 여러분이 사용하기로 계획한 자료를 수업 시간에 사용하지 못하거나, 학생들이 수업 시간에 주의 집중하지 못하거나, 여러분이 수업 진행을 위해 사용할 구조화된 활동지를 제공하는 것을 잊을 수도 있다. 그런데도, 학생들이 정보를 받아들이지 않고 있다는 것을 주목해야 한다.

교실을 빠르게 훑어보는 것은 대다수 학생이 학습 과제를 수행하지 않는다는 것을 알려 준다. 학생들이 수업이 시작할 때는 주의 집중을 하였지만, 프로젝트 시작 후 학습 과제 수행과 관련 없는 행동을 하는 것을 주목해야 한다. 이 단원의 목표는 "학생들은 개략적인 감염에 대한 박테리아의 유죄 또는 무죄를 입증하는 증거를 수집할 것이다." 이다. 여러분은 "학생들은 유죄 또는 무죄와 관련된 박테리아에 대한 정보를 수집할 것이다."라고 진술한다. 학생들은 단원과 목표를 더욱 명확하게 하는 루브릭을 가지고 있으며, 여러분이 준 지침에 대해 정말로 좋은 감정을 느낀다. 결국, 여러분은 이 프레임워크를 사용해서 루브릭과 지침을 설계할 수 있었다. 여러분은 간단한 언어 사용에 중점을 두었고, 시각 자료를 사용했고, 학생들의 질문에 답하였다. 여러분은 "더 많은 학생이 프로젝트에 참여하는 것을 볼 수 없다면, 프로젝트 시간을 낭비하게 될 것이다." 라고 말할 수 있다. 즉, 일시적으로 행동을 제한할 수 있지만, 역할·주제·목표를 이해하지 못한다면, 학생들은 프로젝트에 연결되지 않을 것이다. 표상 원리에 따른 빠른 스캔은 '이해를 돕기 위한 다양한 선택 제공' 지침과 '패턴, 핵심 부분, 주요 아이디어 및 관계 강조하기' 체크포인트가 제공된다. 그런 다음 지원자에게 인쇄한 지침을 보지 않고 학습 과제의 목표 및 요구 사항에 관해 이야기하도록 요청한다. 이 행동은 목표와 요구 사항을 학생 친화적인 언어로 바꾸기 위한 것이다. 또한, 이 행동은 실행 기능을 상기시켜주는 행동 및 표현의 원리와도 일치한다. 여러분은 학생들의 목소리를 통해 수업을 완성하는 데 필요한 것이 무엇인지를 명확히 하였다. 이러한 단계들을 칠판에 열거하고 그 단계들이 목표 달성에 직접 연관되는지 확인한다.

이 프레임워크는 이러한 유형의 일반적인 문제를 해결할 수 있는 교육 현장에서의 전략들(on-the-spot ways)을 고려하는 데 도움을 줄 수 있다. 또한, 프레임워크를 사용하여 다음 수업에 추가할 수 있는 추가 옵션을 모색할 수 있다. 지원을 추가할 경우 해당 지원이 원하는 결과에 근거하는지 확인한다.

K-12 학년 전반에 걸쳐 널리 사용되는 비형식 전략은 출구 티켓(exit ticket)이다(Owen & Sarles, 2012). 이 방법은 학생들의 이해를 확인하고 학생들의 성취 수준을 점검하는 방법을 개발하기 위한 발판 역할을 할 수 있다(Fisher & Frey, 2007). 일반적으로 수업 종료 마지막 몇 분 동안 배포되는 출구 티켓은 일관되고 피드백이 풍부한 환경을 만들기 위한 비형식적인 구조를 제공한다. 출구 티켓 전략을 적절히 사용하면 학생들이 알고 있는 것을 반영하고 더 큰 프로젝트나 수업 단위로 돌아가서 생각을 수정할 수 있는 시간이 마련된다. Jones와 Dotson(2010)은 이러한 유형의 환경이 '성찰에 필수적(essential to reflection)'이라고 생각했다.

타마라는 중학교 건강 수업이 끝날 때마다 출구 티켓을 사용한다. 출구 티켓은 항상 학습 목표에 연결되지만, 때로는 개방형 질문이며 객관식, O/X 형식일 때도 있다. 그녀의 오늘 목표는 "학생들은 자부심의 개념을 탐구할 것이다."이다. 수업 도중 학생들은 자부심의 정의에 대해 알게 되었고, 자기 면담 안내지를 사용하여 학교, 다른 활동, 다른 사람들과의 관계, 자유 시간에 하는 일에 관한 자신의 강점과 필요 사항에 대한 자기평가를 수행하였다. 학생들은 자신에 대해 배운 것을 고려하고 그 정보를 사용하여 자신을 시각적으로 표현하였다. 출구 티켓의 일부로 타마라는 칠판에 제시된 자존감의 세 가지 정의 중 하나를 선택하도록 요청하였다. 또한, 학생들은 자기 존중에 대해 배운 것을 적어 둘 필요가 있었다. 학생들은 항상 그림을 그리고 글을 쓰는 것이 가능하였다. 학생들이 무엇을 그렸는지 알 수 없는 경우, 다음 수업 시간에 인터뷰를 시행하였다. 필체로 인한 어려움을 가지고 있지만 글쓰기를 좋아하는 학생에게는 줄이 있는 종이 반쪽이 제공되었다.

출구 티켓은 수업을 개선하는 데 필요한 증거를 제공해 줄 수 있다(Leahy, Lyon, Thompson, & Wiliam, 2005). 콜로라도주 출신의 교사 한 명은 다음과 같이 말하였다.

> 나는 학생들에게 그날의 수업이나 독서에서 알아낸 것과 궁금했거나 혼란스러워했던 것을 공유하도록 요청합니다. 나는 이것을 평가하지는 않습니다. 나는 그저 사고의 패턴을 찾습니다. 나는 학생들이 제출한 자료를 읽는 동안, 다음 수업에 대한 미니수업 절차를 어떻게 조정할 것인가를 생각해 봅니다. (Tovani, 2012, p. 51)

진술한 목표를 반영하여 출구 티켓 질문을 구성한다면, 학생들이 진정으로 수업에 연결되어 있는지 혹은 아닌지에 대한 정보를 얻을 수 있을 것이다.

재구성

제3장에서 언급한 성찰의 실천은 수업을 개선할 때 중요한 요소이다. 이 순간이야말로 수업 내용이 학생들에게 얼마나 잘 전달되었는지를 살펴볼 때다.

수업 계획 전체로 돌아가서 검토하는 것 외에도 학생 참여와 상호 작용 수준, 수업에서의 도입부, 학습 활동, 학습 평가, 스캐폴딩 등 고려할 수 있는 중요한 요소들이 있다. 마지막으로, 목표가 수업 구성 요소의 설계와 성취에 반영되었는지를 조사해야 한다.

수업 성찰 시간은 개인별 고려 사항을 흥미롭게 한다. 우리가 학습 성과를 살펴보면 학생 행동을 운전자로 생각하기 쉽다. 하지만 그 관점을 바꾸고 학습 결과를 만들어 내는 데 있어서 수업이 동등한 추진력이 되는 것을 보게 되면 어떨까? 예를 들어, 학생들의 배경 지식을 명확하게 파악하고 구축하여 수업을 시작하는 것은 학생들이 배울 준비가 되어 있고, 학습 주제와 연결되어 있는지를 확실하게 한다. 수업의 목표를 알고 있으므로 학생들의 다양한 필요를 충족시키기 위한 수업의 요소를 구성할 수 있다. 활동 및 평가를 설계할 때에도 같은 정보를 사용한다.

당신이 제공한 스캐폴딩 설정을 되돌아보는 과정에서 종종 풍부한 정보를 얻을 수 있다. 학생들이 수업에 대한 흥미를 잃는 것은 수업의 일부 구성 요소를 이해하지 못하기 때문일 수 있다. 이 문제를 해결하는 것이 매우 중요하며, 학생들이 최고의 자원이다.

중학교 1학년(7학년) 과학 교사로 근무한 경험이 있는 UDL 코디네이터 론다는 "우리 학생들은 우리에게 최상의 정보를 제공한다. 우리가 학생들의 말을 듣는다면, 학생들이 필요한 것이 무엇인지 알 수 있다."라고 말하였다. 이 모든 정보는 수업의 재구성 과정에 반영된다. 재구성 행위는 교사들에 의해 실행되며 효과적인 학습 환경을 조성하는 데 중요한 구성 요소로 알려져 있다(Hiebert, Morris, Berk, & Jansen, 2007).

제6장의 전등과 전구 비유 상황으로 돌아가면, 공간과 필요에 따라 적절한 전등을 선택하고 전등의 역할(예: 조도)에 따라 전구를 선택하면 조명의 요구사항을 충족시키는 데 성공할 것이다. 학습 환경을 설계하는 방법과 그에 수반되는 목표는 학생들이 학습 환경에서 얼마나 잘 학습할 수 있는지를 결정한다. 목표를 정하면 수업의 목적이 명확해지며 여러분과 학생들에게 수업의 시작점을 제공한다. 목표를 통해 학습 내용을 알 수 있게 되지만, 학습 환경에 접근하는 능력은 환경에 의해 크게 좌우된다. 이것은 학습할 기회를 제공하는 것에 대한 것이다. 이러한 기회는 설계를 통해 제공된다.

목표 설계

앞서 언급한 사례를 수행하려면 수업의 초점을 결정해야 한다. 학생들이 성취하기를 바라는 학습결과물을 파악해야 한다.

목표 선택: 매트 로버트와 학생 계획

매트는 목표가 수업의 방향뿐만 아니라 중학생들이 수행하는 학습 활동을 제시한다고 믿는다. 그는 수업 내용을 안내하기 위해 수업 목표를 매일 칠판에 판서하지만, 때때로 추가적인 기초 정보를 제공하는 수학 기호(math text) 내에 정보가 들어 있다. 두 경우 모두 수업이 시작될 때 학생들에게 목표를 강조한다. 목표는 학생들이 그날 다룰 어떤 상황이나 문제를 다룰 것인지에 대해 생각하게 한다. 목표는 학생들이 걸어갈 길을 지정한다.

학생들이 경험하기를 바라는 것은 무엇인가? 수업에서 총괄평가 혹은 형성평가를 수행하기 원하는가? 수업 도입, 수업 전개 혹은 수업 마무리 단계인가? 그러나 가장 중요한 질문, 생각은 교실에 있는 동안 어떤 기술이나 내용 지식을 얻을 수 있을까 하는 것이다. 수업을 시작하기 위해, 많은 교사가 공통핵심국가 표준을 참고한다.

다음 예시는 가르치려는 표준을 먼저 선택하라는 제안을 따른다. 그런 다음 해당 표준 내에서 집중적으로 다룰 내용을 결정한다. 한 수업에서 여러 표준을 다루기는 하지만 혼란을 최소화하기 위해 이 예제는 하나의 표준만을 사용한다. 다음은 CCSS 4학년 언어 표준 L.4.2를 사용하는 수업에 대한 전반적인 설명이다.

> 문서 작성 시 표준 영어 대문자, 구두점, 철자법의 규칙을 설명하시오. 올바른 대소문자를 사용하시오. 쉼표와 따옴표를 사용하여 문장에서 음성 언어와 인용문을 표시하시오. 복합 문장에서 조정 연결 앞에 쉼표를 사용하시오. 철자 등급에 적합한 용어를 올바르게 지정하고 필요에 따라 참조를 참고하시오(National Governors Association for Best Practices and Council of Chief State School Officers, 2010).

시나리오 지금까지 학생들은 대문자, 쉼표, 따옴표 사용을 연습했으며 관련 철자법에 대해 학습하였다. 하지만 교사는 학생들이 등위접속사를 사용할 때 쉼표에 대한 완전한 이해를 보여 주지 못한다는 것을 보았다. 교사는 이 쉼표 문제에 집중하기를 원한다.

일반적인 학용품 이외에, 각 학생은 책상에 11×8인치의 작은 화이트보드와 마른 상태에서 지워지는 마커를 가지고 있다. 학생들은 자리에서 벗어나는 것과 개인이나 모둠의 구성원으로 정보를 제공하는 것에 익숙하다. 교사는 학생들이 함께 자료를 개발하고 만들어 내는 상황을 설계함으로써 경쟁보다는 협동을 강조하는 경향이 있다. 균형의 필요성을 이해한 교사는 학생들이 개인의 성장과 리더십을 보여 주는 상황들을 전략적으로 설계한다.

초기 목표 학생들은 문장 쓰기 연습 중에 접속사를 적절히 배열하기 위해 쉼표를 추가할 것이다.

처음에는 이 목표가 큰 것으로 보인다. 교사가 학생들이 무엇을 하길 원하는지에 대하여 구체적으로 명시한다. 하지만 조금 더 자세히 들여다보면 이 목표는 제한적이다. 최종 목표는 '문장 쓰기 연습'을 가리킨다. 이것은 교사에게 구체적이고 쉽게 인식될 수 있다고 느낄 수 있지만, 수업 시간 동안 다른 활동을 시도하는 데 방해가 될 수 있다. 이 목표를 달성하기 위해는 학생들이 글쓰기 과정을 통해 접속사에 대한 그들의 이해 수준을 보여 주어야 한다. 이 간단한 진술은 학생들이 글쓰기 연습에 대한 지식을 어떻게 표현하는지를 제한한다. 전국 주지사협회 현장개선 센터와 전국 교육감 협회의 제안서(CCSS 4학년 언어 핵심 성취 기준 L.4.2)가 대안을 언급하였지만, UDL 친화적인 목표에 대한 다음의 예는 서기(scribe), 컴퓨터, 문자-음성 변환 테크놀로지의 이용하여 글쓰기에 대한 개선된 결과를 끌어내는 수업 전체에 걸쳐 이해를 발달시키기 위해 연습할 수 있는 글쓰기 과정의 부분을 보여 준다.

UDL 친화적인 목표 학생들은 등위접속사 내에서 쉼표의 적절한 사용을 보여 줄 것이다. 이 목표를 작성함으로써, 교사는 글쓰기를 지원하는 활동을 시작한다. 예를 들어, 교실에 있는 짝지어진 학생별로 나누어주는 카드스톡[1]에 등위접속사를 쓸 수 있다. 짝지어진 학생들은 전체 문장을 완성하기 위해 다른 등위접속사를 가진 짝지어진 학생들을 찾는다. 더 많은 학생의 참여를 위해서, 교사는 '쉼표 울타리(comma corral)' 위치에 서 있는 학생들이 들고 있는 플래카드에 올바른 수의 쉼표를 붙일 수 있다. 학생들은 팀이 짝을 식별할 때까지 기다린 다음 쉼표를 요청한다. 다음으로, 교사는 중요한 쉼표 사람을 올바른 자리에 배치하여 학생들에게 줄을 세우라고 요청할 수 있다. 이 과정을 통해 학생들은 쉼표와 등위접속사에 대한 이해 구조화된 이동, 협력, 의사 결정을 하면서 쉼표 배치 및 등위접속사에 대한 모두 이해할 수 있다. 학생들이 문장 쓰기, 신체적 활동을 통하여 쉼표의 목적과 작용과 관련된 기회의 제공, 협력 활동, 지식 전이 이후 따르는 모둠 활동을 통해 등위접속사 내에 쉼표의 배치에 대한 이해가 궁극적으로 필요한 것이 사실이지만, 학생들은 목표를 성취할 가능성이 더 크다. 목표는 학생들이 지식을 입증하는 것이고, 교사는 목표를 향해 나아가는 모든 학생을 지원하는 학습 환경과 목표에 의한 수업을 만들었다.

1 역자 주: 카드스톡(card stock)이란 커버스톡(cover stock) 또는 페이스트보드(pasteboard)라고도 불리며, 일반 필기 또는 인쇄용지보다 두껍고 내구성이 있지만 다른 형태의 판지보다 얇고 유연한 종이 재료를 말한다.

올바른 용어 선택

제2장에서 열린 목표를 쓰는 데 사용할 수 있는 동사 목록을 제시하였다. Kizlik(2012)이 만든 〈표 7-3〉은 추가적인 낱말과 함께 설명을 제공한다.

〈표 7-3〉 열린 목표를 위한 동사

용어: 규칙 적용

정의: 분석 중인 상황, 대상, 사건에 적용되는 규칙을 정하는 것. 규정은 적용된 규칙의 이름 또는 진술과 함께 문제 상황 그리고/또는 해결책에 대한 분석을 전달해야 한다.

용어: 평가하다

정의: 목적이 확인될 수 있는 명시된 행동에 대한 조건을 규정하는 것. 이러한 규정은 서면 설명(written descriptions) 형태로 되어 있다. 명백한 이유로 평가는 초등학교 수준의 학습 목적에서 동사로 거의 사용되지 않는다.

용어: 분류하다

정의: 각 범주에 대해 정의된 기준에 따라 범주들 안에 대상, 용어, 상황들을 배치한다. 그 기준은 학생에게 알려져야 한다.

용어: 구성하다

정의: 글쓰기, 말하기, 음악, 예술적 형식으로 구성 요소를 표현하는 것이다.

용어: 구축하다

정의: 지정된 대상 또는 조건의 설정을 식별하는 도안, 구조 또는 모형을 만드는 것이다.

용어: 정의하다

정의: 범주 또는 수업에 대상, 용어 또는 상황을 포함하기 위한 요구 사항을 규정하는 것. 다음 중 하나 또는 모든 요소가 포함되어야 한다. ① 수업 또는 범주에 포함된 용어, 대상, 상황의 특성, ② 수업이나 범주에서 제외된 용어, 대상, 상황의 특성. 분류를 위한 준거를 설정하는 것이다.

용어: 입증하다

정의: 학생은 도구, 모형, 장치, 기구의 적용에 필요한 작업을 수행한다. 주의: "학생들은 모음 소리에 대한 지식을 보여 줄 것이다."와 같은 목적으로 시범을 이용하려는 유혹이 있다. 동사가 정의되었듯이, 이것은 부적절한 사용이다.

용어: 설명하다

정의: 지정된 상황에 대한 설명과 관련된 대상, 대상 속성, 또는 사건 속성의 필요한 모든 범주를 명명한다. 목적은 형식이다. "학생은 이 순서, 대상, 사건을 설명할 것이다." 그리고 그 순서를 언급할 때 사용될 수 있는 범주를 제한하지 않는다. 특정한 또는 제한적 사항이 있는 경우, 각 목적의 수행 기준에 제시되어야 한다. 이 동사를 목적으로 사용할 때, 설명이 최소한으로 참조해야 하는 것의 효과에 대한 진술을 포함하는 것이 도움이 된다.

용어: 도식화하다

정의: 해당 조직 또는 구조물에 대한 지식을 입증하기 위해 지정된 조직 또는 구조를 가진 도면과 꼬리표를 가진 도면을 작성하는 것이다. 그래픽 도표 작성 및 함수는 도식화의 유형이며, 이 용어는 상황 및 응답의 구조에 대한 더 정확한 의사소통이 필요한 경우에 사용될 수 있다.

용어: 분별하다

정의: 각 응답을 위하여 두 개의 대조되는 식별자가 포함될 때만 조건에 따라 구별한다.

용어: 추정하다

정의: 표준 척도 또는 측정 장치를 적용하지 않고 대상, 일련의 물체, 사건, 조건의 차원을 평가한다. 수학적 내삽과 같은 논리적 추정 기법이 사용될 수 있다. 측정을 참조하시오.

용어: 평가하다

정의: 정의된 품질 기준에 따라 대상, 상황, 사람, 조건 등을 분류한다. 각 등급 범주의 기준에 품질 표시가 제시되어야 한다. 이 점에서 평가는 일반적인 분류와 다르다.

용어: 식별하다

정의: 가리키기, 선택하기, 밑줄 긋기, 표시하기, 기타 응답으로, 보통 명사에 대한 반응에서 수업의 대상을 선택하여 나타내는 것이다.

용어: 해석하다

정의: 검증 가능한 방식으로 관찰, 도표, 표, 그래프, 필기 자료로부터 정보를 변환한다.

용어: 꼬리표를 달다

정의: 알려진 것에 관한 정보를 포함하거나 지정되지 않는 구조에 대한 정보를 포함하는 주어진 대상, 그림, 구성 요소에 대한 반응을 언어(구두 또는 문서)로 규정하는 것이다. 꼬리표를 다는 것은 명명 및 식별하는 것의 요소가 포함된 복잡한 행동이다.

용어: 위치를 찾아내다

정의: 다른 지정된 대상, 장소 또는 사건에 관하여 대상, 위치, 장소의 위치를 규정하는 것이다. 격자무늬, 순서 배치, 시간과 같이 위치에 대한 표상적인 안내들은 위치를 설명하기 위해 사용될 수 있다. 주의: 위치 찾기와 식별하는 것을 혼동하지 말 것.

용어: 측정하다

정의: 장치나 저울의 사용에 능숙한 사람들이 허용하는 관행에 따라 표준 저울 또는 측정 장치를 대상, 일련의 물체, 사건 또는 조건에 적용하는 것이다.

용어: 명명하다

정의: 가리키거나 설명하는 대상, 대상의 종류, 인물, 장소, 조건, 사건에 대해 구두 혹은 문서 형식으로 올바른 이름을 제공하는 것이다.

용어: 열거하다

정의: 정해진 기준에 따라 두 개 혹은 그 이상의 대상 또는 사건을 나열하는 것이다.

용어: 예측하다

정의: 결과를 예측하거나 어떤 결과를 추론하기 위해 규칙이나 원리를 사용하는 것이다. 규칙이나 원리가 명시될 필요는 없다.

용어: 재현하다

정의: 제시된 행동, 구성 또는 대상을 모방하거나 똑같이 베끼는 것이다.

용어: 해결하다

정의: 문서나 구두로 제시된 문제에 대한 해결방법을 수행하는 것이다. 문제에 대한 해결방법은 요청된 해결방법에 필요한 모든 요소가 포함되어 있어야 하며, 해결방법에 대해 요구되지 않은 외부 요소가 포함될 수 있다. 문제는 학생이 받아들일 수 있는 반응의 종류를 결정할 수 있는 방식으로 제기되어야 한다.

용어: 규칙 말하기

정의: 규칙, 이론 또는 원리의 의미를 전달하는 서술문을 작성하는 것이다.

용어: 바꾸기

정의: 하나의 상징적인 형식을 동일하거나 유사한 의미의 또 다른 형태로 표기하는 것이다.

출처: Kizlik(2012). *Definitions of behavioral verbs for learning opportunities*. Boca Raton, FL: Robert Kizlik & Associates. http://www.adprima.com/verbs.htm에서 인출하여 허가를 받아 게재함.

목표 작성의 대부분은 올바른 용어를 선택하는 것에 관한 것이다. 우리는 학생들이 수업을 시작하기 전에 무엇을 할 것인지를 알기를 바란다. 이것은 활기 넘치는 것을 위한 참여의 원리를 실현하기 위한 기회를 열어 주며, 정서적 네트워크를 유발한다.

학생 소유권

> 우리는 학습 목표를 칠판에 쓰고, 수업 초반에 그것을 빨리 검토합니다. 그렇게 하는 이유는 학생들이 앞으로 무엇을 할지 알기 원하기 때문입니다.
>
> —Julie Calfee, 고등학교 영어 교사

학생들의 학습 소유권은 교육 경험 측면에서 매우 중요하다. 교실에 있는 우리에게는 이것은 때때로 당혹스러울 수 있다. 우리는 "학생들의 흥미가 교실 밖의 무언가에 있을 때 어떻게 하면 학생들이 소유권을 갖도록 할 수 있을까?"라고 묻는다.

학생 소유권에 관한 연구의 핵심 주제는 관계로 요약된다. Phelan, Davidson과 Cao의 1992년 연구(p. 698)는 학생으로부터의 감정(교사가 학생을 학생으로서 하나의 인격체로 대하는 방식)은 학생들의 목표에 대한 헌신을 나타내는 다른 지표보다 더 중요하다는 것을 발견했다.

학생들은 있는 그대로의 모습으로 인정받기를 원한다. 이러한 연구 경향은 문헌 전체에 걸쳐 계속해서 연구되고 입증되고 있다. 지금까지 우리는 초등학생, 중학생, 고등학생 모두가 교사와 양질의 관계를 맺고 학습을 돕기를 원한다는 것을 알고 있다(Baker, Grant, & Morlock, 2008; Janay, Sharkey, Olivarri, Tanigawa, & Mauseth, 2010; Pianta, Blesky, Vandergrift, Houts, & Morrison, 2008; Pianta & Stanhlman, 2004, Sander et al., 2010). UDL 프레임워크는 이런 종류의 연결을 위한 기회를 제공하며 학생 소유권의 성장을 지원한다. 프레임워크가 의사 결정 도구라는 생각으로 돌아가 보자. 이런 방식으로 프레임워크를 사용하면 선택 과정에 대한 정보를 제공할 수 있다.

지침을 읽으면 학생들과 사람들이 서로 연결될 다양한 기회를 볼 수 있다. 예를 들어, '이해를 돕기 위한 다양한 선택의 제공'(지침 중 하나)을 할 수 있는 한 가지 방법은 '배경 지식을 제공하거나 활성화시키기'이다. 대부분 학생의 광범위한 관심사를 파악하고 있다는 사실만으로도 학습 목표를 학생들의 관심사와 연결하는 데 도움이 될 것이다. 음악 아이콘, 최신 서적 시리즈, 인기 있는 스마트 폰 또는 태블릿 응용 프로그램, 학생들이 선호하는 TV 프로그램이 그 예를 제공할 수 있다. 그리고 만약 여러분이 이러한 매체들과 연결되어 있지 않다면, 가장 정확한 소식통인 학생들로부터 같은 정보를 얻을 수 있다. 이러한 유형의 정보를 발견할 수 있는 짧은 시간을 찾기 위해 수업 중간 쉬는 시간, 이동 시간, 그리고 하루의 마지막에 주차장으로 걸어갈 때 등의 순간을 이용하라. 이런 순간의 시간이 학생들의 학습에 영향을 미친다.

행동과 표현의 원리로 이동하여, '실행 기능을 위한 다양한 선택 제공' 지침을 보면, 학생들과 대인 관계를 구축할 수 있는 여러 가지 기회가 있다. 우리는 '계획과 전략 개발 지원하기' 체크포인트에 초점을 맞출 것이다. 만약 여러분이 학습 환경에서 학생들이 과제 진행 일정을 지키도록 돕는다면, 여러분은 목표와 관련된 구체적인 평가 활동을 위한 공부를 하도록 상기시킬 수 있다. 학생들이 학습 기술에 익숙하지 않은 경우, 학생들은 학습 단계를 나누는 것에 대한 도움이 필요할 것이다. 학생들에게 구체적인 아이디어를 제공하는 것은 학생들이 공부의 소유권을 갖도록 도와준다. 또한, 추가적인 도움이 필요한 학생과 이야기를 나누어라[예: "시안(Cyan), 네가 공부 카드(study card)를 정말 잘 만든다는 것을 알아. 만약, 네가 매일 두 개의 새로운 것을 만들고 공부한다면, 너는 이번 주에 10개의 용어를 모두 암기하게 될 것이야. 너는 도표도 잘 그리잖아. 10개의 용어가 어떻게 연관되어 있는지 도표를 만들어 보는 것은 어떨까? 너는 순식간에 다음 주를 위한 준비를 하게 될 거야."]. 다음 주에 지필평가를 보지 않을 수도 있지만, 결국에는 그 용어에 대한 시안의 지식을 평가할 것이고, 시안은 그것을 알고 이해할 필요가 있을 것이다. 이러한 유형의 구체적인 지침은 시안이 자신의 교육과정에 대한 의사 결정자가 되는 데 도움이 된다. 시안은 이제 어떤 일을 해야 하는지에 대한 몇 가지 생각을 하고 있고, 격려와 함께 주어진 목표를 달성하기 위해 나아갈 수 있다. 학생들의 학습 소유권은 성공한 학습자의 강력한 지표이다(Pianta et al., 2008). 수업의 목적을 명확하게 파악한 다음 학습 목표를 개시함으로써, 학생들이 학습 소유권을 얻을 수 있는 또 다른 기회를 제공할 수 있다.

목표 설정: 매트 로버트와 학생의 관점

매트는 질문할 때 학생들의 관점을 고려한다(예: 이전에는 할 수 없었던 일을 할 수 있게 되는 것은 무엇일까? 어떤 기술을 갖게 될까? 어떤 지식 기반을 가지게 될까?). 그러고 나서 그는 교사와 학생 관점의 준거를 모두 포함하는 목표를 만들기 위하여 교사들의 관점과 학생들의 관점을 융합한다. 그는 자신의 목표가 학생들에게 정보나 학습결과물을 전달하는 데 있어 융통성을 느끼게 한다고 밝혔다.

수업 계획

저는 UDL 그래프 조직자를 저의 옆에 두고 있습니다. 그리고 저의 학생들에 대해서 생각하고 묻습니다. "때때로 학습에 방해가 되는 것은 무엇인가요?" 모든 사람이 다른 방식으로 그것에 접근할 것이기 때문에, 학습 방법을 많이 알고 있는 것은 나의 수업을 위하여 필요합니다.

—Patrice Goble, 초등학교 5학년 교사

수업 개발 과정은 개인의 선택과 선호에 의해 크게 좌우된다.

수업 개발에 접근하는 방법은 개인의 선호도, 건물 수준 또는 지역 수준 요구 사항, 텍스트 기반 또는 온라인 형식과 같은 몇 가지 역학 관계에 의존한다. 이러한 이유로 한 형식이 다른 형식보다 낫다고 제안하는 것은 어렵다. 더 중요한 것은 수업을 개발하는 동안 자신에게 무엇을 묻느냐이다.

수업 계획의 목적

수업 계획은 수업 내용 전달의 핵심이지만, 사용하는 과정은 UDL 사용을 지원하거나 제한할 수 있다. 약간의 경험 후에, 수업 계획은 간단한 과정이 될 수 있다. 학생들이 무엇을 할 것인지, 언제 할 것인지, 어떻게 배운 것을 보여 줄지를 정리한다. UDL은 과정을 복잡하게 하지 않는다. 대신에 수업 개발의 측면이 더욱 자세히 정의되어 여러분과 학생들에게 기회의 문을 열어 준다.

수업 계획 개발 분석

교실에서 성취도를 분석한 800개 이상의 연구를 종합한 결과, Hattie(2009, p. 239)는 수업의 복잡한 본성과 성공적인 수업을 위해 교사가 해야 할 일에 대해 중요한 결론을 내렸다.

> 교사는 학생들이 무엇을 배우기를 원하는지 명확하게 파악할 필요가 있다. 학생들의 성공을 어떻게 측정할 것인지 파악하고, 학급 학생 전부 성취하고 있는지를 파악하며, 학생 성취도와 학생들 각자 계획 사이의 격차를 살펴본 후 "어디로 가세요?" "어떻게 가고 있습니까?" "다음은 어디로 갈까요?"라고 묻는다.

학습 의도와 성공 기준에 초점을 맞추는 것은 학습 목표의 중요성을 말해 준다. 앞서 논의했듯이, 수업의 의도와 원하는 성과 모두 목표에 있어야 한다. 수업이 끝난 후 학생들이 무엇을 가지고 떠나는 것을 원하는가?

성공적인 수업은 학생들의 정보 획득, 학생들의 성과 자료, 이 두 가지 사이의 어떤 차이에 초점을 맞추고 있다는 Hattie의 신념은 수업의 광범위한 설계(즉, UDL 원리의 사용)에 대해 직접적으로 말한다. 학생과 교사가 동시에 사용하게 될 Hattie의 세 가지 질문은 재치 있고, 지식이 풍부하고, 전략적이고, 목표 지향적이고, 목적의식이 있고, 동기 부여가 된 학생들에 대해서 UDL 프레임워크가 지향하는 결과와 일치한다(Meyer, Rose, & Gordon, 2013). Hattie는 이러한 결과에 도달하기 위해서는 가르치고 배우는 것이 눈에 띄어야 한다고 주장했다. 가시성에 대한 그의 해석은 참여의 원리에 따른 근본적인 점검사항인 교사의 구체적이고 지지적인 피드백을 통해 이루어진다. 또한, 그의 인용문을 통해 짜여진 것은 수업 분석의 개념이다. 이러한 수업 개발 측면은 일부 저자가 성공적인 수업 계획 내에서 핵심 요소로 결정한 것을 자세히 검토함으로써 추가로 조사할 수 있다.

Fenty, McDuffie-Landrum과 Fisher(2012)는 다섯 가지의 효과적인 교수 방법을 제시했다. Duke와 Pearson(2002) 그리고 Fisher와 Frey(2007)가 진행한 연구의 도움을 받아, 그들은 수업마다 다음과 같은 요소가 필요하다고 결론지었다.

- 선행 수업(anticipatory set)
- 모형화(modeling)
- 안내된 연습(guided practice)
- 독립적인 실행(independent practice)
- 마무리(closure)

선행 수업

내부 연소 엔진이 장착된 초기 자동차는 자동으로 시동이 걸리지 않았다. 어떤 사람이 차 앞에 있는 크랭크 축에 크랭크를 넣고 상당한 힘으로 크랭크를 시계 방향으로 돌려야 자동차의 시동이 걸렸다. 이 과정이 피스톤을 움직여 점화 플러그가 연료를 연소시켜 엔진을 시동시키게 된다. 초기의 자동차들과 마찬가지로, 수업도 피스톤을 발사하고 학생들의 뇌 엔진을 가동하기 위해 고안된 특정 활동이 필요하다.

선행 수업(Hunter, 1994), 탐색적 소개(Sunal, McCormick, Sunal, & Shwery, 2005), 탐색 단계(Flynn, Mesibov, Vermette, & Smith, 2004; Jones, Vermette, & Jones, 2009) 또는 학습을 위한 준비(Brunn, 2010)라고 불리는 이것은 학생의 관심을 빠르게 사로잡을 수 있는 곳이다. 활동은 간단할 수도 있고(Hunter, 1994), 또는 학습하기 위한 견고한 기초를 확립하기 위해 더 오래 걸릴 수 있다(Jones et al., 2011). 활동은 관심을 유도하거나(예: 참여의 원리에 따른 '흥미를 돋우는 다양한 선택 제공'), 관련성을 설정하거나(같은 지침에 언급된), 학생들의 배경 지식에 작용(예: 표상의 원리에 따른 '이해를 돕기 위한 다양한 선택 제공') 하도록 설계될 수 있다. 혼동을 최소화하기 위해 이 절에서는 선행 수업이라는 용어를 사용할 것이다.

항상 활동이 수업의 목표와 일치하는지 확인하라. 아이디어는 수업 일부분을 통해 꾸준히 움직여서 여러분이 고기를 얻을 수 있도록 하기 위한 것이다. 너무 피상적일 가능성이 있다는 점에서 일부 사람들은 비판적이었지만(Johnson, 2000; Jones et al., 2011), 선행 수업 개념은 UDL 설계 수업에서 매우 중요하다. 이 지점에서 학생들의 관심을 끌고 유지하는 방법을 결정해야 한다. 하지만 앞서 언급한 참여의 원리 중 하나의 지침 또는 참여의 원리로 선행 수업에 대한 여러분의 생각을 제한하는 것은 실수가 될 수 있다. 수업을 설계하는 것은 UDL의 지침이 학생들의 학습을 지원하기 위해 서로 어떻게 상호 연결되는지 진정으로 확인할 수 있도록 하는 것이다.

뜨거운 음료 사용을 통하여 수업에 대한 관련성, 가치, 진실성에 초점을 맞춘 제3장의 열전도 예시로 돌아가 보자. 그 예에서는 토론이 단지 말로만 이루어지는 것이 아니라는 표현의 흔적이 있었다. 여기에는 칠판에 'T' 표를 생성하는 것이 포함되었으며, 물리 교사는 학생들의 지식 전이와 일반화를 위한 발판을 마련하기를 희망하며, 학생들의 배경 지식을 톡톡 두드렸다. 이러한 요소들은 선행 활동에 원활하게 얽혀 있어, 학습에 대한 더 큰 수준의 연결을 확보하도록 도와주었다.

모형화

문자 그대로 이름을 붙인 실행은 교사가 학생들이 전략 내의 단계, 구조도 안의 학습 순서, 또는 개발의 단계를 거치게 한다. 이것은 교사가 학생들이 안내된 또는 독립적인 연습으로 옮기기 전에 확고한 이해를 하고 있는지를 관찰하는 시기를 의미한다. 하지만 모형이 교사 중심이 아닌 경우 좀 더 하지만 모형이 교사 중심적이라서 좀 더 탐구 기반 실행으로 전환하기를 원한다면 어떻게 해야 하는가?

수업 설계 및 질문 기법에 초점을 맞춤으로써, Black(2005)은 교사가 모형을 사용하여 학생들의 문제나 개념을 설정할 수 있다고 밝혔다. 그의 연구는 과학 교육에 초점을 맞추고 있지만, 이러한 제안은 여러 분야의 수업에 적용될 수 있다.

• 수업 계획에 포함된 개념의 개요와 이러한 개념이 여러분의 목표와 직

접적으로 어떻게 연관이 되어 있는지를 알아야 하지만, 학생들에게는 말하지 말아야 한다.

- 시연 중에 학생들에게 개방형 질문(왜 그렇게 생각합니까?)을 하라.
- 학생들의 예측과 가설에서 벗어나라. 학생들의 잠재적인 결론을 제안하게 유도하라(만약 ……이 일어나면 어떻게 될 것 같나요?).
- 시범 과정에 학생들을 참여시켜라. 학습 자료 구성에 도움을 줌으로써 학생들이 절차 일부가 되도록 참가시켜라.
- 적극적인 관찰을 지원해라. 다이어그램 작성, 삽화 등의 구조를 제공하여 작업을 수행할 수 있다. 저널링[2]은 능동적인 관찰을 위한 또 다른 전략이다.

안내된 연습과 독립적인 실행

안내된 연습은 독립적인 실행 수행 전에 이루어지며, 또래와 교사의 지원으로 구성된다(Fenty et al., 2012). 지원이란 학생들이 기술이나 개념을 처음부터 깊이 이해하는 데 도움이 되는 모든 구조 또는 개인 간 상호작용을 말한다. 독립적인 연습은 학생들이 습득한 기술을 강화할 수 있도록 구조화되어야 한다. 학생들은 독립적으로 학습하면서 새로 습득한 기술이나 개념을 새로운 상황에 적용하게 된다. 이는 정보를 전달하고 일반화할 수 있는 능력을 보여 주며, 앞으로 동일하게 행동할 가능성이 크다는 것을 의미한다(Fenty et al., 2012). 두 경우 모두 기본 제공 구조는 여러 지침을 포함할 수 있으며, 종종 스캐폴딩 설정을 포함한다.

안내된 연습과 독립적 연습은 표현의 원리에 따라 나열된 옵션들과 짜 맞

---

2 역자 주: 저널링(journaling)이란 발생하는 수많은 자극에 대한 내면의 반응을 기록하는 것으로 일어난 일, 경험한 사실에 대한 자기 생각과 느낌을 기록한 것이다.

출 수 있다. 예를 들어, 학생들이 기호를 사용하여 학습하는 경우, 그래픽 또는 텍스트를 활용하여 이해를 도와줄 수 있다. 또한, 시각적 요소로만 구성된 수업에서 청각적인 요소를 추가하여 학생들에게 제공하는 기회를 넓힐 수 있다. 제4장을 빠르게 훑어보면 수많은 옵션이 떠오를 것이다.

행동 및 표현의 원리에 맞추어, 안내된 연습과 독립적인 실행은 활동의 기초가 되는 내용에 관한 형성평가를 포함하여야 한다. Jones 등(2011)에 의해 밝혀진 바와 같이, 예비 교사와 초임 교사들이 겪는 어려움은 연습과 성적을 결합하는 방식으로 숙제를 사용하는 경향이었다. 또한, 이들은 이해의 증거를 수집하기 위한 유일한 방법으로 토론을 사용하거나 암기 능력 검사 또는 객관식 검사를 사용하는 경향도 있었다.

첫 번째는 충실도(예: 학생이 독립적으로 숙제를 완료하였는가?)에 관한 문제로 구성되며 두 가지 독립적인 요소의 융합을 불러일으킨다—성취율(학생의 완료한 문제의 수)과 이해 수준(학생이 문제에 올바르게 대답했는지 여부). 제5장의 평가에 대한 논의로 돌아가 보면, 평가는 ① 수업 목표와 직접적으로 연결되어야 하며, ② 학생들이 개념이나 기술을 이해하는 것에 대한 명확한 자료를 제공한다. 여러분이 성취율에만 더 신경을 쓰면, 학생들의 이해 수준을 파악하기 위해 사용하고자 했던 자료를 혼란스럽게 만든다.

두 번째 예는 정보를 수집하는 방법에서의 오류이다. 대화를 통해 학생들이 개념이나 기술에 관한 학생들의 이해에 대한 정보를 모을 수 있다고 생각하는 것은 자연스러운 일이다. Jones 등(2012)은 이해의 수준을 증명하는 실물(만질 수 있는 자료) 활동을 추가하도록 장려한다. 또한, 그들은 실물이 신뢰할 수 있는 평가와 맥락을 같이 한다고 주장한다(Wiggins, 1990).

진정한 평가는 타당성과 신뢰성을 확보해야 한다. 타당성과 신뢰성을 확보한 평가는 시나리오에 기초하는 경향이 있으며, 학생들이 명확한 답을 가진 질문에 대답하도록 하기보다는 문제 해결을 요구한다(Darling-Hammond, 1997).

Dana와 Tippens(1993), Moon, Brighton, Callahan과 Robinson(2005, p. 120)

의 연구에서 요약한 본질적인 평가의 특징은 다음과 같다.

1. 사소한 미시적 사실 또는 전문 기술보다는 거대한 아이디어(big idea)나 큰 개념들(big concepts)에 중점을 두고 필수적인 내용에 중점을 둔다.
2. 다른 문제 상황 및 질문으로 이어진다는 점에서 심층적이다.
3. 실행 가능하며 학교와 교실 내에서 쉽고 안전하게 수행할 수 있다.
4. 단 하나의 정답보다는 우수한 학습 결과물을 만들어 내는 능력과 과제를 수행하는 능력에 중점을 둔다.
5. 학생의 강점과 전문성 발달 및 표현을 촉진한다(초점은 학생들이 아는 것에 있다).
6. 평가가 시작되기 전에 교사와 학생 사이에 알려지고, 이해되고, 협상한 기준을 갖는다.
7. 학생들이 기준을 충족했음을 입증할 수 있는 여러 가지 방법을 제공하고, 다양한 관점과 여러 가지 해석을 허용한다.
8. 점수를 매기는 것이 가장 쉬운 것이 아니라 과제의 본질에 초점을 맞춘 채점을 요구한다.

마무리

마무리 단계는 수업 절차 내에서 학생들의 이해 수준을 평가하기 위해 설정한 시간이다. 이 시간은 학생들의 이해 수준을 확인하는 기회를 한 번 더 제공하기 때문에 매우 중요한 단계라고 할 수 있다. 이 장의 앞부분에서 설명된 출구 티켓(Exit slip)은 이 단계에서 사용할 수 있는 도구 중 하나이다. 다른 형식은 3-2-1 전략이라고 불린다. 3, 2, 1 숫자와 관련하여 공유할 주제를 결정한다. 예를 들어, 수업 목표가 "학생들이 축구 규칙, 선수 포지션, 안전에 대한 지식을 증명할 것이다."라고 제시되었다면, 3-2-1 활동을 끝내기 위해서 학생들이 축구 경기장에서 세 가지 축구 포지션, 벌칙이 부여되는 두 가지 행동, 경기장에서 착용해야 하는 한 가지 안전 장비의 이름을 짓도록 한다.

〈표 7-4〉는 추가적인 마무리 활동을 포함한다. 이 목록은 완전한 것으로 간주되어서는 안 된다. 대신, 제안된 활동을 통해 수업에서 활용할 수 있는 새로운 아이디어를 얻도록 하자.

마무리 활동에 대한 추가 참고 사항—마무리 활동을 UDL 프레임워크와 함께 사용하는지 확인해 보자. 프레임워크를 활용하여 활동을 사용하는 이유와 해결해야 할 장애물을 파악할 수 있다(예: 전체 수업 토론 중에 모든 학생이 동등한 반응을 보일 수 있는가?). 여기서 중요한 것은, 이러한 활동은 진술된 목표에 직접 연계되도록 구조화된 경우에만 유용한 활동이라는 것이다.

선행 수업, 모델링, 안내된 연습, 독립적 연습, 마무리 계획은 수업 설계의 중요한 구성 요소를 규정하지만, 다른 설계 문제로 인하여 교수 활동이 복잡해질 수도 있다. 이 장의 앞부분에서 간략하게 언급하였듯이, Jones 등(2011)은 예비 교사와 초임 교사가 경험한 여섯 가지 함정을 확인하였다. 〈표 7-5〉는 이러한 함정을 나열하고 저자들이 제안한 해결책을 요약한 것이다.

〈표 7-4〉 마무리 활동

활동: 엽서
도구: 메모 카드
과정: 학생은 교실에 없는 사람에게 자신이 배운 기술, 개념, 주제에 관하여 알려 주는 엽서를 쓴다.
목표: 학생들이 배운 것에 대해 생각하게 한다.

활동: 3-2-1
도구: 종이 한 장
과정: 학생들은 세 가지 토론한 내용, 두 가지 배운 내용, 그리고 여전히 이해하지 못한 한 가지 내용을 쓴다.
목표: 학생들이 배운 것에 대해 생각하게 한다.

활동: 진흙탕 물

도구: 종이 한 장

과정: 이해한 것과 이해하지 못한 것을 한 가지씩 쓴다.

목표: 학생들이 배운 것에 대해 생각하게 한다.

활동: 결론 예측 안내도

도구: 학습 활동 전 작성한 예측 안내도

과정: 학생들은 활동 전 예측 안내도에서 자신이 한 예측 내용을 활동 후 확인하는 과정을 통해 이전에 가지고 있던 오개념을 수정한다.

목표: 학생들이 오류를 수정할 수 있다.

활동: 비치 볼

도구: 질문이 적혀 있는 비치 볼

과정: 학생들은 비치볼을 패스하고 자신의 손에 떨어지는 질문에 답해야 한다.

목표: 학생들이 알고 있는 것과 모르고 있는 것을 생각하게 한다.

활동: '우'라고 말하지 않기

도구: 공

과정: 학생들은 공을 패스하고, 앞에 있던 사람이 말한 마지막 말을 반복하고, 아직 언급되지 않은 주제에 대해 말해야 한다.

목표: 학생들이 알고 있는 것과 모르고 있는 것을 생각하게 한다.

작업: 종료 로그

도구: 스프링 노트

과정: 학생들은 하루의 활동을 요약한 노트를 보관한다.

목표: 학생들이 배운 내용에 대해 생각하게 한다.

활동: 1센트와 10센트

도구: 종이

과정: 학생들은 수업을 평가하고 경험을 향상시키는 한 가지 방법을 나열한다.

목표: 학생들이 알고 있는 것과 모르고 있는 것을 생각하게 한다.

활동: 문밖으로 나가기 위한 티켓

도구: 종이

과정: 학생들은 그들이 이해하는 한 가지를 적는다.

목표: 학생들이 배운 것에 대해 깊이 생각하게 한다.

활동: 빈칸 채우기

도구: 종이

과정: 교사는 핵심 용어를 빈칸으로 하는 진술 문항을 작성한다. 학생들은 빠진 용어를 채워 넣어 문장을 완성한다.

목표: 학생들이 배운 것에 대해 깊이 생각하게 한다.

작업: 전과 후

도구: 종이

과정: 학생들은 선택한 단계의 전과 후에 발생한 절차/단계를 작성해야 한다.

목표: 학생들이 배운 것에 대해 깊이 생각하게 한다.

활동: 체크리스트 양식

도구: 없음

과정: 학생들은 수업의 마지막 5분 동안 완전성/품질 체크리스트를 받는다. 학생들은 자신이 무엇을 완료하였는지와 가지고 있는 질문을 설명하는 체크리스트를 완성한다. 교사는 체크리스트를 활용하여 학생들에게 피드백을 제공한다.

목표: 학생들이 배운 것에 대해 깊이 생각하게 한다.

활동: 당일 수업의 질문

도구: 없음

과정: 교사는 당일 수업에서 질문한다. 학생들은 대답이 예(위)인지 또는 아니오(아래)인지에 따라 그들의 엄지손가락을 올리거나 내린다.

목표: 학생들이 배운 것에 대해 깊이 생각하게 한다.

활동: 좌석 아래의 티켓

도구: 종이, 가위, 테이프

과정: 질문/개념을 받아 책상 아래 임의의 장소에 놓는다. 질문을 받는 사람이나 모둠은 대답을 답을 주거나 개념을 설명해야 한다.

목표: 학생들이 배운 것에 대해 깊이 생각하게 한다.

활동: 'Smiley가 …'라고 말한다.

도구: 학생들은 자신의 종이에 글을 쓸 수 있으며 교사는 미리 만든 'smiley 종이'를 가질 수 있다.

과정: 학생들은 지시 메시지에 응답해야 한다.

J: 나는 …을 정말 이해했습니다.

K: 나는 완전히 이해하였다고 말하기 전에 몇 가지 질문이 있다.

L: 나는 전혀 이해하지 못한다.

목표: 학생들이 알고 있는 것과 모르고 있는 것에 대해 생각하게 한다.

활동: 언제(또는 왜) 관심이 있습니까?

도구: 교사가 빠른 쓰기 활동이 되기를 원하면 종이를 사용하되, 구두로 할 수 있다.

과정: 학생들은 자신의 삶과 배운 개념 간 연관성과 실제 생활에서 배운 개념을 활용하는 방법에 관해 설명한다.

목표: 개념과 학생과의 연관성을 파악하여 학생들은 실생활과의 연관성을 확인한다.

활동: 우리는 어디로 갈까요?

도구: 종이, 필기구, 대화형 화이트보드 필기도구

과정: 학생들은 다음 수업 주제를 예측한다. 종이 또는 대화형 화이트보드에 예측한 결과를 쓴다. 다음 수업 진행 중 또는 마무리 시간 중에 열리는 부분(가능하다면 대화형 화이트보드 캡처 영상으로)으로 예측한 결과를 참조하게 한다.

목표: 검토용으로 사용할 수 있다.

활동: 다음에 누가 그것을 가지고 있습니까?

도구: 던지기 위한 작은 공 또는 속이 채워진 동물 모형(인형)

과정: 교사가 학생에게 물건을 던지면서 배운 것을 한 가지 말하도록 요청하는 것으로 시작한다. 그 학생은 그날 수업에서 배운 것을 말해야 하는 다른 학생들에게 물건을 던진다. 교사는 특정 어휘 용어나 개념만을 말하고, 던지기를 할 수 있고, 학생들이 똑같이 하게 할 수 있다.

목표: 학생들이 배운 것에 대해 깊이 생각하게 한다.

활동: 자유 주제

도구: 자료 필요 없음

과정: 교사는 당일 수업의 주요 아이디어를 쓰고 언급한다. 학생들은 2~5분 동안 주요 아이디어를 둘러싼 개념에 관하여 모둠별로 토론한다. 관심을 끌기 좋아하는 모둠원은 토론 결과를 자유로운 형식의 랩 형태로 1~3분 정도 요약 발표한다. 이 방식은 남학생들에게 가장 어울린 방식이라고 할 수 있다. 관련 상황을 녹화하여 수업 진행 검토 자료로 활용할 수 있다.

목표: 학생들이 배운 것에 대해 깊이 생각하게 한다. 학생들의 창의력을 보여준다.

활동: 이렇게 보여요

도구: 수업과 관련된 물체 또는 그림

과정: 교사는 그날 수업과 직접적으로 관련된 물체를 표시한다(또는 대화형 화이트보드에 그림을 보여 준다). 학생들은 물체 또는 그림이 그날 배운 개념과 어떤 관련성이 있는지 설명해야 한다.

목표: 학생들이 배운 것에 대해 깊이 생각하게 한다.

활동: 몸으로 표현하기
도구: 질문, 파워포인트
과정: 교사는 참 또는 거짓으로 대답할 수 있는 질문을 한다. 대답이 참이면 학생들은 일어선다. 거짓일 경우, 학생들은 그대로 앉아 있는다.
목표: 학생들이 배운 것에 대해 깊이 생각하게 한다.

활동: 낙서
도구: 종이, 필기도구
과정: 학생들은 그날 배운 내용을 그림으로 표현한다.
목표: 학생들이 배운 것에 대해 깊이 생각하게 한다.

출처: Booker T. Washington High School. (n.d). *Closure spaces*. http://btwteachers.wikispaces.com/Closure+Activities에서 인출하여 수정함.

여러분이 경력 교사라면, 이러한 상황에 대한 경험을 기억하는 것이 여러분에게 성찰 관점을 제공하여 고개를 끄덕이게 될 것이다.

수업 계획 형식

이 절에서는 수업 계획의 일반적인 구성 요소를 검토하고 수업 계획을 교수 행위로 실행할 때 발생할 수 있는 확인된 실수의 예시를 제시하였다. 사용하는 수업 계획 형식에 익숙하지 않거나 UDL과 직접 연결된 계정을 찾고 있는 경우 CAST의 UDL Exchange(http://udlexchange.cast.org/home)를 사용하여 계정을 만드는 것을 추천한다.

UDL Exchange는 참가자가 자료, 수업, 학습 단원을 생성, 저장, 공유, 검색할 수 있는 견고한 사이트이다. 이 사이트는 전 세계의 교사들을 지원하기 때문에 이 교재에서 언급 한 내용 중 일부를 더 광범위하게 정의한다. 로그인 계정과 암호를 생성하기 전에 홈페이지에서 영상을 보는 것이 좋다. 그런 방식으로 사이트에 접속하면 좀 더 편안하게 사이트를 다룰 수 있을 것이다. 언제든지 영상 화면으로 돌아갈 수 있다. 또한 'Feature Guide'라는 제목의 페이지

〈표 7-5〉 함정

오류: 불명확한 학습 목표 해결책: 수업의 특정 내용을 안내하기 위해 수업 목표를 구체적으로 제시한다. 목표는 학생들이 수업을 마칠 때 어떤 지식, 기술, 역량을 갖게 되는지 제시하여야 한다. 오류: 평가에 사용된 초점에 맞지 않는 평가 또는 숙제 해결책: 학생들이 주제, 기술 또는 역량에 대한 새로운, 수정된 또는 완전한 지식을 입증할 수 있는 유형의 학습결과물을 만들게 한다. 이러한 결과물은 진술된 학습 목표를 반영하도록 구성하여야 한다. 또한, 숙제는 숙련도 제고를 위해 설계되어야 하며 평가에 반영되어서는 안 된다(즉, 정확도에 따른 등급 지정은 가능하다). 오류: 학생들이 떠오르는 아이디어가 추적되지 않는다. 해결책: 공식적인 평가가 아닌 요약 자료를 제공하거나 주로 토론 활동에 의한 수업을 진행한다. 오류: 평가의 목표가 수업 목표와 일치하지 않는다. 해결책: 목표 진술을 모든 평가의 설계에 관련짓는다. 한 가지 전략은 목표 설정과 평가 방법을 함께 설계한 후 수업을 구성하는 것이다. 오류: 수업을 시작하는 방법이 불명확함 해결책: 짧은 시간이 아니라 깊이에 초점을 맞추어 의미 있는 안내를 계획한다. 학생들이 수업의 이 부분을 나머지 수업에 관하여 참고할 수 있는 기초로 삼는다. 오류: 학생들은 정보를 주입하는 그릇이다. 해결책: 학생들에게 정보를 종합하거나 새로운 지식을 특정한 상황에 적용할 기회를 제공하는 데 초점을 맞춘다. 수업이 교사 중심이 되는 시간을 자세히 조사한다. 학생 주도 활동 시간을 수업 시간에 추가하기 시작한다.

출처: Jones, Jones, & Vermette(2011).

상단에 있는 맨 오른쪽 탭을 클릭하는 것이 좋다. 이 가이드는 사이트의 선형 레이아웃이며 사이트에 익숙해지도록 도와주는 그래픽이 포함되어 있다.

UDL Exchange 웹사이트에 로그인하면 '시작하기: 세 가지 유형의 재료'라는 상자가 나타난다. 여기에서 UDL 자료(UDL Resources), UDL 수업(UDL Lessons), UDL 컬렉션(UDL Collections)을 선택할 수 있다. 자료는 수업에 사용할 모든 유형의 디지털 기반 자료이다. 여기에는 자체 제작한 문서, 기사, 그림, 영상 자료가 제시되어 있다. 이 자료 중 용량이 가장 큰 파일의 크기는 2MB이다. 수업은 수업 계획에 관한 내용으로 구성되어 있다. 다음 절에서 수업의 설계에 대해 더 자세히 이야기할 것이다. 컬렉션은 수업 단원별로 구성할 수 있다.

컬렉션은 함께 수집하기 원하는 자료와 수업 활동의 모음이다. 예를 들어, 여러분은 살렘 마녀재판에 대한 교훈을 가르치고 있고 이미 수업 구성에 대해 계획을 하고 있을 수도 있다. 그러나 UDL Exchange를 통해 자료를 찾고 다른 자료를 업로드한 후 구성 상태를 유지하려고 한다. 이 작업은 컬렉션을 생성하여 수행할 수 있다. 여러분이 UDL Exchange 웹사이트를 둘러볼 때, 다른 교사들의 예와 제안을 발견할 수 있을 것이다. 이 시점에서 UDL Exchange 웹사이트의 수업 개발 부분으로 돌아가 보자.

화면 상단의 가운데 탭인 'Build'를 클릭하면 새로운 수업, 자료, 컬렉션을 만들 수 있는 옵션을 제공하는 화면으로 이동한다. 이 온라인 자료를 사용하는 방법에 대한 사용 지침서를 제공하지는 않지만(이전에 언급한 자료를 사용하거나 페이지 맨 위에 있는 지원 강의를 클릭할 수 있다), 이 도구의 특정 부분을 강조 표시할 것이다.

이 설계 구조는 학생들이 수업 중에 성공해야 하는 배경 지식, 수업의 목적, CCS 연결(이 사이트에 업로드되어 주제 영역을 기반으로 선택하는 것이 가능) 등 여러분이 생각하는 데 도움을 줄 수 있도록 개발되었다.

수업 목표, 수업 목적, 수업이 다양한 학습자의 요구를 충족시키는 방법에 대한 생각을 나열할 수 있는 위치가 있다. 그 아래에는 수업의 시작 방법, 수업 중 진행할 학습 활동, 수업 마무리 활동을 규정한다. 이 도구는 수업에 사용할 자료와 자원을 나열할 수 있는 공간을 제공한다. 각 머리글 옆의 작은 원 안에 소문자가 표시된다. 이 열린 상자에는 머리글에 대한 이해를 뒷받침하는 설명이 들어 있다. 이러한 지원을 통해 친숙하지 않은 용어의 정의를 받게 된다.

필자는 이것이 여러분이 사용할 수 있는 하나의 수업 설계 도구라고 강조하고자 한다. 이 도구에는 사용자의 UDL 사용을 조사하는 체크리스트나 점검 체계가 없다. 사실 UDL의 세 가지 원리도 언급하지 않는다. 그렇다면 UDL과 어떻게 연결할 수 있을까? 이 도구의 장점은 UDL의 어휘를 사용하고 프레임워크를 사용하여 설계되었기 때문에 도구를 이해하는 데 필요한 지원을 받을 수 있다는 점이다. 그리고 UDL를 염두에 두고 설계된 다른 자원과 정보를 웹사이트 내에 저장할 수 있다는 것도 도구의 장점이다. 또한, 프레임워크에 익숙해지기 위해 노력하는 교사에게 익숙한 레이아웃이기 때문에 이 도구를 사용하기 시작할 때 옆에 있는 프레임워크(또는 이 책)를 가지고 있는 것을 제안한다.

체크리스트

UDL을 최대한 활용하고 있거나 UDL 수업을 계획하고 있다는 것을 알려주는 확실한 단계는 없다. UDL 관련 지식이 수업 설계에 미치는 영향을 조사하기 위한 노력의 하나로, 일부 연구자들은 교사들이 수업 내에서 프레임워크의 사용을 나타내기 위한 명확한 지침, 수정, 선택 사항의 수를 조사하였다(Spooner, Baker, Harris, Ahlgrim-Delzell, & Browder, 2007). 또 다른 연구들은 예비 교사의 절차, 사용된 자료, 취급된 장애물, UDL 원리의 사용을 조사하는 수업 계획안을 사용하였다(Williams, Evans, & King, 2012). 두 경우 모두, 교사가 더 접근하기 쉬운 학습 환경과 수업으로 이어질 수 있는 수업을 설계하는 능력에 영향을 미치기 위해서는 UDL에 대한 직접 교수가 필요하다는 것을 발견하였다.

이 책의 세 가지 '부(sections)'는 UDL 프레임워크를 기반으로 한 수업을 설계하는 데 필요한 정보를 제공할 뿐만 아니라 해당 수업을 전달하는 학습 환경을 조성하는 데 필요한 정보를 제공하도록 고안되었다. UDL을 효과적으로 사용하고 있다고 말하는 교사, 관리자, 그 밖의 이해 관계자에게 여러분이 UDL을 효과적으로 사용하고 있다는 것을 보여 주는 명확한 수업 계획안이나 체크리스트가 없지만, 다음과 같이 UDL의 방향을 결정하는 데 도움이 되는 몇 가지 반성적인 질문이 있다.

내가 수업 계획을 세울 때,

- 명확한 목표가 있는가?(이 장의 시작 부분에 있는 목표 부분 참조)
- 학생들이 목표를 달성했는지를 측정하는 방법을 파악한다(안내된 연습, 독립적인 연습, 마무리 부분 참조).
- 학생들에게 수업 목표를 안내하는 활동과 과제를 만들겠는가?(목표의 역할 참조)
- 표상, 참여, 행동 및 표현이라는 세 가지 원리에서 언급된 옵션으로 설계된 활동과 과제를 작성한다(제3, 4, 5장 참조)
- 학습 목표와 직접 관련된 평가 문항을 개발하는가?(제6장 및 학업성취도 평가 참조)
- 행동 및 표현의 원리에 나열된 옵션으로 설계한 평가 문항을 개발하는가?(제5장 참조)
- 다양한 도구와 자료를 사용하여 수업 계획을 수립할 수 있는가?(제6장 참조)

결론

이 장에서는 UDL 설계 학습의 두 가지 핵심 요소인 목표와 수업을 소개하였다. 목표의 역할은 수업의 방향을 제시하는 것이다. 이 방향은 수업의 성공에 있어서 중요하다. 이 장에서는 수업 개발 중에 CCSS 사용을 언급하고 표준에 부합하지만 UDL 친화적인 환경을 조성하기 위해 목표를 구성하는 방법에 대한 제안을 제공하였다. 그 부분은 학생 소유권의 중요한 주제로 끝이 났다. 학생들은 교사와의 상호 작용 유형과 학습 환경에 주의를 기울인다. 이러한 상호작용이 긍정적이고(예: 교사가 친근하고, 접근하기 쉽고, 친절하고 유머를 사용한다), 학습 환경이 다양할 때(예: 다양한 사례, 다양한 접근법), 학생들은 학습 결과와 더 연결되어 있다고 보고한다(Patrick & Ryan, 2009). 학생들이 K-12 이전 환경 및 그 이상의 환경에서 성공하려면, 우리는 학생들의 학습 소유권에 대한 성장을 지원해야 한다. 인지 및 감정을 연결하는 연구 분야는 빠르게 성장하고 있으며, 학생들이 학습과 관련하여 가지고 있는 정서적 경험이 강하고 영향력 있으며, 오래 지속한다는 확실한 증거를 제공하고 있다(Immordino-Yang & Damasio, 2007; Rappolt-Schlichtmann, Daley, & Rose, 2012; Storbeck & Clore, 2012). 교사로서 우리는 UDL 프레임워크를 이용하여 접근 가능한 경로를 만들 수 있다.

이 장의 나머지 부분에서는 수업 계획 개발에 중점을 두었다. 선행 수업, 모형화, 안내된 연습, 독립적인 실행, 마무리의 다섯 가지 중요한 영역을 사용하여 UDL 원리를 사용하여 설계된 수업 내에서 이러한 요소의 필요성에 대해 논의하였다. 다음으로, 연구를 통해 확인된 여섯 가지의 함정을 초임 교사를 위한 소개와 경력 교사들에게 상기시키기 위한 목적으로 제시되었다. CAST의 연구원이 설계한 수업 계획 도구가 도구의 사용 방법에 대한 팁과 함께 제시되고 설명되었다. 마지막으로, 교사가 수업 설계 중에 사용할 수 있는 자기반성 체크리스트가 제공되었다. 이 책의 전반에 걸쳐 폭넓은 범위의 시나리오를 제공하여 수업에 적용하는 것이 어떤 모습일지 보여 주려고 했지만, 수업 계획에서 실행으로 옮겨 가는 것은 결코 간단한 일이 아니다. 공간의 역동성, 학생 및 다른 성인들과의 개인적 관계, 교사의 책무는 교육 외의 것으로 보이는 몇몇 선형 과정으로 무수히 많은 선택, 상황과 결과를 가진 것으로 바뀔 수 있다. 즉, UDL과 같은 강력한 프레임워크를 가지고 있다면, 수업의 장애물을 줄이기 위한 변화와 수정을 할 수 있으므로 학습 환경과 수업을 자신 있게 설계하고 학생들의 결과를 추적할 수 있다.

작은 것부터 시작하라. 프레임워크 내에서 하나의 초점을 선택한다. 연습에서 한가지 초점을 선택한다. 다른 교사의 참여를 요청하고, 서로의 경험에 대해 서로 이야기 나누어 보아라. 조언을 주고받아라. 성공을 공유하라. 변화를 주시하라.

> 저는 각 수업의 세부 사항을 종합하면서 UDL을 기반으로 한 더 많은 요소를 추가합니다. 때로는 제가 너무 많은 것을 추가하는 것 같고, 우리가 아무 데도 갈 수 없을 거로 생각하지만, 그건 제가 항상 같은 일을 하는 것이 편안하기 때문입니다. 이제는 자료에서 좋은 결과를 얻고 있습니다. 학생들의 성적이 향상되고 있습니다. 저는 UDL을 사용하고 있고, 제가 어디론가 가고 있다는 것을 알고 있습니다.
>
> —Kathy Denniston, 초등학교 5학년 교사

참고문헌

Andrade, H., Huff, K., & Brooke, G. (2012). *Students at the center: Teaching and learning in the era of the Common Core*. Boston, MA: Jobs for the Future.

Apple Inc. (n.d.). *Accessibility*. Retrieved from http://www.apple.com/accessibility/

Baker, J.A., Grant, S., & Morlock, L. (2008). The teacher-student relationship as a developmental context for children with internalizing or externalizing behavior problems. *School Psychology Quarterly, 23*(1), 3-15.

Baloche, L.A. (1998). *The cooperative classroom: Empowering learning*. Upper Saddle River, NJ: Prentice Hall.

Bandura, A. (1986). *Social foundations of thought and action: A social cognitive theory*. Englewood Cliffs, NJ: Prentice Hall.

Bandura, A. (1993). Perceived self-efficacy in cognitive development and functioning. *Educational Psychologist, 28*(2), 117-148.

Bandura, A. (1997). *Self-efficacy: The exercise of control*. New York, NY: Freeman.

Beyer, C.J., & Davis, E.A. (2011). Learning to critique and adapt science curriculum materials: Examining the development of preservice teachers' pedagogical content knowledge. *Science Education, 96*(1), 130-157. doi:10.1002/sce.20466

Black, R. (2005). Why demonstrations matter: Teacher-centered demonstration still has a place in the constructivist classroom. *Science and Children, 43*(1), 52-55.

Black, S. (2002). Keeping kids in school. *American School Board Journal, 189*(12),

50-52.

Black, P., & Wiliam, D. (1998). Assessment and classroom learning. *Assessment in Education, 5*(1), 7-74. doi:10.1080/0969595980050102

Bodrova, E., Leong, D.J., & Akhutina, T.V. (2011). When everything new is wellforgotten old: Vygotsky/Luria insights in the development of executive functions. In R.M. Lerner, J.V. Lerner, E.P. Bowers, S. Lewin-Bizan, S. Gestsdottir, & J.B. Urban (Eds.), *Thriving in childhood and adolescence: The role of self-regulation processes: New Directions for Child and Adolescent Development, 133*, 11-28.

Booker T. Washington High School. (n.d.). *Closure spaces*. Licensed under a Creative Commons Attribution-ShareAlike 3.0 Unported License(http://creativecommons.org/licenses/by-sa/3.0/). Retrieved from http://btwteachers.wikispaces.com/ Closure+Activities

Boyle, J.R. (2011). Thinking strategically to record notes in content classes. *American Secondary Education, 40*(1), 50-66.

Brookhart, S.M. (2007). Expanding views about formative assessment: A review of the literature. In H. McMillan (Ed.), *Formative assessment classroom: Theory into practice* (pp. 43-62). New York, NY: Teachers College Press.

Brookhart, S.M. (2012). Preventing feedback fizzle . *Educational Leadership, 25-29.*

Brown, M.W. (2009). The teacher-tool relationship: Theorizing the design and use of curriculum materials. In J.T. Remillard, B.A. Herbel-Eisenmann, & G.M. Lloyd (Eds.), *Mathematics teachers at work: Connecting curriculum materials and classroom instruction* (pp. 17-36). New York, NY: Routledge.

Brunn, NY, P. (2010). *The lesson planning handbook: Essential strategies that inspire student thinking and learning.* New York, NY: Scholastic.

Calkins, L., Ehrenworth, M., & Lehman, C. (2012). *Pathways to the Common Core: Accelerating achievement*. Portsmouth, NH: Heinemann.

CAST. (2011). *Types of evidence supporting UDL.* Wakefield, MA: Author. Retrieved from http://www.udlcenter.org/aboutudl/udlevidence

CAST. (2012a). *What is the national instructional materials accessibility standard*

(NIMAS)? Wakefield, MA: Author. Retrieved http://aim.cast.org/learn/policy/federal/what_is_nimas

CAST. (2012b, August 12). *Acknowledging learner variability: Changes in UDL Guidelines 2.0.* Retrieved from http://www.udlcenter.org/resource_library/videos

CAST. (2012c). *What is the national instructional materials accessibility standard (NIMAS)?* Wakefield, MA: Author. Retrieved http://aim.cast.org/learn/policy/federal/what_is_nimas

Center for Mental Health in Schools at UCLA. (2006). *A technical aid packet on resource mapping and management to address barriers to learning: An intervention for systemic change*. Los Angeles, CA: Author.

Chappuis, S., & Stiggins, R.J. (2002). Classroom assessment for learning. *Educational Leadership, 60*(1), 40-43.

Cinnamond, J., & Zimpher, N. (1990). Reflectivity as a function of community. In R. Clift, W. Houston, & M. Pugach (Eds.), *Encouraging reflective practice in education: An analysis of issues and programmes* (pp. 57-72). New York, NY: Teachers College Press.

Clark, I. (2010). Formative assessment: "There is nothing so practical as good theory." *The Australian Journal of Education, 54*(3), 341-352.

Cohen, D.K., & Ball, D.L. (1999). *Instruction, capacity, and improvement* (CPRE Research Series RR-043). Philadelphia, PA: University of Pennsylvania Consortium for Policy Research in Education.

Cohen, E. (1994). Restructuring the classroom: Conditions for productive small groups. *Review of Educational Research, 64*(1), 1-35.

Colvin, G., Sugai, G., & Kameenui, E. (1994). *Curriculum for establishing a proactive school-wide discipline plan: Project Prepare*. Eugene, OR: University of Oregon, College of Education, Behavioral Research and Teaching.

Common Core State Standard Initiative. (2012). *About the standards*. Retrieved from www.corestandards.org/about-the-standards

Cooper, J.E., Horn, S., & Strahan, D.B. (2005). "If only they would do their homework": Promoting self-regulation in high school English classes. *High School Journal, 88*(3), 10-25.

Coyne, P., Ganley, P., Hall, T., Meo, G., Murray, E., & Gordon, D. (2009). Applying universal design for learning in the classroom. In D. Rose & A. Meyer (Eds.), *A practical reader in universal design for learning* (pp. 1-14). Cambridge, MA: Harvard University Press.

Coyne, P., Pisha, B., Dalton, B., Zeph, L.A., & Smith, N.C. (2012). Literacy by design: A universal design for learning approach for students with signifi cant intellectual disabilities. *Remedial and Special Education, 33*(3), 162-172.

Craighead, E., & Ramanathan, H. (2007). Effective teacher interactions with English language learners in mainstream classes. *Mid-South Educational Research Association, 14*(1), 60-71.

Curtin, E. (2005). Instructional styles used by regular classroom teachers while teaching recently mainstreamed ESL students: Six urban middle school teachers in Texas share their experiences and perceptions. *Multicultural Education*, 36-42.

Dana, T.M., & Tippins, D.J. (1993). Considering alternative assessments for middle level learners. *Middle School Journal, 25*(2), 3-5.

Darling-Hammond, L. (1997). *The right to learn.* San Francisco, CA: Jossey-Bass.

Deci, E., & Ryan, R. (Eds.). (2002). *Handbook of self-determination research.* Rochester, NY: University of Rochester Press.

Dotterer, A.M., & Lowe, K. (2011). Classroom context, school engagement, and academic achievement and early adolescence. *Journal of Youth Adolescence, 40,* 1649-1660. doi:10.1007/210964-011-9647-5

DuFour, R., DuFour, R., & Eaker, R. (n.d.). *A big picture look at professional learning communities* . Retrieved from http://www.al lthingsplc.info/pdf/links/brochure.pdf

Duke, N.K., & Pearson, D. (2002). Effective practices for developing reading comprehension. In A.E. Farstrup & S.J. Samuels (Eds.), *What research has to say about reading instruction* (3rd ed., pp. 205-242). Newark, DE: International Reading Association.doi:10.1598%2F0872071774.10

Eagleton, M.B., Guinee, K., & Langlais, K. (2009). Teaching internet literacy strategies: The hero inquiry project. In D.H. Rose & A. Meyer (Eds.), *A practical reader in universal design for learning* (pp. 149-162). Cambridge, MA: Harvard Education Press.

Easterbrooks, S.R., & Stephenson, B. (2006). An examination of twenty literacy, science, and methematics practices used to educate students who are deaf or hard of hearing. *American Annals of the Deaf, 151*(4), 385-395.

Edyburn, D. (2009). RTI and UDL interventions. *Journal of Special Education Technology, 24*(2), 46-47.

Edyburn, D. (2011). Harnessing the potential of technology to support the academic success of diverse students. *New Directions for Higher Education, 154*, 37-44.

Feedback loop. (2009). *In The American Heritage Dictionary of the English Language* (4th ed.). Retrieved from http://www.thefreedictionary.com/feedback+loop

Fenty, N.S., McDuffi e-Landrum, K., & Fisher, G. (2012). Using collaboration, coteaching, and question answer relationships to enhance content level literacy. *Teaching Exceptional Children, 44*(6), 28-37.

Fisher, D., & Frey, N. (2007). A tale of two middle schools: The difference in structure and instruction. *Journal of Adolescent and Adult Literacy, 51*, 204-221. doi:10.1598%2FJAAL.51.3.1

Fletcher-Carter, R., & Paez, D. (2010). Exploring the personal cultures of rural deaf/hard of hearing students. *Rural Special Education Quarterly, 29*(2), 18-24

Flynn, P., Mesibov, D., Vermette, P.J., & Smith, R.M. (2004). *Applying standards based constructivism: A two-step guide for motivating middle and high school students.* Larchmont, NY: Eye on Education.

Fredrickson, B.L., & Branigan, C. (2005). Positive emotions broaden the scope of attention and thought-action repertoires. *Cognition and Emotion, 19*(3), 313-332.

Fuchs, D., Fuchs, L., & Burish, P. (2000). Peer-assisted learning strategies: An evidence-based practice to promote reading achievement. *Learning Disabilities Research & Practice, 15*(2), 85-91.

Furner, J., Yahya, N., & Duffy, M.L. (2005). Teach mathematics: Strategies to reach all students. *Intervention in School and Clinic, 41*(1), 16-23.

Furth, H.G. (1990). Creation of values. *American Psychologist, 45*(9), 1083-1084.

Gay, G. (2000). *Culturally responsive teaching: Theory*, research & practice. New York, NY: Teachers College Press.

Giangreco. M.F. (2007). *Absurdities and realities of special education: The complete digital set [CD].* Thousand Oaks, CA: Corwin Press.

Hall, T.E., Meyer, A., & Rose, D.H. (2012). An introduction to universal design for learning: Questions and answers. In T.E. Hall, A. Meyer, & D.H. Rose (Eds.), *Universal design for learning in the classroom: Practical applications* (pp. 1-8). New York, NY: The Guilford Press.

Hamre, B.K., & Pianta, R.C. (2001). Early teacher-child relationships and the trajectory of children's school outcomes through eighth grade. *Child Development, 72* , 625-638.

Hargreaves, A. (2007). Sustainable professional learning communities. In L. Stoll & K. Seashore Louis (Eds.), *Professional learning communities: Divergence, depth and dilemmas* (pp. 181-195). Maidenhead, England: Open University Press.

Harlen, W., & James, M. (1997). Assessment and learning: Differences and relationships between formative and summative assessments. *Assessment in Education, 4*(3), 365-379.

Harris, D., & MacRow-Hill, S.L. (1999). Application of Chroma-Gen haloscopic lenses to patients with dyslexia: A double-masked placebo-controlled trial. *Journal of the Optometric Association, 70*(1), 629-640.

Hattie, J. (2009). *Visible learning: A synthesis of over 800 meta-analyses relating to achievement.* New York, NY: Routledge.

Haydon, T., Maheady, L., & Hunter, W. (2010). Effects of numbers heads together on the daily quiz scores and on-task behavior of students with disabilities. *Journal of Behavior Education, 19,* 222-238. doi:10.1007/s10864-010-9108-3

Hiebert, J., Morris, A.K., Berk, D., & Jansen, D. (2007). Preparing teachers to learn from teaching. *Journal of Teacher Education, 58*(1), 47-61.

doi:10.1177/0022487106295726

Hipsher, C. (2009). 2009 U.S. Innovation Teachers Network: Columbus East High School, Columbus, IN [Video file]. Retrieved from http://vimeo.com/6104437

Hunter, M. (1994). *Enhancing teaching* . New York, NY: MacMillan College.

Immordino-Yang., M. & Damasio, A. (2007). We feel, therefore we learn: The relevance of affective and social neuroscience to education. *Mind, Brain, and Education, 1*(1), 3-10.

Janay, J.B., Sharkey, J.D., Olivarri, R., Tanigawa, D.A., & Mauseth, T. (2010). A qualitative study of juvenile offenders, student engagement, and interpersonal relationships: Implications for research directions and preventionist approaches. *Journal of Educational and Psychological Consultants, 20*, 288-315. doi:10.1080/10474412.2010.522878

Jang, H., Reeve, J., & Deci, E. (2010). Engaging students in learning activities: It is not autonomy support of structure but autonomy support and structure. *Journal of Educational Psychology, 102*(3), 588-600.

Johnson, A.P. (2000). It's time for Madeline Hunter to go: A new look at lesson plan design. *Action in Teacher Education, 22*(1), 72-78. doi:10.1080/01626620.2000.10462994

Johnson, D.W., & Johnson, R.T. (1999). Making cooperative learning work. *Theory Into Practice, 38*, 67-73.

Johnson, D.W., Johnson, R.T., & Holubec, E. (1991). *Cooperation in the classroom*. Edina, MN: Interaction Book Company.

Jones, J.L., & Dotson, K.B. (2010). Building the disposition of refl ection through the inquiry-focused school library program. *School Libraries Worldwide, 16*(1), 33-46.

Jones, K.A., Jones, J., & Vermette, P.J. (2011). Six common lesson planning pitfalls: Recommendations for novice educators. *Education, 131*(4), 845-864.

Jones, K.A., Vermette, P.J., & Jones, J.L. (2009). An integration of "backwards planning" unit design with the "two-step" lesson planning framework. *Education, 130*(3), 357-360.

Kizlik, R. (2012). *Definitions of behavioral verbs for learning objectives.* Retrieved from http://www.adprima.com/verbs.htm

Koskinen, P., & Blum, I. (1986). Paired repeated reading: A classroom strategy for developing fluent reading. *The Reading Teacher, 40*(1), 70-75.

Lapinski , S., Gravel, J.A., & Rose, D.H. (2012). Tools for practice: The universal design for learning guidelines. In T.E. Hall, A. Meyer, & D.H. Rose (Eds.), *Universal design for learning in the classroom: Practical applications* (pp. 1-8). New York, NY: The Guilford Press.

Leahy, S., Lyon, C., Thompson, M. & Wiliam, D. (2005) Classroom assessment: Minute by minute, day by day. *Educational Leadership, 63*(3), 19-24.

Lewis, T.J., & Sugai, G. (1999). Effective behavior support: A systems approach to proactive school-wide management. *Focus on Exceptional Children, 31*(6), 1-24.

Lewis, T.J., Sugai, G., & Colvin, G. (1998). Reducing problem behavior through a school-wide system of effective behavioral support: Investigation of a school-wide social skills training program and contextual interventions. *School Psychology Review, 27*, 446-459.

Meyer, A., Rose, D.H., & Gordon, D.T. (2013). *Universal design for learning theory and practice.* Wakefield, MA: National Center on Universal Design for Learning.

Microsoft. (n.d.). *Microsoft accessibility*. Retrieved from http://www.microsoft.com/enable/

Miyake, A., Friedman, N.P., Emerson, M.J., Witzki, A.H., & Howerter, A. (2000). The unity and diversity of executive functions and their contributions to complex "frontallobe" tasks: A latent variable analysis. *Cognitive Psychology, 41*, 49-1000.

Moon, T.R., Brighton, C.M., Callahan, C.M., & Robinson, A. (2005). Development of authentic assessments for the middle school classroom. *The Journal of Secondary Gifted Education, 16*(2/3), 119-133.

Morris, A.K., Hiebert, J., & Spitzer, S.M. (2009). Mathematical knowledge for teaching in planning and evaluating instruction: What can preservice teachers learn? *Journal for Research in Mathematics Education, 40*(5), 491-529.

National Governors Association Center for Best Practices and Council of Chief State School Officers. (2010). *Common Core State Standards for English language arts and literacy in history/social studies, science, and technical subjects.* Washington, DC: Author.

Nelson, T.H., Slavit, D., & Deuel, A. (2012). Two dimensions of an inquiry stance toward student-learning data. *Teachers College Record, 114*, 1-42.

Nieto, S. (2004). *Affirming diversity: The sociopolitical context of multicultural education* (4th ed.). Boston, MA: Pearson Allyn & Bacon.

Noble, J., Orton, M., Irlen, S., & Robinson, G. (2004). A controlled field study of the use of coloured overlays on reading achievement. *Australian Journal of Learning Disabilities, 9*(2), 14-22.

Novak, J.D., & Cañas, A.J. (2008). *The theory underlying concept maps and how to construct and use them (Technical Report IHMC CmapTools 2006-01 Rev 01-2008).* Pensacola, FL: Florida Institute for Human Machine and Cognition. Retrieved from http://cmap.ihmc.us/Publications/ResearchPapers/TheoryUnderlyingConceptMaps.pdf

Ovando, C. & Collier, V. (1998). *Bilingual and ESL classrooms: Teaching in multicultural contexts* (2nd ed.). Boston, MA: The McGraw-Hill Companies, Inc.

Owen, O., & Sarles, P. (2012). Exit tickets: The reflective ticket to understanding. *Library Media Connection, 31*(3), 20-22.

Pajares, F. (1996). Self-efficacy beliefs in academic settings. *Review of Educational Research, 66*(4), 543-578.

Pajares, F., & Johnson, M. (1994). Confidence and competence in writing: The role of self-efficacy, outcome expectancy, and apprehension. *Research in the Teaching of English, 28*(3), 313-331.

Patrick, H., & Ryan, A.M. (2009). What do students think about when evaluating their classroom's master goal structure? An examination of young adolescents' explanations. *Journal of Experimental Education, 77*, 99-124. doi:10-3200/JEXE.77.2.99-124

Phelan, P., Davidson, A.L., & Cao, H.T. (1992). Speaking up: Students' perspectives on school. *Phi Delta Kappan, 73*(9), 695-704.

Pianta, P., Belsky, J., Vandergrift, N., Houts, R., & Morrison, F.J. (2008). Classroom affects on children's achievement trajectories in elementary school. *American Educational Research Journal, 45*(2), 365-397. doi:10.3102/0002831207308230

Pianta, R.C., & Stuhlman, M. (2004). Teacher-child relationships and children's success in the first years of school. *School Psychology Review, 33*, 444-458.

Putnam, J.W. (1998). *Cooperative learning and strategies for inclusion: Celebrating diversity in the classroom*. Baltimore, MD: Paul H. Brookes Publishing Co.

Ralabate, P. (2010). *Meeting the challenge: Special education tools that work for all kids*. Washington, DC: National Education Association.

Rappolt-Schlichtmann, G., Daley, S., Lim, S., Lapinski, S., Robinson, K.H., & Johnson, M. (in press). Universal design for learning and elementary school science: Exploring the efficacy use, and perceptions of a webbased science notebook. *The Journal of Educational Psychology.*

Rappolt-Schlichtmann, G., Daley, S., & Rose, L.T. (2012). Emotion and cognition are co-related: A conversation with Mary Helen Immordino-Yang. In G. Rappolt-Schlichtmann, S. Daley & L.T. Rose (Eds.), *A research reader in universal design for learning* (pp. 57-61). Cambridge, MA: Harvard Education Press.

Remillard, J.T. (2005). Examining key concepts in research on teachers' use of mathematics curricula. *Review of Educational Research, 75*(2), 211-246.

Rice, M., Kang, D.H., Weaver, M., & Howell, C.C. (2008). Relationship of anger, stress, and coping with school connectedness in fourth-grade students. *Journal of School Health, 78*(3), 149-156.

Robinson, G.L., & Conway, R.N.F. (2000). Irlen lenses and adults: A small scale study of reading speed, accuracy, comprehension and self-image. *Australian Journal of Learning Disabilities, 5*(1), 4-13.

Rose, D.H., & Meyer, A. (2002). *Teaching every student in the digital age*. Alexandra, VA: Association for Supervision and Curriculum Development.

Ruffin, T.M. (2012). Assistive technologies for reading. *Reading Matrix: An*

International Online Journal, 12(1), 1533242X. Retrieved from http://www.readingmatrix.com/articles/april_2012/ruffi n.pdf

Ryan, R.M., & Deci, E.L. (2000). Selfdetermination theory and the facilitation of intrinsic motivation, social development, and well-being. American Psychologist, 55, 68-78.

Sander, J.B., Sharkey, J.D., Olivarri, R., Tanigawa, D.A., & Mauseth, T. (2010). A qualitative study of juvenile offenders, student engagement, and interpersonal relationships: Implications for research directions and preventionist approaches. *Journal of Educational and Psychological Consultation, 20*, 288-315.

Santangelo, T., & Tomlinson, C.A., (2009). The application of differentiated instruction in postsecondary environments: Benefits, challenges, and future directions. *International Journal of Learning and Teaching in Higher Education, 2*(3), 307-323.

Scieszka, J. (1996). *The true story of the three little pigs.* New York, NY: Puffin Books.

Schmoker, M. (2004). Tipping point: From feckless reform to substantive instructional improvement. *PhiDelta Kappan, 85*(6), 424-438.

Scholes, R. (1989). *Protocols of reading.* New Haven, CT: Yale University Press.

Schwartz, B. (1990). The creation and destruction of value. *American Psychologist, 45*(1), 7-15.

Schwartz, D. (1999). The productive agency that drives collaborative learning. In P. Dillenbourg (Ed.), *Collaborative learning: Cognitive and computational approaches* (pp. 197-218). New York, NY: Pergamon Press.

Solan, H.A., Ficarra, A., Brannan, J.R., & Rucker, F. (1998). Eye movement efficiency in normal and reading disabled elementary school children: Effects of varying luminance and wavelength. *Journal of the American Optometric Association, 69*(7), 455-464.

Spooner, F., Baker, J.N., Harris, A.A., Ahlgrim-Delzell, L., & Browder, D.M. (2007). Effects of training in universal design for learning on lesson plan development. *Remedial and Special Education, 28*(2), 108-116.

Stiggins, R.J. (2008). *An introduction to student involved assessment for learning.* Upper Saddle River, NJ: Pearson/Merrill Prentice Hall.

Strickland, D.S., Ganske, K., & Monroe, J.K. (2002). *Supporting struggling readers and writers: Strategies for classroom intervention 3-6.* Portland, ME: Stenhouse.

Strobel, J., & van Barneveld, A. (2009). When is PBL more effective? A metasynthesis of meta-analysis comparing PBL to conventional classrooms. *The Interdisciplinary Journal of Problem-Based Learning, 3*(1), 44-58.

Storbeck, J., & Clore, G.L. (2012) On the interdependence of cognition and emotion. In Rappolt-Schlichtmann, G., Daley, S.G. & Rose, L.T. (Eds.), *A research reader in universal design for learning* (pp. 62-89). Cambridge, MA: Harvard Education Press.

Streeval, A., & Armstrong, H.A. (2009). *Industrial revolution project guide: Grade 9.* Retrieved from https://pantherfile.uwm.edu/edyburn/www/tic-tac-toe-ColumbusEastIN.pdf

Sunal, C.S., McCormick, T., Sunal, D.W., & Shwery, C. (2005). Elementary teachers candidates' construction of criteria for selecting social studies lesson plans for electronic portfolios. *Journal of Social Studies Research, 29*(1), 7-17.

Thomas, J. W. (2000). *A review of research on project-based learning.* Retrieved from The Autodesk Foundation web site: http://www.bie.org/images/uploads/general/9d06758fd346969cb63653d00dca55c0.pdf

Thomas, S.P., & Smith, H. (2004). School connectedness, anger behaviors, and relationships of violent and nonviolent American youth. *Perspectives on Psychiatric Care, 40*(4), 135-148.

Tovani, C. (2012). Feedback is a two-way street. *Educational Leadership, 70*(1), 48-51.

Tse, L. (2001). *"Why don't they learn English?" Separating fact from fallacy in the U.S. language debate.* New York, NY: Teachers.

Usher, E.L., & Pajares, F. (2006). Inviting confidence in school: Invitations as a critical source of the academic self-efficacy beliefs of entering middle school students. *Journal of Invitational Theory and Practice, 12*, 7-16.

Valkanova, Y. (2004). Enhancing selfreflection in children: The use of digital video in the primary science classroom. *Journal of eLiteracy, 1*, 42-55.

Vega, V. (2012). *Project-based learning research review.* Retrieved from the Edutopia web site: http://www.edutopia.org/pbl-research-learning-outcomes

Whitted, K.S. (2011). Understanding how social and emotional skill deficits contribute to school failure. *Preventing School Failure, 55*(1), 10-16.

Wiggins, G. (1990). *The case for authentic assessment*. Retrived from ERIC database. (ED328611)

Williams, J. D. (2006). Why kids need to be bored: A case study of self-reflection and academic performance. *Research in the Middle Education Level Online, 29*(5), 1-17.

Williams, J., Evans, C., & King, L. (2012). The impact of universal design for learning on lesson planning. *The International Journal of Learning, 18*(4), 213-222.

Yussen, S. (Ed.). (1985). *The growth of refl ection in children*. Orlando, FL: Academic Press.

Zelazo, P. (2000). Self-reflection and the development of consciously controlled processing. In P. Mitchell & K. Riggs (Eds.), *Children's reasoning and the mind* (pp. 169-189). London, England: Psychology Press.

Zimmerman, B.J., & Bandura, A. (1994). Impact of self-regulatory influences on writing course attainment. *American Educational Research Journal, 31*(4), 845-862.

Zimmerman, B.J., Bonner, S., & Kovach, R. (1996). *Developing self-regulated learners*. Washington, DC: American Psychological Association.

찾아보기

저자 소개

Loui Lord Nelson 박사는 보편적 학습설계(Universal Design for Learning: UDL) 전문 컨설턴트로, 최근 미국 보스턴 대학(Boston College)과 CAST에서 1년 동안 박사후 연구원 과정을 마쳤다. K-12 전문 개발 및 시스템 변경 설계에 중점을 두고 있으며 두 분야에서 연구를 수행하고 있다. 이전에는 인디애나주 콜럼버스에 있는 Bartholomew Consolidated School Corporation의 UDL 코디네이터로 4년간 근무하였다. Loui는 인디애나주에서 8학년 협력교사로 경력을 시작한 후 중등교육 환경에서의 지적 및 발달 장애학생과 가족의 요구에 초점을 맞춘 연구로 범위를 확장하였다. 그녀의 연구는 이와 같은 개인들의 생애주기별 경험을 통해 꾸준히 알려졌다.

역자 소개

김남진(Kim, Nam-jin)
대구대학교 한국특수교육문제연구소 연구교수

이학준(Lee, Hak-Jun)
대구대학교 한국특수교육문제연구소 연구교수

김용성(Kim, Yong-Seong)
대구대학교 한국특수교육문제연구소 연구교수

감수자 소개

김용욱(Kim, Yong-Wook)
대구대학교 명예교수

보편적 학습설계

설계에서 수업까지

Design and Deliver:

Planning and Teaching Using Universal Design for Learning

2019년 6월 15일 1판 1쇄 발행
2022년 11월 25일 1판 2쇄 발행

지은이 • Loui Lord Nelson
옮긴이 • 김남진 · 이학준 · 김용성
감수자 • 김 용 욱
펴낸이 • 김 진 환
펴낸곳 • (주) 학지사

04031 서울특별시 마포구 양화로 15길 20 마인드월드빌딩 5층

대표전화 • 02) 330-5114 팩스 • 02) 324-2345

등록번호 • 제313-2006-000265호

홈페이지 • http://www.hakjisa.co.kr
페이스북 • https://www.facebook.com/hakjisabook

ISBN 978-89-997-1839-7 93370

정가 **18,000**원

역자와의 협약으로 인지는 생략합니다.
파본은 구입처에서 교환하여 드립니다.